民法典法律适用与案例指引系列

总主编　李永军

民法典侵权责任编
法律适用与案例指引

主　编　李永军

副主编　席志国 郑永宽 陈汉

中国民主法制出版社

图书在版编目（CIP）数据

民法典侵权责任编法律适用与案例指引/李永军主编；席志国，郑永宽，陈汉副主编. —北京：中国民主法制出版社，2022. 3

（民法典法律适用与案例指引系列）

ISBN 978-7-5162-2795-4

Ⅰ. ①民… Ⅱ. ①李… ②席… ③郑… ④陈… Ⅲ. ①侵权法—法律适用—中国 Ⅳ. ①D923. 75

中国版本图书馆 CIP 数据核字（2022）第 050371 号

图书出品人： 刘海涛
出 版 统 筹： 乔先彪
责 任 编 辑： 乔先彪 逯卫光 袁 月

书名/ 民法典侵权责任编法律适用与案例指引
作者/ 李永军 主 编
席志国 郑永宽 陈 汉 副主编

出版・发行/ 中国民主法制出版社
地址/ 北京市丰台区右安门外玉林里 7 号（100069）
电话/（010）63055259（总编室） 63058068 63057714（营销中心）
传真/（010）63055259
http：// www. npcpub. com
E-mail： mzfz@ npcpub. com
经销/ 新华书店
开本/ 16 开 710 毫米×1000 毫米
印张/ 18. 5 **字数/** 274 千字
版本/ 2022 年 5 月第 1 版 2022 年 5 月第 1 次印刷
印刷/ 三河市宏图印务有限公司

书号/ ISBN 978-7-5162-2795-4
定价/ 72. 00 元

本书编委会

撰 稿 人（以撰写章节先后为序）

席志国：第一章、第二章

李遐桢：第三章、第四章、第五章、第六章

苏紫衡：第七章、第八章、第九章、第十章

作者简介

李永军　法学博士，中国政法大学二级教授、博士生导师，中国法学会民法学研究会副会长，中国法学会民法典编纂领导小组成员。国家社科基金重大项目“民法典编纂的内部与外部体系研究”（项目号18ZDA141）首席专家；主持国家社科基金重点项目“民法典分则立法的内在与外在体系研究”。代表著作有：《民法总论》《民法总则》《合同法》《自然之债论纲——源流、规范体系与效力》《民事权利体系研究》《海域使用权研究》《破产法律制度》《破产重整制度研究》《合同法原理》《票据法原理与实务》。代表性论文有：《我国民法上真的不存在物权行为吗?》《契约效力的根源及其正当化说明理论》《我国合同法是否需要独立的预期违约制度——对我国正在起草的合同法草案增加英美法预期违约制度的质疑》《重申破产法的私法精神》《私法中的人文主义及其衰落》《论商法的传统与理性基础——历史传统与形式理性对民商分立的影响》《民法上的人及其理性基础》《物权与债权的二元划分对民法内在与外在体系的影响》《论债的科学性与统一性》《论债法中本土化概念对统一的债法救济体系之影响》《集体经济组织法人的历史变迁与法律结构》《民法典编纂中的权利体系及其梳理》《物权的本质属性究竟是什么？——〈物权法〉第2条的法教义学解读》《论我国民法典中无因管理的规范空间》《论民法典“合同编”与“总则编”和“物权编”的体系关联》《民法典侵权责任编的内在与外在体系》《婚姻属性的民法典体系解释》《民法典物权编的外在体系评析——论物权编外在体系的自洽性》《对我国〈民法典〉上“民事责任”的体系化考察》。

席志国 法学博士，中国政法大学民商经济法学院教授。兼任中国法学会民法学研究会理事、北京市物权法研究会理事。代表性著作有《中国物权法论》等；代表性论文有《论德国民法上的所有人占有人关系——兼评我国〈民法典〉第459—461条之规定》《民法典编纂视野下的动产担保物权效力优先体系再构建——兼评〈民法典各分编（草案）二审稿〉第205—207条》等。

郑永宽 法学博士，厦门大学法学院教授，兼任中国法学会民法学研究会理事，福建省法学会民商法学研究会副会长。代表性著作为《人格权的价值与体系研究》等，代表性论文为《医疗损害赔偿中原因力减责的法理及适用》等。

甄增水 法学博士，华北电力大学法政系教授，硕士生导师。代表性著作有《民法中的善意》等，代表性论文有《双轨制：我国善意取得制度设计的应然路径——兼析〈中华人民共和国物权法〉第106条》等。

李遐桢 法学博士，中国矿业大学（北京）文法学院教授，硕士生导师。代表性著作有《我国地役权法律制度研究》等；代表性论文有《无权处分他人之物转让合同效力的展开》等。

陈　汉 法学博士，中国政法大学民商经济法学院副教授，硕士生导师。兼任中国法学会婚姻家庭法学研究会副秘书长，北京市债法研究会常务理事。研究方向为传统家事法、家事法与其他法律的交叉问题。

于程远 法学博士，中国政法大学民商经济法学院副教授、硕士生导师。代表性论文有《论法律行为定性中的“名”与“实”》《论先合同信息风险分配的体系表达》《民法上目的性限缩的正当性基础与边界》《〈民法典〉时代家庭契约的效力审查体系》等。

李大何 法学博士，最高人民法院民二庭法官助理。代表性论文有《论附随义务及其救济方式》《未来民法典中人格权财产利益的保护模式》等。

刘志军　法学博士，华北电力大学法政系副教授。代表性著作有《民法精要：原理新述·真题精解·判例评析》《劳动法治论：以劳动争议处理为中心》等；代表性论文有《流浪儿童的法律预防机制探讨》《“以房养老”中签订遗赠扶养协议相关问题分析》等。

王伟伟　法学博士，北京市社会科学院法治研究所助理研究员。北京市物权法学会理事。

李伟平　法学博士，青岛大学法学院讲师、硕士生导师，中国政法大学民商法学博士，主要从事民法基础理论、债法等方面的研究，在《政治与法律》《民商法论丛》《法律适用》等期刊发表学术论文多篇；主持、参与国家级、省部级项目多项，曾获青岛大学第九届青年教师教学大奖赛优秀奖。

苏紫衡　法学博士，杭州电子科技大学法学院讲师，浙江省三农法治研究会理事、副秘书长。代表性论文有《对赠与任意撤销权的质疑——以赠与合同观的历史考察为核心》等。

韩新磊　法学博士，中国计量大学法学院讲师。代表性论文有《物权变动混合模式的经济学分析》《未经批准合同的效力状态与责任认定研究——基于对〈合同编（草案）〉第二百九十四条的规范修正》等。

辛巧巧　法学博士，中国政法大学民商经济法学院博士后。代表性论文有《算法解释权质疑》等。

张兰兰　法学博士，中国政法大学民商经济法学院师资博士后。代表性论文有《农村集体经济组织形式的立法选择——从〈民法总则〉第 99 条展开》和《履行费用过高规则的动态适用——对〈合同法〉第 110 条第 2 项第 2 种情形的具体化》等。

张亦衡　四川大学民商法在读博士生，中国政法大学民商法硕士。代表性作品有《民法典知识竞赛 1000 题》等。

◎总序

2020年5月28日第十三届全国人民代表大会第三次会议通过了《中华人民共和国民法典》（本丛书简称《民法典》），这是我国政治、经济、文化、社会生活、法治建设中的一个里程碑事件。在《民法典》出台之前的中国民法学研究可谓“百花齐放”，当然亦可说是处于一种“众说纷纭”的状态——因为没有体系化的《民法典》作为基石与起点。因此，即使是民事单行法，在体系上也难免迷失方向而找不到坐标。特别是在我国没有债法的一般性规定的时候，甚至连“什么是物权”“什么是债权”这样的基本概念及其区分都存在很大的争议，来自不同法系的观点交织在一起，很难得出“共识性”的知识。《民法典》的颁布与实施，正是立法机关努力解决这一现象的集中体现。然而，法典化从来都不能一劳永逸地解决所有法律上的难题。法典生命之树长青的秘密恰恰在于由学者、法官、律师以及其他法律工作者所构成的法律共同体，以其为基础和依据，所构建起来的法律教义学体系。

我国《民法典》无论是自其所颁布的时间而言，还是就其内容而言，抑或是自其结构体例来看都可以说是迄今为止全球最新的《民法典》。作为全球最新的《民法典》，我国《民法典》在内容上一方面充分反映了21世纪科学技术最新成果以及人类社会所面临的全新问题，不但将虚拟财产、数据、个人信息、电子合同等纳入其中加以规范，而且还将绿色原则作为其基本原则指导民事活动；另一方面，我国《民法典》还博取世界各国法律文明之长，如在担保制度中大量吸收了美国商法典动产担保制度的规定，从而致力于促进融资、改善营商环境。更为重要的是，我国《民法典》还作出了一系列制度创新，如在总则编中增加了英雄烈士人格利益保护条款、见义勇为条款；在物权编中首创了“土地所有权—土地承包权—土地经营权”的三权分置理论；在婚姻家庭编中首创了离婚冷静期制度；在侵权责任编中增加了自甘风险原则、好意同乘条款、高空抛物致人损害责任等。由此可见，我国《民法典》是一部国际化与本土化、民族化并重的全新法典。

自法典的结构体系而言，我国《民法典》亦颇具特色。从法典的模式来看，从罗马法开始到《法国民法典》，可以说是“三编制”的代表。直至《德国民法典》，其式样可以说是“五编制”的代表。自《德国民法典》以后，世界各国（民法法典化国家）就区分为“法法法系”和“德法法系”。我们必须明白的是：任何一个法系式样，都不是放之四海而皆准的模板。自我国法律现代化的历史以观，整体而言，我国《民法典》仍然采纳了德国法律科学所发展出来的潘德克吞立法体例，也即采纳了提取公因式的总分结构模式。这体现在我国《民法典》不但设有总则编，而且在每一分则编中均采取了进一步的提取公因式的做法，形成了“总则—分则（小总则—分则）”的模式。但是我国《民法典》并未亦步亦趋地模仿《德国民法典》，而是基于我国长期以来已经形成的法律体系及学说观点构建了“七编制”的《民法典》，也即“总则编 + 物权编 + 合同编 + 人格权编 + 婚姻家庭编 + 继承编 + 侵权责任编”。其中具有特色的首先应当是将“人格权”独立成编，体现了我国立法对于人权保护的重视。其次是不设独立的债权编，而是将其区分为合同编与侵权责任编两编，并将侵权责任编置于整部《民法典》的最末，作为所有权利的救济手段。但是，自体系化的视角来看，侵权责任编与合同编仍然是债权编的主要内容。特别是我国《民法典》第 118 条第 2 款规定：“债权是因合同、侵权行为、无因管理、不当得利以及法律的其他规定，权利人请求特定义务人为或者不为一定行为的权利。”其中合同编的通则分编代行债法总则的功能，对此《民法典》第 468 条规定：“非因合同产生的债权债务关系，适用有关该债权债务关系的法律规定；没有规定的，适用本编通则的有关规定，但是根据其性质不能适用的除外。”该条所指的本编通则即是指合同编的通则分编。

时间如白驹过隙，自 2021 年 1 月 1 日《民法典》实施之日起，至今亦一年有余。在这一年多的时间里，学说上对《民法典》的诠释已经汗牛充栋，仅仅关于《民法典》的评注书就有十余部，发表的学术文章更是不计其数。最高人民法院则依据《民法典》对以往民商事领域中的司法解释进行了全面的清理，有的予以修改、有的予以废止，目前正在准备陆续出台《民法典》诸编的全新司法解释。这无疑是民法理论界与实务界一次真正的学术盛宴。作为学术共同体的一部分，我们亦有义务做出自己的贡献。当前呈现给读者的这套《民法典法律适用与案例指引系列》丛书，意在为《民法典》的准确理解与适用提供一个法教义学的体系性解读，其特色在于一方面我们尽量用最为通俗易懂的语言精确地阐释《民法典》的条文和精神，另一方面还精选了一定的案例对重点疑难法律问题的适用加以说明。正如德国联邦最高法院的判决所指出的：法律解释，特别是宪法性法律解释具有商谈的品性，其中即便是方法上毫无争议的作业，在法律专家中亦不能保证获得唯一正确的结论，毋宁在于一方面提出论证的理由，驳斥相反的论证理由，最终选择最佳的论证理由以支持其结论。职是之故，我们的解释仅仅是一种论证的理由，其本身非完美无瑕，肯定还存在诸多错误和不足，敬请各位同人不吝赐教。您的批评和建议将是我们进步和完善的动力和源泉。

在此，还想代表所有作者对所有关心这套著作出版发行的同人和编辑表示衷心的感谢，感谢你们的支持和帮助！

李永军

2021 年岁末

目　录

第一部分

法条精解与适用

第七编 侵权责任

第一章 一般规定

第一千一百六十四条 本编调整因侵害民事权益产生的民事关系。

【要义精解】

本条是关于民法典侵权责任编所调整对象和规范内容的规定。

我国民法典各编仍然延续了原来单行法时期的做法，即在每一编的第1条均规定了本编所调整的对象，从而为本编确定具体的界限。第1164条规定，侵权责任编调整的是因侵害民事权益产生的民事关系。具体而言，全部侵权责任编的法律规定所调整的内容可以分为两大部分，即侵权行为的构成与侵权行为的法律后果。

一、侵权行为的构成

我国立法向来把侵权行为区分为一般侵权行为与特殊侵权行为两种而异其构成要件。对于没有基于特定价值判断单独作出规定，而是由法律统一予以规定构成要件的为一般侵权行为；而对于法律基于特殊考虑，并由法律特别规定其构成要件的侵权行为则为特殊侵权行为。换言之，法律针对每一种特殊侵权行为都作出单独的、例外的规定，凡是没有被单独进行规定的侵权行为均属于一般侵权行为，适用一般侵权行为的规定。民法典侵权责任编即按照一般侵权行为和特殊侵权行为的顺序安排其具体规定，其第一章一般规定所规范的主要是一般侵权行为的构成（包括单独侵权和共同侵权两种情形），从第四章开始到第十章所规定的都是特殊侵权行为，分别是产品责任、机动车交通事故责任、医疗损害责任、环境污染和生态破坏责任、高度危险责任、饲养动物损害责任、建筑物和物件损害责任，共计七种特殊侵权行为。就每一种侵权行为的构成要件而言，民法典侵权责任编都从正反两个方面来规定，先从正面规定侵权行为的积极构成要件，再从反面规定侵权行为的抗辩事由。在第一章一般规定中，针对一般侵权行为规定了抗辩事由，而在每一种特殊侵权行为中则规定了该种特殊侵权行为的抗辩事由。

二、侵权行为的法律后果

民法典侵权责任编在规定了侵权行为的构成的基础上进一步规定了侵权行为的法律后果。在比较法上，一般侵权行为的法律后果仅仅是损害赔偿。《德国民法典》第 823 条第 1 款规定，因故意或者过失不法侵害他人生命、身体、健康、自由、所有权或者其他权利者，对他人因此而产生的损害负赔偿义务。《法国民法典》第 1382 条规定，任何人对于因其过错行为而给他人造成的损害负有损害赔偿的责任。《日本民法典》第 709 条规定，因故意或过失侵害他人权利或受法律保护的利益的人，对因此所发生的损害负赔偿责任。我国台湾地区“民法”第 184 条第 1 款亦规定，因故意或过失，不法侵害他人权利者，负损害赔偿责任。那么依据这些规定，从被侵权人的角度而言，其自然享有请求侵权人损害赔偿的权利，也即享有损害赔偿请求权。因为损害赔偿请求系债权之一种，故侵权行为被作为债的发生原因之一而被纳入债法之中加以规范。

我国民法典侵权责任编第 1165 条第 1 款规定，行为人因过错侵害他人民事权益造成损害的，应当承担侵权责任。而就民事责任的方式而言，根据《民法典》第 179 条的规定，承担民事责任的方式主要有：停止侵害；排除妨碍；消除危险；返还财产；恢复原状；修理、重作、更换；继续履行；赔偿损失；支付违约金；消除影响、恢复名誉；赔礼道歉。可见我国《民法典》上侵权责任并不限于损害赔偿，而是应当包括上述诸多责任形式。不过在笔者看来，上述这些民事责任方式并非均可适用于侵权行为：首先，继续履行属于债务不履行的法律效果，不适用于侵权行为（参见《民法典》第 577 条、第 580 条）；其次，修理、重作、更换亦属于违约责任的补救措施（参见《民法典》第 577 条、第 582 条）；再次，支付违约金更是仅仅适用于违约的情形（参见《民法典》第 585 条）；最后，停止侵害、排除妨碍、消除危险这三种所谓的“民事责任”实际上是人格权、物权、知识产权等绝对权之圆满性受到侵害以后所产生的侵权请求权，是绝对权本身的效力的体现，其成立并不以符合侵权行为的要件为必要，故亦不属于侵权责任的范畴。当物权的圆满性受到侵害或者妨害或者有妨害的危险时得直接适用《民法典》第235条、第236条原物返还请求权、妨害排除请求权、妨害预防请求权。当人格权的圆满性受到侵害时则自然可以依据《民法典》第995条的规定，请求停止侵害、排除妨碍、消除危险（妨害预防）。而这些请求权的行使，非但不需要侵害人具备《民法典》第1165条所规定的故意或者过失的主观要件，且依据《民法典》第196条和第995条的规定不适用诉讼时效。因此，《民法典》第179条所规定的民事责任方式适用于侵权行为的，只有返还财产、恢复原状、赔偿损失、消除影响、恢复名誉、赔礼道歉。

比较法上的损害赔偿，有两种不同的立法例：一种是以恢复原状为原则，以金钱赔偿为例外的做法，这种做法的典型代表是德国。依据《德国民法典》第249条第1款的规定，损害赔偿义务人负有将损害赔偿权利人的利益状态恢复到如同损害事实没有发生时的状态，也即恢复原状。恢复原状的方法自然包括将占有的财产予以返还、对于损害的物予以恢复，如果侵害了人格等则需要为必要的处分而使其人格恢复圆满，比如通过登报等方式澄清事实以恢复名誉等。只有在下述情形下，权利人始得请求金钱赔偿：1. 如果损害赔偿义务是因为对于人身造成伤害或者损害了特定物而产生的，则债权人得以请求债务人支付因治疗或者修复产生的费用（《德国民法典》第249条第2款）；2. 损害赔偿义务人不在权利人确定的合理期限内为其恢复原状的，此时权利人即不得再行请求恢复原状（《德国民法典》第250条）；3. 恢复原状不可能或者不能充分弥补权利人的损失的（《德国民法典》第251条第1款）。而损害赔偿义务人在恢复原状所需费用与权利人因此而受有之利益不成比例的情形下，损害赔偿义务人有权利拒绝恢复原状而代之以金钱赔偿（《德国民法典》第251条第2款）。另一种立法例则是以金钱赔偿为原则，只有金钱赔偿不足以弥补权利人损失时权利人才得以请求恢复原状，此种立法例以《法国民法典》为其典型代表，而英美法系亦采取此种做法。由此可见，恢复原状与金钱赔偿实际上都是损害赔偿的方法而已。因此，返还原物、恢复原状、恢复名誉、消除影响、赔礼道歉、金钱赔偿都是损害赔偿的具体方式。我国立法上和司法实务上之所以把返还原物、恢复原状、恢复名誉、消除影响、赔礼道歉等与赔偿损失予以并列，是因为将赔偿损失仅仅理解为金钱赔偿，故属于狭义上的损害赔偿，与比较法上的损害赔偿的内涵与外延均有不同，这一点须注意。

由于请求行为的法律效果，是权利人（受害人）得以请求加害人损害赔偿（广义上的），因此受害人对于加害人取得了一项债权，此项债权即为侵权行为之债。我国《民法典》第 118 条第 2 款在这种意义上规定，债权是因合同、侵权行为、无因管理、不当得利以及法律的其他规定，权利人请求特定义务人为或者不为一定行为的权利。因此，尽管我国《民法典》没有设立统一的债法编，而是将债法拆分为合同编与侵权责任编两个独立的编，但是其仍然认为侵权行为所产生的法律后果是债权债务关系。也正因为如此，民法典合同编第 468 条规定：非因合同产生的债权债务关系，适用有关该债权债务关系的法律规定；没有规定的，适用本编通则的有关规定，但是根据其性质不能适用的除外。据此规定，关于因侵权行为所产生的损害赔偿请求权只要民法典侵权责任编没有特别规定的，原则上均适用合同编通则关于债的一般规定。

实际上，关于民法典侵权责任编的立法体例问题，学说上一直存在着争议，很多学者均主张，不应当再将侵权责任独立成编，而是应当设置统一的债法，将合同与侵权、无因管理、不当得利等均作为债的具体发生原因之一，置于统一的债法之中。主张应当设债法总则的主要学者有梁慧星教授、王利明教授、崔建远教授、杨立新教授、柳经纬教授、李开国教授、陈华彬教授等。[1] 李永军教授更是从法律的科学性出发坚决主张，在法律体系中区分债权与物权的前提下必须要维持债的统一性，必须统一构建债法制度。非但如此，物债二分的逻辑必须要承认债权行为（负担行为）与物权行为（处分行为）的分离原则（物权行为的独立性）与抽象原则（物权行为的无因性）。[2] 笔者亦赞同此种观点。《民法典》仍然坚持了《民法通则》以来的思路，未将侵权责任纳入债法中，但是相较于《民法通则》仍然是有进步的，首先是通过总则编中第 118 条第 2 款表明侵权行为系债的发生原因之一，其次则是通过合同编中的第 468 条规定侵权行为等法定之债得以适用合同编债权债务关系的规定，从而使合同编通则发挥了债法总则的功能。

三、请求权基础理论在侵权责任编的应用

自 21 世纪初王泽鉴教授在其由中国政法大学出版社出版的《法律思维与民法实例》一书中介绍了德国法律实务与法学所共同发展出来的请求

---

〔1〕 杨立新：《论民法典中债法总则之存废》，载《清华法学》2014 年第 6 期。

〔2〕 李永军：《论债的科学性与统一性》，载《法律科学》2013 年第 1 期；李永军：《物权与债权的二元划分对民法内在与外在体系的影响》，载《法学研究》2008 年第 5 期。

权基础理论之后，现今该理论几乎在广大学生以及中青年学者中成了显学，如果你走进中国政法大学的校园、教室、宿舍楼、咖啡厅、小月河畔、宪法大道，真的恍如王泽鉴教授当年在慕尼黑大学“法学院走廊，在学校餐厅，在附近清丽的英国公园的小溪旁（可供日光浴），一再听到Anspruchsgrundlage”一样，处处都能听到某某人基于某某条第几款第几句话之规定得以请求某某人为某某行为（Wer könnte von wem aufgund welchen Anspruchsnormengrundlage was verlangen）。[1] 中国政法大学、华东政法大学、中南财经政法大学等法律院系纷纷开设以请求权基础理论为基本方法的鉴定式教学课程。在此之前，我国无论是实务上还是教学中，进行案例分析的基本方法均采取的是法律关系分析法，并且按照法律事实发生时间的顺序依次分析当事人之间的各种法律关系，以确定当事人之间的权利义务，此种方法亦被称为历史法。

与此方法不同，请求权基础理论则以请求之诉为其主要舞台，以请求与抗辩的对抗式思维方式为其主要工具，其作业方法在于依次检查现行法律秩序中能够支持原告诉讼请求权的法律规范，当然在检查能够支持原告诉讼请求的法律规范的过程中同时必须从被告方的角度检查所有可以否认该请求权基础得以适用的理论，也即进行广义上的抗辩，这一作业将一直继续下去直到找到一个足以支持其请求权的请求权规范基础或者直到检索完所有的请求权基础之后，发现没有任何一个规范足以支持其请求，那么作出其请求为无理由的结论（unrecht）。由于我国现行法所采纳的主要系德国的立法模式和法律技术，故德国实务上与学理上所发展出来的请求权基础的检查顺序对于我国原则上亦得适用。具体顺序如下：第一，基于合同而发生的请求权，包括原合同请求权与次合同请求权；第二，基于单方行为而发生的请求权，如悬赏广告；第三，基于身份关系、继承关系所产生的请求权，如赡养费、抚养费、扶养费请求权等；第四，缔约过失而产生的请求权；第五，因无因管理而产生的请求权；第六，物权法上的请求权，包括物上请求权以及基于物权而发生的法定之债等请求权；第七，基于侵权行为而产生的请求权；第八，基于不当得利而产生的请求权。[2] 请

〔1〕 王泽鉴：《民法思维——请求权基础理论体系》，北京大学出版社2009年版，第41页。

〔2〕［德］迪特尔·梅迪库斯：《请求权基础》，陈卫佐等译，法律出版社2012年版，第13—14页；席志国：《中国民法总论》，中国政法大学出版社2013年版，第148—159页。

求权基础应当按照一定顺序进行检索的原因并不是其因此能够影响案件的处理结果，相反是基于合目的性的考量而进行的，对不以其他请求权基础为其前提的请求权基础应当先予以检索，而须以其他规范为前提，特别是须以其他规范不适用为前提的请求权基础则应当放在后面进行检索。[1] 合同请求权基础的检索之所以放在最前面，就是因为基于合同而发生的请求权不以其他请求权的存在或者不存在而受有影响，特别是后面的缔约过失请求权、无因管理请求权、物上请求权、侵权行为所产生的请求权、不当得利请求权都不能排除合同请求权，相反合同请求权的存在则可能排除后面的其他请求权。同样，无因管理请求权的存在则可能排除了物上请求权及由此而引发的所有人占有人关系等。[2]

就侵权行为所产生的请求权而言，其请求权基础所检索的顺序应当是先检索第四章至第十章所规定的各种特殊侵权行为，然后再检索一般侵权行为请求权。因为各个特殊侵权行为的构成要件都要比一般侵权行为构成要件宽松，多数都采取了无过错责任原则不要求行为人有主观过错，或者是采纳了过失推定的归责原则而无须原告就此举证。因此，若先检查一般侵权行为的请求权基础，在因为加害人没有过失而不构成时还得继续检查特殊侵权的请求权基础，这样会浪费大量的作业时间和精力，是不经济的。在请求权基础检索过程中，针对某一项请求权的思考顺序应当是首先检查该项请求权的构成要件，其次检查是否有阻止请求权成立的事由，再次检查是否有导致请求权消灭的事由，最后则检查请求权是否可以被执行或者说是否有抗辩权阻止其实现（在侵权行为之债中则主要是诉讼时效抗辩）。而在每一个步骤中都需要先从案件事实出发寻找可资适用的规范，然后再回到案件事实去进一步予以涵摄，也即需要目光在案件事实与法律规范之间来回穿梭，目的在于使规范不断地面向案件事实予以具体化，而使案件事实不断得以抽象化以便被规范加以涵摄。

【对照适用】

该条规定源于原《侵权责任法》第1条，原来是关于立法目的的规

[1] Dieter Medicus/Jens Petersen, Bürgerliches Recht: Eine nach Anspruchsgrundlagen geordnete Darstellung zur Examensvorbereitung. 26. Aufl. Vahlen. München, Rn. 7.

[2] 席志国：《论德国民法上的所有人占有人关系——兼评我国〈民法典〉第459—461条之规定》，载《比较法研究》2020年第3期。

定，在《民法典》第1条统一规定了《民法典》的立法目的之后即修改为本条关于本编调整范围的规定。

第一千一百六十五条　行为人因过错侵害他人民事权益造成损害的，应当承担侵权责任。

依照法律规定推定行为人有过错，其不能证明自己没有过错的，应当承担侵权责任。

【要义精解】

本条规定了侵权责任的归责原则与一般侵权行为的构成要件。

一、侵权责任的归责原则

首先，该条的两款规定以及《民法典》第1166条规定共同确定了我国侵权责任的归责原则。所谓归责原则是法律之所以规定行为人就其所造成之损害承担责任的根本性和最终性的原因。侵权责任法所涉及的首要法律问题是一个人（包括自然人、法人及其他组织）实施了一个积极的行为或者是没有实施某个行为（法律上有义务行为），从而给他人（包括自然人、法人或者其他组织）的某个受法律保护的利益造成了某种损害，依据法律的规定前者应当对后者的损害予以弥补。法谚有云：诚实生活不害他人，是为人之立于社会的基本要求在法律上的体现。从某种意义上而言，不侵害他人的人身、财产等基本利益是一个社会得以存在的基本前提，因为只有彼此尊重他人的人身和财产，人们才能够和平地生活在一起，才能够彼此之间进行交往与合作，因此才能够结成文明社会。归责原则即在为行为人对于由其引起的他人之损害是否承担责任划定界限。

一个法律秩序确立什么样的归责原则是由该法律秩序所秉持的基本价值追求所欲实现的功能决定的，而这显然又是由其所据以建立的经济和科学技术基础所决定的。[1] 毫无疑问，侵权责任法的首要功能之一是保护与救济民事权利，或者说是补偿受害人所受之损害。如果仅从该立场出发，显然采纳结果责任是最佳的，也即只要权利人之权利所受损害是由行为人之行为引起的，不问行为人是否有过错均应当承担损害赔偿责任以恢复权利人之权利。在历史的长河中，基于原因或结果给他人造成损害者须承担

〔1〕 Vgl. Hein Kötz/Gerhard Wagner, Deliktsrecht. 12. Aufl. Vahlen. München. 2013, Rn. 13. S. 7.

责任的观念曾一度被采纳（原因原则或结果原则）。但是，随着经济领域中自由原则的逐步确立，为了真正保障个人的活动自由，对非基于自身故意或过失的行为，要求不必承担责任（过失责任原则）。[1] 也就是说，到了近代资本主义社会之后，侵权责任法同时还肩负着保障一般人的行为自由空间，促进投资与创新的任务。1804年《法国民法典》将“过失责任”与“私权神圣”及“契约自由”并列为其三大原则，完成了民法的近代转型，此后世界各国纷纷效仿。在经济自由主义的世界观中，追求经济利益的人处于中心地位，这样的人，是在经济上无须他人监护并具有责任能力的公民。即使侵权行为法意图使其对自己的行为后果负责任，也不应阻碍其追求经济利益的动力。过错责任原则包含这样一个可能产生各种各样后果的基本价值观：当维护法律地位和行为自由这两种利益发生冲突时，行为自由优先。行为自由对人和物的价值的形成是必不可少的，行为自由的优先也就意味着正在形成者相对于业已存在者的优先。自由对于个人发展其人格，特别是从事其职业是必要的。新生代的人如若使自己得以充分发展，需要特别的活动空间。导致行为自由优先的原因也不仅应从单方面，而要从双方面考虑，即一个人在物质和利益方面所欠缺的东西，将在行为自由方面得到补偿。[2] 对此德国法儒耶林教授形象地总结道：“使人负损害赔偿的，不是因为有损害，而是因为有过失，其道理就如同化学上的原则，使蜡烛燃烧的，不是光，而是氧气一般的浅显明白。”[3] 与此同时，过失责任原则还能更好地发挥“预防损害”的功能。无疑预防损害的发生是允许的，但是同样确定的是不能不惜任何代价以预防损害的发生，换言之，预防损害的成本应当小于至少不能大于损害事故所带来的损害。[4] 借助经济分析的方法，过失责任原则下，如果预防成本≤事故发生的概率×事故所引发的损失，那么行为人没有投入该成本以预防损害的发生即为有过错，应当承担相应的法律责任；相反，行为人即没有过错而无须承担法律责任。之后也是最为重要的是过失责任原则符合现代正义观念。正

---

〔1〕［日］田山辉明：《日本侵权行为法》，顾祝轩、丁相顺译，北京大学出版社2011年版，第5页。

〔2〕［德］马克西米利安·福克斯：《侵权行为法》（第5版），齐晓琨译，法律出版社2006年版，第2页。

〔3〕转引自王泽鉴：《侵权行为法》（第一册），中国台湾地区三民书局1998年版，第14页。

〔4〕Vgl. Hein Kötz/Gerhard Wagner, Deliktsrecht. 12. Aufl. Vahlen. München. 2013, Rn. 59. S. 30.

义是法律永恒的主题，不符合正义的法律是不值得追求的法律。正义是法律的最高原则，一切法律规范都必须符合其所处时代的社会正义观念，否则即会成为恶法。自启蒙运动以来，基于自由主义世界观（Weltanschauung des Liberalismuses）侵权责任法一直将过错责任原则作为其基础。由于自己的过错而给他人造成损害的则必须承担责任，反之没有过错即使给他人造成损害亦不应承担责任，这是侵权责任法领域的最高正义。[1]

然而，随着工业化时代的到来，侵权责任法又不得不对全面的"过失责任原则"予以反思和限制。因为伴随着科学进步及生产手段的提高，在每一个发展阶段都会产生人们无法预测的损害，或者有时虽然知道存在某种程度的危险，但仍然不可避免地使用诸如生产设施、大型机械等。此外，由于科学的发展，机械原理及科学物质的机制等日趋复杂化、尖端化，对加害人过失的举证在大多数场合变得十分困难。[2] 若再固守过失责任原则势必导致大量的受害人无法获得救济，故法律开始逐渐修正过失责任原则，先是通过将举证责任予以倒置的方法，即虽然仍然以过失作为归责的基础，但是要求行为人证明自己没有过错才能免责，否则法律即推定其有过错；随后又在产品责任领域、高度危险作业等领域发展出来了危险责任（Gefährdungshaftung），也即我国法律上所称的无过错责任原则。

依据《民法典》第1165条与第1166条之规定，我国《民法典》在侵权行为的归责原则上采取了过错责任原则，而以过错推定原则和无过错责任原则为例外，因此对于过错推定和无过错责任原则均需要法律有明确规定，法律没有明确规定为过错推定或者无过错责任的则均适用过错责任原则。在《民法典》出台前，我国就将以危险责任作为归责原则的特殊侵权行为纳入原《侵权责任法》中而与一般侵权行为在一部法律体系内部形成一般规则与特殊规则的做法，此次民法典侵权责任编仍然延续了此种做法，随着适用危险责任原则领域的扩张，这种做法已然成为当代法典化的一个趋势。

二、侵权责任的构成

本条共由两款构成，第1款所规定的是一般侵权行为的构成要件。从

---

〔1〕席志国：《论未成年人侵权责任能力类型化构造——基于民法典的内外在体系》，载《浙江工商大学学报》2020年第3期。

〔2〕［日］田山辉明：《日本侵权行为法》，顾祝轩、丁相顺译，北京大学出版社2011年版，第6页。

请求权基础理论来看，本条第 1 款规定系一般侵权行为的请求权规范基础，其本身属于一个完全性法条，具有完整的构成要件和法律效果。当然，任何完全性法条都需要其他辅助性法条加以进一步的界定、限制或者扩张等。如本条中需要就何为过错、何为民事权益、何为造成（因果关系）以及何为损害进行界定。依据该条规定，一般侵权行为的构成要件有四个，分别是：民事权益受到侵害并受有损害；行为人实施了加害行为；加害行为与民事权益受损害之间有因果关系；行为人主观上具有过错。下文对该四个要件进行详细阐述。

（一）民事权益受到侵害并受有损害

侵权责任法的功能在于通过赋予受害人以损害赔偿请求权的方法救济受害人，从而保护其正当利益，故侵权行为之首要构成要件即为“民事权益受到侵害并因此受有损害”。唯法律所保护的民事权益的范围究竟如何划定，也即哪些利益属于侵权责任法保护的对象？哪些利益不能通过侵权责任法保护？被纳入侵权责任保护范围的究竟是一体保护还是应当区分不同程度进行保护？对此比较法上基于不同的历史传统和价值判断以及法律技术有不同的立法例，大体上可以区分为三种模式：一是个别保护模式。此种立法模式主要为英美法系所采纳。在英美法系中，基于其判例法的传统，针对每一种侵权都需要有一种独立的诉由，对于没有诉由而提起的侵权之诉法院则不予支持。二是概括模式。此种保护模式以《法国民法典》为其代表。依据《法国民法典》第 1382 与第 1383 条的规定，只要行为人因为其故意（la faute）或者过失（la négligence）给他人造成损失的即应当承担损害赔偿责任。三是小概括模式。此种模式是《德国民法典》的做法，即将侵权行为区分为三个不同的类型而异其要件，从而给予不同程度的保护。首先是对于绝对权的保护，依据《德国民法典》第 823 条第 1 款的规定，对于因过错侵害他人的生命、身体、健康、自由或者财产所有权等绝对权的应当负损害赔偿责任。该款规定所保护的对象依据通说与法院的判决仅限于绝对权，相对权以及其他法益等不包括在其中。其次是针对法益保护，依据《德国民法典》第 823 条第 2 款的规定，违反保护他人之法律而给他人造成损害的也应当承担损害赔偿责任。概括规定实际上是通过引用其他法律规定的方式保护绝对权之外的所有其他利益，凡是不属于绝对权因而不能适用第 1 款规定的，若有专门法律加以保护而行为人违反该法律并损害相关利益的则应当承担损害赔偿责任。该款规定最为主要的功能就是将保护的范围扩张到了纯粹经济损失之上，只要该纯粹经济损失是由法律规范加以认可和保护。[1] 最后则是针对一切利益的保护，依据《德国民法典》第 826 条的规定，凡是以故意违背善良风俗的方法加害于他人的则一律应当承担责任。依据通行的观点，该条规定适用于债权等相对权。

对于我国《民法典》第 1165 条所规定的“民事权益”究竟应如何理解与界定呢？笔者认为我国法律既然区分权利与利益，在权利方面又明确区分绝对权与相对权，因此在侵权责任法的保护方面也应当予以绝对权、相对权与法益三个情形给予不同的保护，具体如下。

1. 绝对权。所有的绝对权都属于《民法典》第 1165 条所规定的内容。绝对权属于这里的民事权益是没有任何争议的。对此，原《侵权责任法》第 2 条第 2 款明确列举了我国法律上所有的绝对权，具体包括：（1）人格权。既包括《民法典》第 109 条、第 990 条第 2 款所规定的一般人格权，也即自然人的人身自由与人格尊严，也包括《民法典》第 110 条及第 990 条第 1 款所列举的具体人格权。具体人格权则包括生命权、身体权、健康权、姓名权、名称权、肖像权、名誉权、荣誉权、隐私权。（2）物权。包括所有权、用益物权（土地承包经营权、建设用地使用权、宅基地使用权、居住权、地役权）、担保物权（抵押权、质权、留置权）。（3）知识产权。包括著作权、专利权等。（4）股权。（5）继承权。

2. 身份权。身份权在我国传统法律理论中一直作为人身权的一种，属于绝对权，理论上自然受侵权行为法的保护。《民法典》第 112 条亦规定“自然人因婚姻家庭关系等产生的人身权利受法律保护”。《民法典》第 1001 条规定：“对自然人因婚姻家庭关系等产生的身份权利的保护，适用本法第一编、第五编和其他法律的相关规定；没有规定的，可以根据其性质参照适用本编人格权保护的有关规定。”由此可见，我国《民法典》对于身份权在认识上已经发生了转向，已然不再直接将身份权等同于人格权，而是须依据婚姻家庭编的规定加以保护，而婚姻家庭编关于身份关系的规定都是在关于双方当事人之间的权利义务中规定，从而系作为相对权加以规范的。身份权包括亲权（父母与子女之间的权利义务关系）、配偶权与亲属权（祖父母、外祖父母与孙子女、外孙子女之间的关系，兄弟姐

---

〔1〕 Vgl. Hein Kötz/Gerhard Wagner, Deliktsrecht. 12. Aufl. Vahlen. München. 2013, Rn. 223. S. 96.

妹之间的关系）。其中，对于相互之间形成监护关系，从而产生的监护权，属于侵权行为的客体在我国应当没有疑问。首先，最高人民法院2001年颁布的《关于确定民事侵权精神损害赔偿责任若干问题的解释》第2条即规定："非法使被监护人脱离监护，导致亲子关系或者近亲属间的亲属关系遭受严重损害，监护人向人民法院起诉请求赔偿精神损害的，人民法院应当依法予以受理。"而原《侵权责任法》第2条第2款亦明确列举了"监护权"，虽然此次民法典侵权责任编没有再通过列举的方式予以确定侵权行为法保护的权利类型，但是基于法律的稳定性，在没有新的理由出现时作同一解释当无问题。其次，依据最高人民法院2003年颁布的《关于审理人身损害赔偿案件适用法律若干问题的解释》第17条第3款的规定，因侵权致人死亡的，被侵权人扶养的人有权利请求侵权人承担扶养费，可见由身份权所产生的扶养费请求权受侵权行为法的保护。最后，《民法典》第994条在最高人民法院2001年颁布的《关于确定民事侵权精神损害赔偿责任若干问题的解释》的基础上规定，"死者的姓名、肖像、名誉、荣誉、隐私、遗体等受到侵害的，其配偶、子女、父母有权依法请求行为人承担民事责任；死者没有配偶、子女且父母已经死亡的，其他近亲属有权依法请求行为人承担民事责任"。该条规定虽然是对死者人格利益的保护，但是在笔者看来其本质上仍然是关于死者近亲属的身份利益的保护。唯对于配偶权中的贞操保持请求权，我国立法上一直未予以承认，而司法实践中亦未见有判决支持与有配偶者同居的第三者承担责任的。唯比较法上，或者直接承认与有配偶者同居的人对于其配偶承担责任，或者如同德国法以故意悖俗损害他人利益（《德国民法典》第826条）作为请求权基础来加以保护。我国台湾地区在司法实务上也不断扩张对于身份权的保护，后在2009年修正、2010年实施的"民法"债编在原第195条增加了一款规定对身份权加以保护，其规定为，不法侵害他人之身体、健康、名誉、自由、信用、隐私、贞操，或不法侵害其他人格法益而情节重大者，被害人虽非财产上之损害，亦得请求赔偿相当之金额。其名誉被侵害者，并得请求回复名誉之适当处分。前项请求权，不得让与或继承。但以金额赔偿之请求权已依契约承诺，或已起诉者，不在此限。前二项规定，于不法侵害他人基于父、母、子、女或配偶关系之身分法益而情节重大者，准用之。实值当前学说与司法实践的注意。

3. 债权等相对权。关于债权等其他相对权是否受侵权行为法的保护，第三人侵害债权是否需要对债权人承担侵权责任的问题，传统大陆法系一直持否定态度。唯在德国，债权被第三人侵害的，债权人得以《德国民法典》第 826 条作为请求权基础，请求加害人赔偿。此时其构成要件增加了行为人主观上须故意，并且须行为人的行为违背善良风俗。而我国原《合同法》第 121 条基于合同的相对性，一律否认债权作为第三人侵权的客体。我国法律上亦无《德国民法典》第 826 条那样的规定，从而债权仍然难以被作为侵权行为的客体。若将《民法典》第 1165 条的规定直接包括债权在内，则势必破坏了绝对权与相对权的界限，同时也对于一般第三人的行为自由以及正当的市场竞争造成破坏。不过，我国司法实务中亦有法院采纳了比较法上的做法，在第三人恶意侵害债权时认定其构成侵权行为。如江西省高级人民法院在（2017）赣民终 531 号民事判决书中指出："关于'侵害债权'是否属于'侵权'。《中华人民共和国侵权责任法》第二条规定：'侵害民事权益，应当依照本法承担侵权责任。''本法所称民事权益，包括生命权、健康权、姓名权、名誉权、荣誉权、肖像权、隐私权、婚姻自主权、监护权、所有权、用益物权、担保物权、著作权、专利权、商标专用权、发现权、股权、继承权等人身、财产权益。'前述规定没有把'债权'列举为'权益'，但列举之后的'等'字又不排除'债权'的适用。如果恶意侵害他人债权，可以构成侵权。"

4. 法益。对于权利之外的法益是否能够作为侵权行为的客体，单纯从《民法典》第 1165 条规定的字面来看似乎应当作肯定解释，该条并未使用"权利"的字样而系使用的"民事权益"，而民事权益包括民事权利与利益两种。然而问题并非如此之简单，事实上就连已经被作为权利的债权也不能像绝对权那样被侵权责任法加以保护，就更不要说是尚未成为权利的法益了。若把其他法益的保护程度提高到与人格权、所有权等绝对权相同的程度，则法律自无再将此等利益作为法益的必要，而是直接作为权利即可。基于此，绝对不能把法益与绝对权同等置之，而是应当区分不同的情形加以不同的保护。笔者认为，法益应当区分为两种情形，一种是法律已经明确加以规定，并针对其设有专门保护的规范，在行为人违反了该等法益而造成损失时，则构成侵权行为，从而应当承担相应的责任。如个人信息、虚拟财产、数据、正当竞争的经济利益等，也即借鉴《德国民法典》第 823 条第 2 款的规定，违反专门保护他人利益的法律的构成侵权行为。而对于法律没有专门规定的利益，则应当借鉴《德国民法典》第 826 条之规定，在行为人故意违背善良风俗的方法加害他人时亦应当承担侵权责任。其中最为重要的“纯粹经济损失”的救济即可以此种方法加以保护，从而使双方当事人的利益得以恰当的平衡。

（二）行为人实施了加害行为

侵权行为显然需要行为人实施加害行为，若行为没有实施加害行为则无法构成侵权行为。加害行为通常是积极的作为，如驾车撞人、在网络上发布谣言损害他人的名誉、复制并销售他人的作品、窃取他人的隐私并予以公开、未经许可而擅自取用属于他人的物品等，不一而足。有时候消极的不作为亦可构成加害行为。消极的不作为构成加害行为的前提条件必须是行为人有积极的作为义务，从而没有履行该积极的作为义务致使权利人的权利受有损害时始构成加害行为，若行为人没有积极的作为义务，则不作为不能构成侵权行为。“从概念上对于产生的损失来说，单纯的不作为从来就不能被归类到因果关系当中”〔1〕，从而传统民法并不承认不作为可以构成侵权行为。然而，德国帝国最高法院在1902年和1903年的两个紧密相连的判例中创造了一般交往安全义务（Verkehrssicherungspflichten），认为义务人在不作为时若违反了交往安全义务使他人受损的，构成侵权行为，须承担损害赔偿责任。最初该义务仅仅是针对特定情形所设，后来其范围逐渐扩大发展成为一般原则。交往安全义务的内容是无法用简单的公式加以总结的，其标准有：基于某种情况可能发生事故而造成的后果；这种事故发生的概率及可能性；为防止事故而采取措施的要求是否过于苛刻等。〔2〕我国自2003年通过《最高人民法院关于审理人身损害赔偿案件适用法律若干问题的解释》起，即承认了安全保障义务作为侵权的依据，在有这些作为义务而不作为时亦可以构成侵权。须注意的是，我国司法实践中有一种扩张使用安全保障义务的倾向，从而过于扩张侵权行为的适用范围，这样的倾向虽然有利于填补损害，但是却违背了现代侵权责任法保障一般人行为自由的功能，实值警惕。

（三）加害行为与民事权益受损害之间有因果关系

侵权行为的第三个构成要件是加害行为与民事权益受损之间须具有因果关系，从而可以将损害归责于行为人，才能由行为人承担损害赔偿等民

---

〔1〕RGZ 52，373，376. 转引自［德］马克西米利安·福克斯：《侵权行为法》（第5版），齐晓琨译，法律出版社2006年版，第100—101页。

〔2〕［德］马克西米利安·福克斯：《侵权行为法》（第5版），齐晓琨译，法律出版社2006年版，第100—103页。

事责任。因果关系应当说是侵权行为中最为复杂的要件，因此学说上有不同的观点，立法例上的做法也各不相同，而法院在认定是否存在因果关系时也很难统一标准。因果关系有责任成立的因果关系与确定责任范围上的因果关系之分。所谓责任成立的因果关系（Haftungsbegründende Kausalität），是指可归责的行为与权利受侵害（或保护他人法律的违反）之间具有因果关系。所谓责任范围的因果关系（Haftungsausfüllende Kausalität），指权利受侵害与损害之间的因果关系。[1] 由于因果关系的复杂性，因此理论上存在不同的学说，主要有直接因果关系说、条件说和相当因果关系说。直接因果关系说又被称为必然因果关系说，认为行为与损害结果之间只有存在内在的、本质的、必然的联系时，因果关系才能成立。该种学说由于对因果关系要求过于严格，从而导致大量的受害人不能得到相应的救济。而条件说则认为凡对损害发生起到重要作用的条件，都是法律上的原因，因此只要行为人的行为是权利人权利受损害的条件即具有因果关系。[2] 此种学说，则又会导致侵权行为责任的泛滥，行为人动辄得咎，与现代侵权责任法保障一般人行为自由的原则相违背，故也不宜采纳。故我国学说上与实务上多采纳相当因果关系说（Adäquanzlehre）。依据相当因果关系说，判断一个行为与权利受损害之间是否存在因果关系须分两个阶段，第一阶段，先确定行为是否是权利受损害的必要条件，也即是否满足“无此行为必无此损害”；第二阶段，若行为是权利受损害的必要条件，则须进行下一步的判断，即该行为与权利受损害的事实之间是否有相当性，也即是否符合“有此行为通常会产生此等权利受损害的后果”。若两个阶段均通过了检验，即具有因果关系，否则有一个阶段不能通过检验，即不能存在因果关系，不构成侵权行为。近年来在侵权责任之构成因果关系方面，开始采取动态体系，即不再完全固守一个固定的标准，而是综合法律的保护目的、加害人的主观故意、受害人所受损害的程度等因素综合考量，以确定因果关系的严宽。对此尹志强教授指出：“世界各国的实践都有一种倾向性，在认定因果关系的时候，假如有故意或者重大过失，法官就应该更倾向于认定因果关系的成立。如美国《第三次侵权法重述》第 33 条第 1 款规定：故意给他人人身造成损害的，侵权人须对损害负责，即

---

〔1〕 王泽鉴：《侵权行为法》（第一册），中国台湾地区三民书局 1998 年版，第 214—215 页。

〔2〕 李永军主编：《债权法》，北京大学出版社 2016 年版，第 326 页。

使损害是不易发生的。在德国，联邦最高法院在1981年1月27日判决的案件中发表了这样的意见：‘故意行为产生的后果总是有相当性’；‘故意排斥了远因问题’。”[1]

（四）行为人主观上具有过错

需要注意的是，一般侵权行为与特殊侵权行为对行为人主观上的要求有所不同，一般侵权行为采纳过错责任原则，故受害人尚须证明行为人一方有主观过错。过错包含有故意与过失两种。故意是指行为人明知其行为会对他人合法权益造成损害还希望该后果发生（直接故意）或者放任该后果发生（间接故意）的心理状态。所谓过失则是指没有尽到交往过程中对于他人之法益应当尽到的注意义务（Verkehrssicherungspflichten）。对于过失的认定向来就有主观说与客观说两种观点，所谓主观说就是以行为人自己的主观认知能力作为标准判断其是否尽到了注意义务，而客观说则是用一个客观的标准来认定行为人是否违反了注意义务。多数国家均采取了客观说的立场，英美法系自1932年Donoghue vs. Stevenson案件确立了理性第三人（Reasonable Person）的标准之后，即一直以一个客观的、理性的、处于同等情境的第三人的标准来判断行为人是否违反了注意义务（Duty of Care）。[2] 而在德国亦以客观的过失标准判断是否构成过失，也即以各个交往群体（不同的职业群体、道路交通参与者群体）的成员所应该有的平均注意程度作为是否具有过失的判断标准。但是对于具有较高认知程度的加害人可能会因此而提高其过失判断的标准。因为过失标准的客观化的目的在于保障交往安全以及受害人而非为了保护特定的加害人。[3] 我国学说上与实务上则多引用刑法上的过失判断标准，即将过失区分为疏忽大意的过失与过于自信的过失两种，实际上并没有本质上的区别。

【对照适用】

该条规定源于原《侵权责任法》第6条，但是对于第1款的规定其进行了一定程度的完善和修改，也即侵权行为的构成不但要侵害“民事权益”，而且还必须要“造成损害”。在法律适用上须予以注意。

---

〔1〕 李永军主编：《债权法》，北京大学出版社2016年版，第320页。该部分由尹志强教授执笔。

〔2〕 ［英］约翰·库克：《侵权行为法》（第5版影印版），法律出版社2003年版，第31—32页。

〔3〕 Vgl. Manfred Wandt, Gesetzliche Schuldverältnisse, 9. Aufl. Vahlen. Rn. 175, 176.

第一千一百六十六条 行为人造成他人民事权益损害，不论行为人有无过错，法律规定应当承担侵权责任的，依照其规定。

【要义精解】

本条是关于无过错责任归责原则的规定。

我国法律对于侵权行为的态度依然是以过错归责为其基本归责原则，而对于基于危险责任等无过错责任亦须负责的情形必须有法律的例外性规定，没有法律专门针对某一类型的侵权行为特别规定行为人即使没有过错也要承担法律责任的，则均应当采取《民法典》第1165条第1款所规定的一般侵权行为的归责原则——过错责任原则，且就行为是否有过错应当由原告予以证明。

无过错责任原则，也被称为严格责任原则，与人类社会早期的结果责任并不相同。结果责任原则是只要行为人的行为给他人造成损害的结果则一律承担法律责任，没有任何免责事由，而无过错责任原则的特殊侵权各自有各自的免责事由，故无过错责任原则并非绝对责任。另外，由于无过错原则在比较法上均是由特别法所规定的，而特别法对于采纳无过错责任原则的特殊侵权行为往往会规定赔偿的最高限额，以防止其承担的责任过重从而导致其正当的事业无法继续。

现代法律上的无过错责任原则是自危险责任（Gefährdungshaftungen）发展而来的，是为了应对大规模工业生产所带来的问题。大规模的工业生产促进了经济的全面发展，为人类生活带来了各种便利，改变了人类生产与生活方式，甚至改变了人类的思维方式，促使社会发生全面的转型与升级。但是，大规模的工业生产也为人类带来了巨大的风险，甚至像核能的利用等还可能导致整个人类的灭亡。因此，法律在为工业化的发展提供保障的同时，也必须要对其进行驯服，从而使其服务于人类社会。这其中之一就是危险责任的发展，也即对于社会具有高度危险的社会活动以产品、设施，虽然本身是合法的，法律不能禁止，但是若其给他人造成损害，则该行为人、设施的使用人或者产品的生产者则必须要对此承担损害赔偿责任，而无论其本身是否具有主观上的过错均在所不问。侵权责任法采用危险责任的主要理由在于如下几个方面：首先是侵权责任法功能的转变。传统侵权责任法的主要功能之一在于对侵权行为人进行惩罚，故此须行为人主观上具有可归责性。然而在危险责任，其主要功能在于对受损害的人进行补偿，而不在于对造成损害的人进行惩罚，故此亦不再要求致害人具有主观上的过错。其次是风险与收益相一致原则的要求。从事对社会具有高度危险的行为或者生产对社会具有固有风险的产品以及维持对社会公众具有高度风险的设施从中获取了大量的经济收益，因此正义的原则也要求其承担固有的风险，对于因此而产生的损害承担相应的赔偿责任。再次则是从事这些对于周围环境具有高度危险的行为或者产品的生产者、设施的持有者，是可以借助价格机制将这些损失分摊给广大的消费者，从而由全体受益人共同承担损害，而不仅仅由个别不幸的人来予以独自承担。最后是行为人还可以通过责任保险等方式将损害由社会大众共同分担。正是由于危险责任原则的功能在于损害填补和风险分配，而不在于对有过错的行为人予以惩罚，因此对于适用危险责任原则的特殊侵权行为，一般而言，法律均规定了最高责任限额，若没有最高限额的规定，则无法通过价格机制及保险机制予以分配风险，甚至有可能使从事高度危险的行为人陷入破产的境地而无法再从事相应的有助于社会发展的事业。

【对照适用】

该条规定源于原《侵权责任法》第7条，《民法典》对该条进行了一定程度的修改，与《民法典》第1165条一样，在原来侵害民事权益的后面增加了“造成损害”的要求。因此无论是何种侵权行为，在构成要件上均增加了“造成损害”的要求。

第一千一百六十七条　侵权行为危及他人人身、财产安全的，被侵权人有权请求侵权人承担停止侵害、排除妨碍、消除危险等侵权责任。

【要义精解】

本条是关于绝对权之效力的规定，本身并非侵权责任，因此并不以构成侵权行为为其前提。

首先，这三项请求权的行使不以行为人主观上有过错为要件，也就是说无论行为人是否有过错，甚至行为人是否有行为能力（责任能力）均在所不问，只要行为人的行为危及了他人人身或者财产，包括正在实施侵害行为，对权利行使造成妨害或者有侵害或者妨害权利的现实的可能性三种情形，权利人均可要求行为人停止侵害、排除妨碍、消除危险。其次，绝对权权利人行使这三项请求权，也不以《民法典》第1165条第1款所规定的“造成损害”为要件。最后，这三项请求权与因侵权行为所产生的损害赔偿请求权不同，原则上适用诉讼时效的规定。对此《民法典》第196条规定：“下列请求权不适用诉讼时效的规定：（一）请求停止侵害、排除妨碍、消除危险；（二）不动产物权和登记的动产物权的权利人请求返还财产；（三）请求支付抚养费、赡养费或者扶养费；（四）依法不适用诉讼时效的其他请求权。”实际上，我国《民法典》针对物权和人格权的保护都已经在相关的部分有了具体而明确的规定：《民法典》第235条与第236条规定了原物返还请求权、妨害排除请求权、妨害预防请求权；第995条则针对人格权规定了其绝对性保护措施。

【对照适用】

本条源于原《侵权责任法》第21条，只是将第21条中的“可以”修改为“有权”，其他的没有修改，在法律适用上不会发生变化。

第一千一百六十八条　二人以上共同实施侵权行为，造成他人损害的，应当承担连带责任。

【要义精解】

本条规定的是共同侵权行为中的共同加害行为。

《民法典》第1168—1172条五个条文规定了数人实施侵权行为的法律后果。在数人对于同一受害人实施了侵权行为从而产生损害时，受害人对于该数名加害人如何行使权利是侵权行为法要回答的一个难题。对该问题的回答，必须同时兼顾两种相互冲突的价值：一方面须保障受害人能够得到充分的救济；另一方面则须顾及自己责任原则。前者要求数加害人之间承担连带责任，而后者则要求各加害人仅就与其行为有因果关系的损害部分承担相应的责任。从比较法上来看，关于复数加害人的责任，存在三种类型：不设置特别规定，由一般理论处理的模式（法国法等）；不规定要件只规定效果的模式（意大利法等）；规定要件和效果的模式（德国法等）。[1] 我国则属于第三种类型法律，而且规定得更加详细，基于对于这

〔1〕［日］吉村良一：《日本侵权行为法》，张挺译，文元春校，中国人民大学出版社2013年版，第175页。

两方面利益的平衡而构建了数人侵权的体系。数人侵权可以区分为共同侵权与单独侵权，在共同侵权的情形下，应当由共同侵权人承担连带责任，这样一方面防止了受害人对于各行为人与其损害之间的因果关系无法证明的不利后果，以及部分共同加害人没有承担责任的能力的情形发生，另一面也没有必要对共同行为人进行特别保护。而对于分别侵权的，原则上由各加害人承担按份责任，但是在特殊情形下则由各加害人承担连带责任，即每一个行为人的行为均足以产生全部损害后果的。共同侵权行为包括共同加害行为与共同危险行为两种，本条规定的是第一种情形即共同加害行为，而《民法典》第1170条规定了共同危险行为。

一、共同加害行为的成立

对于共同加害行为的成立，也即何为第1168条所规定的“共同实施侵权行为”的问题，没有争议的是要有两个以上的侵权行为人，并且该两个侵权行为人在主观上均具有过错（即主观上的可归责性）。但是颇有争议的是，是否要求两个以上的行为人之间有主观上的联络以及是否要求两个以上的行为人的行为均与损害后果之间有因果关系？如果要求有因果关系，那么如何认定因果关系？对此大陆法系的世界各国理论上也历来存有不同主张，主要有五种学说，分别为：第一，意思联络说。认为共同加害人之间必须有意思联络始能构成侵权。第二，共同过错说。认为共同侵权行为的本质特征在于数个行为人对损害结果具有共同过错，既包括共同故意，也包括共同过失。第三，共同行为说。认为共同行为的共同加害人承担连带责任的基础是共同行为，共同加害结果的发生总是同共同加害行为紧密联系，不可分割。第四，关联共同说。认为共同侵权行为以各个侵权行为所引起的结果，有客观的关联共同为已足，各行为人间不必有意思联络。第五，共同结果说。认为共同造成损害的概念要求损害是数人行为的共同结果，不一定要求几个参加人有共同目的和统一的行为。[1] 2003年通过的《最高人民法院关于审理人身损害赔偿案件适用法律若干问题的解释》第3条第1款规定：二人以上共同故意或者共同过失致人损害，或者虽无共同故意、共同过失，但其侵害行为直接结合发生同一损害后果的，构成共同侵权，应当依照民法通则第130条规定承担连带责任。在原《侵权责任法》通过后，该司法解释仍然为实务上所采纳，用以解释原《侵权

---

〔1〕 李永军主编：《债权法》，北京大学出版社2016年版，第320页。

责任法》第 8 条的规定，例如，山西省临汾市中级人民法院（2020）晋 10 民终 1469 号判决即认为：小区管理不规范，致李某某将易燃物品随意放置，泰华公司与李某某构成共同过失侵权。依据法律规定，一审判决泰华公司承担连带责任并无不当，应予维持。因此，在我国实务上认定共同加害行为除了共同故意行为（有意思联络）之外，尚承认共同过失行为。至于司法解释中所谓的两个行为直接结合产生同一后果的情形，《民法典》第 1171 条与第 1172 条专门作出了规范，故不再作为共同加害行为。传统理论认为，共同加害行为的构成尚需各加害人的行为与受害人所受之损失之间具有因果关系。[1] 然而，该学说近年来受到广泛的批评，认为在有意思联络的共同加害行为中根本不需要各加害人的行为均与损害事实之间具有因果关系。在共同实施的行为场合，共同意思产生共同的原因，因此，单个共同参与人对损害赔偿结果起多大作用，这是无关紧要的。同样，完全理智的、经过鼓励而实施的行为，或者单纯有意识的在场支持行为也足够了。通过统一意思，损害后果便成为共同作用的结果。即便只是增强了实施者的决心，也足够了。左右因果关系的基础是，任何一项单独行为与其他人的共同行为之间互为条件。如果同伴的行为对自己的行为起到补充或前提的作用，则每个人都要对他同伴的这个行为负责。每个人的原因性都通过共同参与决定而产生。这一点也可以从《民法典》第 1169 条第 1 款关于教唆人与帮助人的责任看出来，教唆人只是激起行为人实施侵权行为的欲望，自己并没有实施任何侵权行为；而帮助人也仅仅是实施一些辅助性的工作，如提供工具、在外面放风等，但是依据第 1169 条第 1 款之规定即应当与行为人承担连带责任，可见并不以其行为与受害人受有损害的事实之间存在因果关系为条件，其他有共同意思联络的行为人应当作相同的评价。而对于共同过失行为，因为其主观上并无意思联络，因此需要各行为人之行为与损害事实之间有因果关系，自不待言。

二、共同加害行为的法律后果

在法律效果上共同加害人对于受害人承担连带责任，也即数个侵权行为人作为连带债务人，依据《民法典》第 518—520 条之规定负责，即被害人得请求任何一个加害人全部或部分支付损害赔偿金。至于数名

〔1〕［日］吉村良一：《日本侵权行为法》，张挺译，文元春校，中国人民大学出版社 2013 年版，第 178 页。

加害人内部，则应当按照其主观过错程度以及行为对于损害的原因力的大小分配责任，若不能确定的则须依据《民法典》第519条第1款的规定，视为份额相等。以下第1169条第1款规定的教唆、帮助他人的连带责任以及第1170条规定的共同危险行为人的连带责任亦同，故相应条文不再赘述。

【对照适用】

该条规定源于原《侵权责任法》第8条，没有进行任何修改，因此在适用上亦不会有所变化。

第一千一百六十九条　教唆、帮助他人实施侵权行为的，应当与行为人承担连带责任。

教唆、帮助无民事行为能力人、限制民事行为能力人实施侵权行为的，应当承担侵权责任；该无民事行为能力人、限制民事行为能力人的监护人未尽到监护职责的，应当承担相应的责任。

【要义精解】

本条规定的是教唆人与帮助人的法律责任。

本条分为两款，第1款是关于教唆与帮助完全民事行为能力人（有责任能力人）的责任承担的规定；第2款是针对教唆与帮助无责任能力人的责任承担的规定。自2009年12月《侵权责任法》公布时起，我国法律针对教唆与帮助完全行为能力人实施侵权行为的法律效果即采纳了《德国民法典》第830条第2款的做法，将其作为共同侵权行为人之一，与加害人承担连带责任，《民法典》该条规定则延续了原《侵权责任法》的规定。

我国自《民法通则》时代起即将责任能力与行为能力进行同构，也即凡是完全民事行为能力人均为责任能力人而须为自己的行为负责，凡是无行为能力人与限制行为能力人均为无责任能力人均无须为自己的行为负责。[1]由于无责任能力人自己的行为不构成侵权行为，故教唆或者帮助无责任能力人在法律上被认为系教唆人或者帮助人自己实施侵权行为，故应当由教

〔1〕席志国：《论未成年人侵权责任能力类型化构造——基于民法典的内外在体系》，载《浙江工商大学学报》2020年第3期。

唆人或帮助人自己独立承担侵权责任，其原理与刑法上的间接正犯相同。此时，教唆人与帮助人的责任是最终法律责任，其承担完赔偿责任后不得向被教唆与被帮助的无行为能力人、限制行为能力人本人或者其监护人进行追偿。依据《民法典》第 1169 条第 2 款的规定，若被教唆人的监护人未尽到监护职责的，应当承担相应的责任。对于监护人是否未尽到监护职责的举证责任应当在受害人一方，也即若受害人欲请求实施加害行为的无行为能力人与限制行为能力人的监护人承担相应的责任，那么须证明监护人没有尽到监护责任。唯在被害人证明了监护人没有尽到监护责任时，监护人对于被害人所受损害承担的是相应的责任，也即须按照其怠于履行监护职责的程度而确定其所应当承担的责任大小，但是无论如何均不应当由其承担主要责任。当然，教唆人与帮助人亦得证明被教唆或被帮助的实施加害行为的无行为能力人或者限制行为能力人的监护人未尽到监护责任，而主张由其监护人承担相应的法律责任从而减轻自己的责任。对于监护人承担相应的责任部分，教唆人、帮助人是否应当承担连带责任？自该条文文义以言，似乎此时监护人与教唆人、帮助人承担的是按份责任，即监护人按照其过错程度承担相应比例的责任，其余的部分则由教唆人、帮助人承担。但是，笔者认为自体系解释以言，则应当解释为对于受害人而言，教唆人、帮助人应对监护人应当承担的责任部分承担连带责任。只有这样的解释，才能够使该条第 2 款的规定与第 1 款规定在利益评价上保持一致。因为在教唆或者帮助完全行为能力人侵权时，教唆人、帮助人须与有过错的行为人承担连带责任，而在教唆或帮助无行为能力人、限制行为能力人侵权且监护人有过错时则自然应当作相同评价，使其与监护人承担连带责任。

【对照适用】

该条规定源于原《侵权责任法》第 9 条，没有进行任何修改，因此在解释适用上不发生变化。

第一千一百七十条　二人以上实施危及他人人身、财产安全的行为，其中一人或者数人的行为造成他人损害，能够确定具体侵权人的，由侵权人承担责任；不能确定具体侵权人的，行为人承担连带责任。

【要义精解】

本条所规定的是共同危险行为。

共同危险行为属于共同侵权行为的一种类型，一方面，其规范意旨与共同加害行为相同，都在于特别保护受害人，减轻受害人的证明责任，防止受害人因无法证明究竟其损害与哪一个危险行为之间存在因果关系而无法得到救济。另一方面，虽然并非所有行为人的行为均系引起该损害结果的行为，但是因其均实施了可能造成损害的不法的、且有过错的行为，则由其承担责任对其亦非构成非正义。故此，比较法上亦多对共同危险行为作出规定，将共同危险行为人视为共同加害行为人而由其承担连带责任。《德国民法典》第830条第1款规定，数人以共同实施的侵权行为引起损害的，每一个人均对损害负全部赔偿责任。不能查明数参与人中系何人引起的损害，亦同。《日本民法典》第719条第1款规定，数人因共同不法行为对他人施加损害时，各自负连带损害赔偿责任；不知晓共同行为人中何人实施加害行为的，亦同。我国台湾地区“民法”第185条第1款亦规定：数人共同不法侵害他人之权利者，连带负损害赔偿责任；不能知其中孰为加害人者，亦同。唯在比较法上多将共同加害行为、共同危险行为以及教唆人、帮助人责任放在同一条中加以规定，我国则将此三种情形分别独立用一个条文加以规定，从而显示虽然其法律效果相同，但是法律构造上尚存在一定的区别。

一、共同危险行为的构成要件

（一）权利人的权利遭受侵害且受有损害

这个要件应当与一般侵权行为的构成要件相同，包括两个方面：其一是权利人的权利或者其他法益受到侵害。对所受侵害之权利或者法益，比较法上均没有任何限制，因此完全适用一般侵权行为的规定。但是，我国《民法典》第1170条则规定为“二人以上实施危及他人人身、财产安全的行为”，其文义将所保护之客体限制在“人身、财产安全”的范围内。而最早规范共同危险行为的2003年最高人民法院颁布的《关于审理人身损害赔偿案件适用法律若干问题的解释》第4条，更是将保护的客体限制在“人身安全”的范围内。由此可见，我国法律对于共同危险行为的适用范围是持谨慎态度的，并无意于将其扩张到所有的法益保护上，因为毕竟并非所有的行为人的行为均与损害后果之间存在因果关系，所以在保护客体上进行一定程度的限制是符合利益平衡的，即只有在重要的法益保护上才适用于共同危险行为的因果关系推定，对于非重要的法益则只能由受害人一方证明因果关系使得要求行为人承担责任。故，这里的人身安全应该限制在生命、身体、健康等物质性人格法益受侵害的情形；而财产安全则限制在所有权、用益物权等有体财产权受侵害的情形。

（二）二人以上均实施了危险行为

构成共同危险行为的必须是二人以上的人均实施了危及受害人人身、财产安全的行为。而且数人所实施的危险行为应当是同一种类的行为，如均从楼上往楼下抛掷砖头，而其中一块砖头将行人砸伤；数人均朝着同一方向开枪，而其中一颗子弹将行人射伤；数人均在同一地点燃放爆竹，而其中一个爆竹将路人眼睛炸瞎；等等。若数人所实施的行为并非同一类型，如一个放枪、一个扔石头、另一个放爆竹，行人中枪势必不会构成这里的共同危险行为。这里尚须注意的是，每一个人实施的危险行为都应当具备一般侵权行为的违法性与主观过错，若其中一个人的行为不具有违法性或者说是过错的，则其行为不再构成这里的共同危险行为，此时其无须承担责任，只能由剩余的人来承担相应的法律责任。

（三）无法确定是数人中何人的行为导致的损害后果

首先，受害人的损害一定是由该数人中的一个人的危险行为所导致的，若其损害并非由任何一个危险行为导致，则显然不构成这里的共同危险行为。其次，只有其中一个行为是引起损害发生的原因。若损害是由所有这些行为共同作用所导致的，那就不是这里的共同危险行为而是构成了共同加害行为，受害人请求各行为人承担连带赔偿责任的请求权基础不是第1170条而是第1168条。最后，必须无法证明究竟是这些行为中的哪一个导致了损害后果的发生。也就是说，受害人没有证据证明具体的加害行为，而实施共同危险行为的人也无法证明加害人究竟是何人。

二、共同危险行为的法律效果

依据《民法典》第1170条的规定，构成危险行为的数人须对受害人承担连带责任。共同危险人内部追偿则应当是等额责任，因为此时不存在过错和原因力大小的问题。若事后能够证明究竟损害是由何人造成的，则最终责任应该由该引起损害后果的行为人承担，其他已经承担了法律责任的人可以向其进行全部追偿。

【对照适用】

该条规定源于原《侵权责任法》第10条，未进行任何修改，故其适用上亦不存在差别。

第一千一百七十一条　二人以上分别实施侵权行为造成同一损害，每个人的侵权行为都足以造成全部损害的，行为人承担连带责任。

【要义精解】

本条与第1172条是关于数人分别侵权产生同一后果责任承担的规定。

依据本条规定，二人以上分别实施侵权行为，造成同一损害后果的，每个人的侵权行为都足以造成全部损害的，各行为人也承担连带责任。

一、构成要件

受害人以该条为请求权基础请求各加害人承担连带责任须具备如下要件：第一，须有两个以上的人均实施了侵权行为，也即每一个行为人都单独成立侵权行为。第二，各侵权行为人并不构成第1168条的共同加害行为，也不构成第1169条的教唆与帮助侵权行为，亦非属于第1170条的共同危险行为。第三，任何一个人的加害行为都是权利人所受损害的充分条件。即使没有另一个人的行为，其自身亦能够单独引起损害后果，因此，若无其他行为人，其自身亦须对全部损害承担损害赔偿责任。例如，甲在丙的茶杯中投毒，其剂量足以引起丙死亡。乙在不知情的情形下也在丙的茶杯中投毒，其剂量亦足以引起丙的死亡。后丙饮用了该茶杯中的水中毒而亡，此时甲、乙的投毒行为即符合本条规定的情形，从而须对此承担连带责任。

二、法律效果

依据本条规定，虽然各行为人之间不构成共同侵权行为，但是其仍然须负连带责任。这是因为实际上任何一个人都应当全部承担责任，故权利人请求其承担全部责任或者部分责任均无不可，其效果如同连带责任一样。而由于各行为人的行为均能够引起全部损害的发生，故其不存在原因力大小的问题，在内部责任承担上应当平均分担损失。

【对照适用】

该条规定源于原《侵权责任法》第11条的规定，没有任何变化，因此解释适用上不会发生变化。

第一千一百七十二条　二人以上分别实施侵权行为造成同一损害，能够确定责任大小的，各自承担相应的责任；难以确定责任大小的，平均承担责任。

【要义精解】

本条与第1171条规定的都是数人分别实施侵权行为但是产生同一损害后果的责任承担问题。

与第1171条规定的情形不同，该条所规定的情形则系损害后果是由该数人的行为共同作用产生的后果，但是该数人的行为单独均不足以造成全部损害后果。此时，各行为人所承担的责任则应当按照其各自行为与损害结果之间的原因力的大小加以确定，若无法证明原因力的大小即推定责任相等，故应当平均承担损害赔偿责任。若数人行为的原因力大小不能确定的，为了保护受害人，德国学说上与实务上一致认为此时应当适用《德国民法典》第830条第1款所规定的共同危险行为，从而应当由数人对于受害人承担连带责任，而该数人在内部责任划分上则平均分担。[1] 笔者亦赞同德国学说与实务上的做法。

【对照适用】

《民法典》该条规定源于原《侵权责任法》第12条，将原《侵权责任法》第12条所规定的“平均承担赔偿责任”中的“赔偿”二字删除，意在表明在权利人请求加害人承担其他侵权责任时亦由各加害人平均承担责任，不仅仅限于损害赔偿责任之一种。

第一千一百七十三条　被侵权人对同一损害的发生或者扩大有过错的，可以减轻侵权人的责任。

【要义精解】

本条是关于“与有过失”的规定。

〔1〕 Manfred Wandt, Gesetzliche Schuldverhältnisse, 9. Aufl. Vahlen. 2019. S. 412.

"与有过失"在德国被称为共同过错（Mitverschulden），在英美法系上被称为比较过错（Comparative Negligence）或者与有过失（Contributory Negligence）。在英美法系中其普通法对于受害人与有过失采取非常严格的态度，若受害人对于损害的发生也有过失，那么受害人即完全不能请求加害人承担损害赔偿责任。该全有全无的规则后来被认为对于受害人过于严厉而广受批评，因此在1911年法院被授权衡量当事人的过失程度从而使当事人按照比例分担损失。[1] 在大陆法系多数国家立法上都将与有过失作为所有损害赔偿请求权的共同抗辩事由。无论被主张的赔偿请求权基础是什么，任何被告都可以提出共同过错的抗辩事由。他的责任可以是合同责任也可以是侵权责任；责任内容可以是对物的损害和人身伤亡的补偿，也可以是对纯经济损失的赔偿；可以是本人不当行为责任，也可以是本人无不当行为责任。因此，共同过错的条款要么是被规定在债权法总则中，要么就仅规定在必须同时适用侵权行为法的合同法条款中。[2] 如今世界各国在与有过失的问题上，逐渐向着更加有利于受害人的方向发展，例如，在法国现今的司法实务上，只有当受害人的共同过错是不可原谅的过错且是事故的排他性原因时才能导致损害赔偿请求权的减少。[3]

在我国，原《民法通则》确立了与有过失原则，其第131条即规定："受害人对于损害的发生也有过错的，可以减轻侵害人的民事责任。"该规定被2009年公布的原《侵权责任法》第26条所采纳，规定"被侵权人对损害的发生也有过错的，可以减轻侵权人的责任"。《民法典》第1173条则在原《侵权责任法》第26条的基础上进一步完善为"被侵权人对同一损害的发生或扩大有过错的，可以减轻侵权人的责任"。也即强调了被侵权人的过错须针对"同一损害"而言，故被侵权人请求侵权人承担责任的损害与被侵权人的过错之间须存在因果关系，反之侵权人不得请求减轻责任。依据该条规定，侵权行为人请求减轻责任的被侵权人的过错有两种情形：其一是因侵权而发生的损害，被侵权人有过错的，侵权人可以请求减

〔1〕［英］约翰·库克：《侵权行为法》（第5版影印版），法律出版社2003年版，第144—145页。

〔2〕［德］克雷斯蒂安·冯·巴尔：《欧洲比较侵权行为法》（下卷），焦美华译，张新宝审校，法律出版社2004年版，第624页。

〔3〕［德］克雷斯蒂安·冯·巴尔：《欧洲比较侵权行为法》（下卷），焦美华译，张新宝审校，法律出版社2004年版，第628页。

轻责任；其二是对于扩大部分的损害，被侵权人有过错的，侵权人也可以请求减轻责任。例如，因侵权人的侵权，被侵权人延误治疗而导致伤情的恶化，或者不按照医嘱服药而导致病情恶化的，那么侵权人就恶化的部分亦可以请求减轻责任。从实质上来看，这属于作为债权人的被侵权人违反了不真正义务而产生的不利后果，此种情形针对一切债权债务关系应该均有适用的余地。适用该条规定在实务中的难题是认定被侵权人的过错程度究竟有多大，对此没有一个确定的标准，法院应当在个案中综合考量不同的因素加以确定，本着对于受害人充分保障的原则和国际发展趋势，不能认定比例时应当尽量减轻受害人分担的比例部分。

【对照适用】

本条规定源于原《侵权责任法》第26条的规定，对原条文进行两处修改：其一是将原来的“对损害的发生”修改为“对同一损害的发生”；其二是增加了“或者扩大”，在适用中须注意就损害的扩大与有过失的情形。

第一千一百七十四条　损害是因受害人故意造成的，行为人不承担责任。

【要义精解】

本条规定的是受害人故意作为免责事由。

比较法上一般均不将受害人故意作为免责事由，这是因为受害人故意本质上切断了行为人行为与受害人所遭受损害之间的因果关系，故此行为人根本就不构成侵权行为，从而无须再将其明确规定为抗辩事由。所谓受害人故意是指受害人故意利用行为人的行为使自己遭受损害，此时不但行为人对于受害人所遭受的损害没有过错，而且其行为亦不是受害人所遭受损害的原因。因此，与前述与有过失作为责任减轻的抗辩事由不同，受害人故意免责不但适用于一般侵权行为之中，而且亦适用于以无过错责任或者过错推定为归责原则的特殊侵权行为，因为所有的侵权行为均要求加害行为与损害后果之间有因果关系，而受害人故意切断了因果关系，导致损害的不是加害人的行为而是受害人自己的行为。非但如此，有时候受害人的故意行为还会构成诈骗等犯罪或者侵权行为，如碰瓷等。

【对照适用】

本条推定源于原《侵权责任法》第27条的规定，没有进行任何修改，因此解释适用上亦不会有变化。

第一千一百七十五条　损害是因第三人造成的，第三人应当承担侵权责任。

【要义精解】

本条规定的是第三人行为免责。

与受害人故意一样，若损害事实是由第三人的原因造成的，那么实际上损害的发生是与第三人的行为有因果关系，从而与被告人之行为没有因果关系，也即因第三人的介入而导致被告人的行为与损害事实之间的因果关系被切断，故被告人的行为并不构成侵权行为。也正因此，在比较法上鲜有规定，以第三人原因作为抗辩事由，是因果关系认定时的题中应有之义，没有必要单独予以规定。这里需要注意的是，“损害是因第三人造成的”，应当是指损害的产生完全是由第三人的行为所引起的，从而与被告人的行为不再具有因果关系。故依据该条规定主张免责的前提条件是《民法典》第1168—1172条的规定不能适用，也就是说，既不构成第1168条所规定的共同加害行为，也不构成第1169条教唆与帮助他人侵权，还不构成第1170条所规定的共同危险行为，同时不能构成第1171条和第1172条所规定的数人分别侵权但是却产生同一损害后果的情形。

不过该条规定有一个问题在这里需要指出，即损害是因第三人原因造成的，第三人应当承担侵权责任的表述是存在问题的。依据其文义可以成为被害人请求第三人承担损害赔偿责任的独立的请求权基础，但是事实上该条规定不能作为独立的请求权基础，而是作为被告人抗辩事由，由被告人主张自己免责。在被告人证明损害是由第三人造成的，那么被害人是否可以请求第三人承担侵权责任则需要依据《民法典》第1165条等其他请求权基础所规定的要件加以判断，不得直接依据该规定即请求第三人承担责任。

【对照适用】

该条推定源于原《侵权责任法》第28条的规定，没有进行任何修改，因此解释适用上亦不会有变化。

第一千一百七十六条　自愿参加具有一定风险的文体活动，因其他参加者的行为受到损害的，受害人不得请求其他参加者承担侵权责任；但是，其他参加者对损害的发生有故意或者重大过失的除外。

活动组织者的责任适用本法第一千一百九十八条至第一千二百零一条的规定。

【要义精解】

本条是关于“自甘风险”或者说“自冒风险”原则的规定。

早在罗马法时期就有“对自愿者不构成伤害”（Volentinonfitinjuria）的规定，即如果一个人自愿从事一项危险性的工作，那么他就不能就由这个危险而造成的自身伤害请求赔偿。[1] 后英美法系率先通过判例的方式确认了该原则，最早的是1305年一个记录在案的判例。五百年后，普通法在Cruden v. Fentham［2 Esp. 685，170 Eng. Rep. 496（1799）］和Priestley v. Fowler［3 M. & W. 1，150 Eng. Rep. 1030（1837）］二案中明确接受了自冒风险规则。在大陆法系国家，虽然难以在法律条文中找到“自冒风险”的字眼，但法官通过对成文法中诚信原则的扩张性解释，体现了同样的内容，也构成侵权行为的一种抗辩。[2] 而我国在《民法典》颁布之前，立法上一直没有关于该原则的规定，但是在司法实践中，早在20世纪80年代就有引用自冒风险规则裁判案件的案例，此次《民法典》编纂将其正式纳入侵权责任编作为侵权抗辩事由之一。

一、构成要件

适用范围仅限于具有一定风险的文体活动。首先，必须是文化、体育等合法的活动。若所从事的活动是非法的活动，或者虽然是合法活动，但是并不属于文化、体育或者其他类似的活动则不适用自甘风险原则。其次，必须是本身固有一定程度受有人身损害的活动，例如足球比赛、篮球比赛、拳击比赛、武术比赛等。而若某些文化、体育活动并不存在高于一

〔1〕［英］彼德·斯坦、［英］约翰·香德：《西方社会的法律价值》，王献平译，中国法制出版社2004年版。

〔2〕汪传才：《自冒风险规则研究》，载《法律科学》2009年第4期。

般社会交往活动中的风险，如歌咏比赛、诗词大赛等，此种情形下，参赛选手因为其他选手的行为导致损害的不适用自甘风险原则。

受害人必须是自愿参加该文体活动的参加者。受害人必须是该文体活动的参加者，而不是服务人员等其他人员。受害人必须是自愿参加该问题活动，即不存在被胁迫或者欺诈等违反参加者真实意思的情形，且参加者具有完全行为能力。对于无行为能力人，则应当经其监护人同意；而对于限制行为能力人的同意，笔者认为应当视其年龄、认知能力、问题活动的风险等级等综合进行考虑是需要其自己同意即可，抑或是需要其监护人同意。

受害人所遭受之损害必须是由其他参加者的行为所导致的。也就是说，文体活动的参加者所自愿承担的风险是来自在这些活动中其他共同参加者的行为，而不是来自工作人员、互动组织者的行为以及观众等非属于同一活动的参加者的行为。关于活动组织者的责任本条第 2 款明确规定不适用本条第 1 款的规定，而适用《民法典》第 1198—1201 条的规定。

行为人对于损害的发生必须没有故意或者重大过失。若行为人是故意或者存在重大过失的，则行为人不能免除责任，必须依据侵权行为的一般规则承担相应的责任。

二、法律效果

符合上述自甘风险的构成要件的，则造成损害的行为人不承担侵权责任。

【对照适用】

本条规定是《民法典》的新规则，虽然过去判例中也有适用自甘风险规则的情形，但是由于没有法律规定还是存在争议的，这次《民法典》明确加以规定，明确了构成要件和法律效果，从而使相应案件的解决有法可依。

第一千一百七十七条　合法权益受到侵害，情况紧迫且不能及时获得国家机关保护，不立即采取措施将使其合法权益受到难以弥补的损害的，受害人可以在保护自己合法权益的必要范围内采取扣留侵权人的财物等合理措施；但是，应当立即请求有关国家机关处理。

受害人采取的措施不当造成他人损害的，应当承担侵权责任。

【要义精解】

本条规定的是自助行为。

自助行为是民法上的自力救济措施之一。自力救济是法律允许权利人依靠自己的力量实现权利，包括暴力在内。自力救济的手段主要有：正当防卫、紧急避险和自助行为。我国既有的法律一直有关于正当防卫与紧急避险的规定，但是长期以来没有规定自助行为。此次《民法典》首次以立法的形式正式确认了自助行为，应当说是我国立法上的一大进步。只是要说明的是，该条规定在体系上似乎不应当放在侵权责任编，而应当与正当防卫、紧急避险一样置于民法典总则编，即该三种情形在法律体系上应当处于相同的位阶。现在这样的放置，实际上是由于总则编制定时尚未决定将自助行为纳入民法典中，而在分则编编纂的过程中作出这样的决定，故只能将其放置于侵权责任编了。

一、构成要件

第一，须权利人的合法权益受到侵害。第二，须情况紧迫且不能及时获得国家机关保护，不立即采取措施将使其合法权益受到难以弥补的损害。例如，乘坐公共交通工具不支付票款，在饭店就餐后不支付餐费，在宾馆住宿不支付住宿费即将离去。权益受侵害的人若不实施自助行为事后将难以获得相应的救济，因为事后将因不知道侵害人为谁或者所在何方而无法以诉讼等方式获得相应的救济。第三，所采取的措施必须合理，也即与保护其权益相适应。如能够通过扣留行为人的财产就足以保障其权益，那么就不应该限制行为人的人身自由；而若行为人的财产是可分的仅扣留部分财产即足以保障其权益的，就不应当扣留行为人的全部财产。若权利人所采取的措施不合理，或者超过了必要的限度，则超过的部分仍然不排除其行为的违法性。第四，实施自助行为后应当及时请求国家机关予以处置。特别是限制了行为人的人身自由的，则应当及时请求公安机关予以处置。

二、法律效果

《民法典》第 1177 条规定的“受害人可以在保护自己合法权益的必要范围内采取扣留侵权人的财物等合理措施”则意味着，受害人采取合理措施是合法的，故排除了其行为的违法性，从而不再构成侵权行为，属于侵权行为的抗辩事由。

【对照适用】

本条规定是《民法典》新增加的抗辩事由，其适用时须特别注意其构成要件。

第一千一百七十八条　本法和其他法律对不承担责任或者减轻责任的情形另有规定的，依照其规定。

【要义精解】

本条是关于其他免责事由的介入性条款。

其表明侵权行为的免责或者减轻责任事由并不限于本编的规定，包括总则编及其他各编的规定，还允许特别法针对特别侵权行为作出不同的抗辩事由。

【对照适用】

本条规定是《民法典》新增加的条款，主要是针对民法典总则编民事责任章关于免责事由的规定以及《产品责任法》《食品安全法》等特别法关于免责事由的规定而设的。

第二章 损害赔偿

第一千一百七十九条　侵害他人造成人身损害的，应当赔偿医疗费、护理费、交通费、营养费、住院伙食补助费等为治疗和康复支出的合理费用，以及因误工减少的收入。造成残疾的，还应当赔偿辅助器具费和残疾赔偿金；造成死亡的，还应当赔偿丧葬费和死亡赔偿金。

【要义精解】

本条是关于侵害人身所产生的财产损害赔偿的范围的规定。

比较法上一般仅规定损害赔偿的原则与方法而不对具体的损害赔偿的范围加以规定，而是将其交由学说与实务加以确定。我国立法上自原《民法通则》始即以立法的形式加以确定，其目的在于为法院裁判提供清晰的规则，防止同案不同判的现象的发生。《民法典》在原《民法通则》、原《侵权责任法》及 2003 年颁布的《最高人民法院关于审理人身损害赔偿案件适用法律若干问题的解释》等司法解释的基础上进一步予以完善，形成了该条规定。

一、一般情形下人身损害赔偿

所谓人身损害，是指自然人的物质性人格利益受到侵害，也即身体、健康、生命等受到侵害所遭受的损害。人身损害既包括物质性损害（der materiale Schaden），也包括非物质性损害（der immateriale Schaden）。物质性损害在我国被称为财产损害，而非物质性损害在我国被称为精神损害。本条规定是针对财产损害而言的，对于精神损害则适用《民法典》第 1183 条。对于物质性人身损害，本条规定共由三部分构成，其中第一部分是针对一切人身损害赔偿范围的规定；第二部分是在第一部分的基础上进一步规定造成残疾的情形的损害赔偿；第三部分则是在前两部分的基础上进一步就死亡的情形的损害赔偿作出规定。

就侵害人身所产生的财产损害的赔偿其实与侵害财产权益造成的财产损害的赔偿是相同的，即都适用全部赔偿原则。而所谓全部赔偿则是指恢复到如同损害事实未发生时权利人所处的状态。人身损害赔偿，即应当将受害人恢复到损害事实发生之前的状态，也即通过医疗行为将受害人恢复到未受损害时的状态，而加害人则承担为此所支出的全部费用。依据本条规定，具体包括医疗费、护理费、交通费、营养费、住院伙食补助费。当然所有的这些费用的支持都以必要为条件，且应当由受害人通过相应的证据予以证明。一是医疗费用的计算与证明。依据2022年新修正的《最高人民法院关于审理人身损害赔偿案件适用法律若干问题的解释》（以下简称《人身损害赔偿司法解释》）第6条的规定，医疗费根据医疗机构出具的医药费、住院费等收款凭证，结合病历和诊断证明等相关证据确定。赔偿义务人对治疗的必要性和合理性有异议的，应当承担相应的举证责任。医疗费的赔偿数额，按照一审法庭辩论终结前实际发生的数额确定。器官功能恢复训练所必要的康复费、适当的整容费以及其他后续治疗费，赔偿权利人可以待实际发生后另行起诉。但根据医疗证明或者鉴定结论确定必然发生的费用，可以与已经发生的医疗费一并予以赔偿。二是护理费的计算与证明。依据《人身损害赔偿司法解释》第8条的规定，护理人员原则上为1人，但医疗机构或者鉴定机构有明确意见的，可以参照确定护理人员人数。护理期限应计算至受害人恢复生活自理能力时止。受害人因残疾不能恢复生活自理能力的，可以根据其年龄、健康状况等因素确定合理的护理期限，但最长不超过20年。护理费根据护理人员的收入状况和护理人数、护理期限确定。护理人员有收入的，参照误工费的规定计算；护理人员没有收入或者雇佣护工的，参照当地护工从事同等级别护理的劳务报酬标准计算。受害人定残后的护理，应当根据其护理依赖程度并结合配制残疾辅助器具的情况确定护理级别。三是交通费的计算与证明。依据《人身损害赔偿司法解释》第9条的规定，交通费根据受害人及其必要的陪护人员因就医或者转院治疗实际发生的费用计算。交通费应当以正式票据为凭；有关凭据应当与就医地点、时间、人数、次数相符合。四是住院伙食补助费的计算与证明。依据《人身损害赔偿司法解释》第10条的规定，住院伙食补助费可以参照当地国家机关一般工作人员的出差伙食补助标准予以确定。受害人确有必要到外地治疗，因客观原因不能住院，受害人本人及其陪护人员实际发生的住宿费和伙食费，其合理部分应予赔偿。五是营养费。依据《人身损害赔偿司法解释》第11条的规定，营养费根据受害人伤残情况参照医疗机构的意见确定。

侵害人身造成的财产损害除了恢复人身健康所应当支出的费用之外，尚有另一项重要的损失，即受害人因不能从事相应的经济活动而遭受的损害，这应当属于所失利益（期待利益）的一种。对此，我国法律使用的是“因误工减少的收入”，也被称为误工费。对其具体计算依据《人身损害赔偿司法解释》第7条的规定，误工费根据受害人的误工时间和收入状况确定。误工时间根据受害人接受治疗的医疗机构出具的证明确定。受害人因伤致残持续误工的，误工时间可以计算至定残日前一天。受害人有固定收入的，误工费按照实际减少的收入计算。受害人无固定收入的，按照其最近3年的平均收入计算；受害人不能举证证明其最近3年的平均收入状况的，可以参照受诉法院所在地相同或者相近行业上一年度职工的平均工资计算。

二、造成残疾时的赔偿范围

造成残疾时在前述赔偿的基础上还应当赔偿辅助器具费和残疾赔偿金。残疾赔偿金根据受害人丧失劳动能力程度或者伤残等级，按照受诉法院所在地上一年度城镇居民人均可支配收入标准，自定残之日起按20年计算。但60周岁以上的，年龄每增加1岁减少1年；75周岁以上的，按5年计算。受害人因伤致残但实际收入没有减少，或者伤残等级较轻但造成职业妨害严重影响其劳动就业的，可以对残疾赔偿金作相应调整。残疾辅助器具费按照普通适用器具的合理费用标准计算。伤情有特殊需要的，可以参照辅助器具配制机构的意见确定相应的合理费用标准。辅助器具的更换周期和赔偿期限参照配制机构的意见确定。

三、受害人死亡的损害赔偿

受害人死亡的还应当赔偿丧葬费和死亡赔偿金。丧葬费按照受诉法院所在地上一年度职工月平均工资标准，以6个月总额计算。死亡赔偿金按照受诉法院所在地上一年度城镇居民人均可支配收入标准，按20年计算。但60周岁以上的，年龄每增加1岁减少1年；75周岁以上的，按5年计算。赔偿权利人举证证明其住所地或者经常居住地城镇居民人均可支配收入高于受诉法院所在地标准的，残疾赔偿金或者死亡赔偿金可以按照其住所地或者经常居住地的相关标准计算。

《人身损害赔偿司法解释》第16条、第17条规定，被扶养人生活费也应计入残疾赔偿金或者死亡赔偿金。被扶养人是指受害人依法应当承担扶养义务的未成年人或者丧失劳动能力又无其他生活来源的成年近亲属。被扶养人生活费根据扶养人丧失劳动能力程度，按照受诉法院所在地上一年度城镇居民人均消费支出标准计算。被扶养人为未成年人的，计算至18周岁；被扶养人无劳动能力又无其他生活来源的，计算20年。但60周岁以上的，年龄每增加1岁减少1年；75周岁以上的，按5年计算。被扶养人还有其他扶养人的，赔偿义务人只赔偿受害人依法应当负担的部分。被扶养人有数人的，年赔偿总额累计不超过上一年度城镇居民人均消费性支出额或者农村居民人均年生活消费支出额。

【对照适用】

该条规定源于原《侵权责任法》第16条，但是增加了“营养费”与“住院伙食补助费”。实际上虽然原《侵权责任法》第16条没有明确规定这两项赔偿内容，但是实践中均依据《人身损害赔偿司法解释》的规定支持这两项损害赔偿，因此司法实践中并不会发生变化。

第一千一百八十条　因同一侵权行为造成多人死亡的，可以以相同数额确定死亡赔偿金。

【要义精解】

本条是关于同一侵权行为造成多人死亡时死亡赔偿金平等原则的规定。

本条的立法宗旨在于防止同一案件中数被害人因其身份、住所地等不同而适用不同的死亡赔偿金标准，从而导致不同数额的死亡赔偿金，被社会各界以“同命不同价”加以诟病。为了保障在同一案件中不出现这样的现象，本条特别规定：因同一侵权行为造成多人死亡的，可以以相同数额确定死亡赔偿金。此时应该均以最高标准加以确定。

【对照适用】

本条规定源于原《侵权责任法》第17条，没有进行任何修改，适用上不发生变化。

第一千一百八十一条　被侵权人死亡的，其近亲属有权请求侵权人承担侵权责任。被侵权人为组织，该组织分立、合并的，承继权利的组织有权请求侵权人承担侵权责任。

被侵权人死亡的，支付被侵权人医疗费、丧葬费等合理费用的人有权请求侵权人赔偿费用，但是侵权人已经支付该费用的除外。

【要义精解】

本条是关于被侵权人死亡或者终止时损害赔偿请求权人的规定。

对于自然人而言，若其侵权行为发生后没有直接死亡的，因侵权行为所产生的全部损害赔偿请求权业已发生，且损害赔偿请求权作为债权是可以被继承的，故其后又死亡的应当依据民法典继承编的规定由继承人加以继承，而不适用本条的规定。本条所规范的是被侵权人因侵权而直接死亡的以及只有因死亡才发生的死亡赔偿金、丧葬费等损害赔偿金，在其死亡时权利还尚未产生而是于死亡后权利才发生，故无法直接依据继承而发生转移，所以法律特别规定此时产生的死亡赔偿金以及丧葬费等损害赔偿请求权应当由其近亲属行使。

对于被侵权人是法人或者非法人组织，该组织分立、合并的，承继权利的组织有权请求侵权人承担侵权责任。具体承受其权利义务的组织则须依据《民法典》第 67 条的规定，也即法人合并的，其权利和义务由合并后的法人享有和承担。法人分立的，其权利和义务由分立后的法人享有连带债权，承担连带债务，但是债权人和债务人另有约定的除外。

【对照适用】

本条规定源于原《侵权责任法》第 18 条，将原条文中的“单位”按照民法典总则编的规定修改为“组织”，解释适用上并不发生变化。

第一千一百八十二条　侵害他人人身权益造成财产损失的，按照被侵权人因此受到的损失或者侵权人因此获得的利益赔偿；被侵权人因此受到的损失以及侵权人因此获得的利益难以确定，被侵权人和侵权人就赔偿数额协商不一致，向人民法院提起诉讼的，由人民法院根据实际情况确定赔偿数额。

【要义精解】

本条是侵害人身权益造成财产损害的损害赔偿的认定。

本条所规定的主要是侵害非物质性人格利益及身份利益而产生的财产损害，特别是侵害了姓名权、肖像权、隐私权、个人信息等法益。例如，利用他人的姓名、肖像打广告的行为，未经同意而擅自收集、处理、出售他人个人信息的行为；再如，侵害他人的名誉、信用等利益均会给权利人造成财产上的损失。特别是《民法典》承认了部分人格利益的商品化利用，对此《民法典》第993条中明确规定，“民事主体可以将自己的姓名、名称、肖像等许可他人使用”，从而获取相应的许可费或者报酬。那么，未经其许可擅自利用其姓名、肖像等显然会给权利人造成财产上的损失，自不待言。但是在这些情形中，权利人往往很难证明自己的实际损失，也即因为他人的擅自利用其姓名、肖像等导致其收入上的下降，故此若严格地要求被侵权人证明自己的实际损失则会导致大量的被侵权人无法获得充分的救济，而侵权人则因此会获得不正当的利益，这无异于助长侵权行为，因此法律特别规定该条以解决这一问题。权利人可以通过证明自己的实际损失也可以通过证明对方因侵权所受有的利益而作为损害赔偿的标准，此时被侵权人享有选择权。实际上被侵权人在证明对方受益时也可以依据不当得利的请求权基础请求行为人返还所受的利益，因为此时侵权行为人的行为亦构成了权益侵害型的不当得利，从而发生请求权竞合。很多时候，被侵权人既无法证明自己的损失也无法证明侵权人因此所获的利益，但是其损害是显而易见的事实，那么也可以由人民法院通过裁量的方法决定损害赔偿的数额。人民法院在裁量时可以考虑被侵权人的实际情况、侵权人的主观恶意程度、侵权的程度等综合因素加以确定。当然，若侵权人认为人民法院裁量的数额过高的，其可以通过举证证明自己的获益以及被侵权人的实际损失来进行抗辩。我国法律体系中除了对于人身权益侵害的损害赔偿采取这样的方式之外，对于知识产权侵权的损害赔偿计算上也采取相同的做法。

【对照适用】

本条规定源于原《侵权责任法》第20条，但是将原《侵权责任法》第20条所规定的“按照被侵权人因此受到的损失赔偿；被侵权人的损失难以确定，侵权人因此获得利益的，按照其获得的利益赔偿”，修改为“按照被侵权人因此受到的损失或者侵权人因此获得的利益赔偿”。按照原《侵权责任法》的规定只有不能证明实际损失时才能通过证明侵权人实际获利而要求按照所获利益计算损害赔偿金，但是依照《民法典》第1182条的规定被侵权人有权进行选择，即使侵权人证明被侵权人实际损失较低的也不能作为抗辩理由。

第一千一百八十三条　侵害自然人人身权益造成严重精神损害的，被侵权人有权请求精神损害赔偿。

因故意或者重大过失侵害自然人具有人身意义的特定物造成严重精神损害的，被侵权人有权请求精神损害赔偿。

【要义精解】

本条是关于精神损害赔偿的规定。

我国法律上的精神损害，在国外被称为非物质损害，精神损害赔偿也即非物质损害赔偿，在德国则被称为抚慰金（Schmerzensgeld）。关于精神损害赔偿，从世界范围上来看都经历了从不承认到承认再到逐渐扩大适用范围的趋势。我国原《侵权责任法》第22条则不再区分具体人格权和一般人格权，而且亦不将精神损害赔偿限于人格权，而是统一规定了人身权益受侵害造成严重精神损害的均可请求精神损害赔偿。《民法典》第1183条沿袭了原《侵权责任法》第22条的规定。因此，我国《民法典》上精神损害赔偿的适用范围非常广泛，适用于一切人身权益受侵害引起严重精神损害的情形。

关于侵权行为责任与违约责任竞合时的精神损害赔偿问题，我国《民法典》第996条作出了专门规定。该条规定：“因当事人一方的违约行为，损害对方人格权并造成严重精神损害，受损害方选择请求其承担违约责任的，不影响受损害方请求精神损害赔偿。”依据传统请求权竞合理论，在违约和侵权责任竞合时权利人得以选择请求对方承担违约责任也可以选择请求其承担侵权责任，但是选择请求承担违约责任的则不能请求精神损害赔偿，而若选择侵权责任要求精神损害赔偿，则不能再要求对方承担违约金等诸多合同约定的责任。有鉴于我国《民法典》特别规定，在存在侵权与违约竞合时且因侵害人格权而产生精神损害时，权利人得以选择违约责任，同时要求对方基于侵权行为承担精神损害赔偿责任。需要注意的是，该条规定并不是违约责任精神损害赔偿的请求权基础，也即不能依据该条规定仅仅基于违约即要求对方承担精神损害赔偿，而是必须同时构成侵权且属于侵害人身权益才能在请求对方承担违约责任的同时要求承担精神损害赔偿。但是这里还有一个问题需要注意，那就是如果约定的违约金实际上已经涵盖了精神损害赔偿的部分，则在主张违约金的同时即不应当再支持其精神损害赔偿，否则会发生同一损害进行了两次赔偿的现象。

关于具体精神损害赔偿金数额的确定，因其不具有财产价值所以无法以确定的数字加以计算，故此必须由法官在个案中依据相关情形予以裁量。对于法官裁量时所应当考虑的主要因素，《最高人民法院关于确定民事侵权精神损害赔偿责任若干问题的解释》第5条的规定可资参考：（1）侵权人的过错程度，法律另有规定的除外；（2）侵权行为的目的、方式、场合等具体情节；（3）侵权行为所造成的后果；（4）侵权人的获利情况；（5）侵权人承担责任的经济能力；（6）受诉法院所在地的平均生活水平。

【对照适用】

本条规定源于原《侵权责任法》第22条，但是增加了第2款关于侵害具有人身意义的特定物造成严重精神损害时的精神损害赔偿请求权，解决了司法实务中和学说中存在的分歧。

第一千一百八十四条　侵害他人财产的，财产损失按照损失发生时的市场价格或者其他合理方式计算。

【要义精解】

本条是关于侵害财产权益损害赔偿的计算标准的规定。

侵害财产权益给权利人造成的损失通常是物质损害（财产损失），不是非物质损害（精神损失）。即便是侵害财产权益产生了非物质损害，除构成《民法典》第1183条第2款规定的情形之外，不得请求精神损害赔偿。相反，因侵害财产权益所造成的财产损失则亦适用全部赔偿原则予以赔偿。本条则规定了如何计算侵害财产权益所造成的财产损失的问题。

与德国、法国等国家的损害赔偿有所不同，我国法律上的损害赔偿属于狭义上的损害赔偿，仅指金钱赔偿。我国立法上对于侵权的民事责任规定有多种类型，在这些侵权责任类型中并不存在优先顺序，权利人可以任意选择，甚至可以合并行使，当然基于民事责任的补偿性原则，除了法律明确规定可以惩罚性损害赔偿的情形外，其他情形的民事责任累加起来不能超过权利人所遭受的损害，否则权利人即因侵权行为而受有不当利益违反了《民法典》的价值追求。因此，在财产权益遭受损害时，权利人可以选择请求侵权行为人返还原物、恢复原状、修理、金钱赔偿（法条上的损害赔偿）等。在标的物被侵占的权利人请求返还原物，标的物能够被修理等方式恢复原状的权利人请求恢复原状的，那么权利人若已经没有损失的则不能再请求损害赔偿；若还有损失，如因侵权期间以及恢复原状期间不能使用标的物而产生的损失的，则自然还可以请求赔偿，但是却不能适用本条的规定，依据被侵害财产的市场价加以确定，而是应当依据实际产生的损失加以确定。例如，汽车在交通事故中被撞坏的，那么通常所有人是将汽车送往汽车修理厂进行修理，进而请求肇事者承担全部修理费用，此时不得请求支付汽车的市场价格作为金钱赔偿。在修理期间，所有人因不能使用汽车所产生的损失当然也可以请求赔偿，但此时请求赔偿的是所有人须租赁同样汽车所支出的租金费用亦非汽车的市场价。

首先，本条规定的金钱损害赔偿适用的情形是标的物因侵权而全部灭失无法通过修理等方式恢复原状的情形，此时权利人唯有选择请求金钱赔偿一条途径。其次，则是标的物因侵权而发生价值贬损但是权利人不选择恢复原状等其他救济措施，而是仅选择金钱赔偿，那么此时亦适用本条规定，加以计算赔偿金。再次，则是权利人请求行为人返还原物、修理、恢复原状后，标的物的价值仍然贬损的，则权利人亦得适用本条规定请求金钱赔偿。最后，虽然我国法律没有明确规定，但是笔者认为，若权利人请求恢复原状、修理等费用过高，也即其所支出的费用与该被损坏之标的物的价值明显不成比例的，依据《民法典》第 7 条所规定的诚实信用原则与第 132 条所规定的禁止权利滥用侵权行为人得以拒绝为恢复原状而代以金钱赔偿。[1]

一、依据市场价格计算

市场经济社会中绝大多数财产都是商品，一方面具有可替代性，另一方面也具有市场价，故按照市场价格计算其损失应当是最为合理的。权利

[1]《德国民法典》第 251 条第 2 款之规定。

人完全可以通过获得该赔偿金以同等价格在市场上购置同样的财产从而恢复到如同未受损害时的状态，同样对于加害人而言亦不会因此而负担过重。不过市场价格受多种因素的影响，不同时间不同地点的市场价是不相同的，所以必须确定一个认定的时间点和地点。本条规定，以财产损失发生的时间点的市场价为准，这里的损失发生的时间点应当理解为损害结果发生的时间点而不是加害行为的发生时间。我国法律之所以以此作为计算损失的时间点，主要考虑有两点：一是这个时间点相比较其他时间点最容易固定和掌握。其他时间点上，例如起诉之日、立案之日、判决作出之日等均有各种诉讼上的不确定性，有可能存在同一类型案件确定时间不同的情况，不利于对同一类型财产损失的计算。二是本条还规定了“或者其他合理方式计算”确定损失的方法。当价格波动较大时，为了使被侵权人获得充分的救济，法官可以以其他合理方式确定损失。[1] 至于计算财产市场价格的地点本条则没有明确规定，笔者认为应当以财产所在地的市场价为准。

二、依其他合理方式计算

从文义上看，本条规定将“依其他合理方式计算”与“按照损失发生时的市场价格”并列而不具有优先顺序，故亦有观点认为可以由法官自由裁量决定是按照市场价格还是其他合理方式计算损失。[2] 笔者认为，这样的解释给予法官太多的自由裁量权，从而与法律应当尽量防止法官武断的价值追求相龃龉。因此，笔者认为该条解释应当是以按照市场价格确定优先于以其他合理方式计算，也即在没有市场价或者虽然有市场价但是市场价变动过大时或者标的物具有较大的主观价值等不适用市场价的情形才能适用此种情形加以确定。

【对照适用】

本条规定源于原《侵权责任法》第19条，将第19条所规定的“或者其他方式计算”，修改为“或者其他合理方式计算”，强调了计算方式的合理性，当事人必须证明其请求权按照偏离了市场价的计算方式是合理的，而法官在判决中亦须论证该方式的合理性。

---

〔1〕 黄薇主编：《中华人民共和国民法典侵权责任编释义》，法律出版社2020年版，第63页。

〔2〕 黄薇主编：《中华人民共和国民法典侵权责任编释义》，法律出版社2020年版，第63页。

第一千一百八十五条 故意侵害他人知识产权，情节严重的，被侵权人有权请求相应的惩罚性赔偿。

【要义精解】

本条规定的是知识产权的惩罚性损害赔偿。

大陆法系由于公法与私法的区分，作为私法的民法一直坚持“民事责任的同质救济性”而不承认惩罚性损害赔偿。相反，英美法系由于并不严格区分公法与私法，故其侵权责任法很早就确立了惩罚性损害赔偿。我国民法自从1993年公布的《消费者权益保护法》首次确定了“双倍赔偿”的惩罚性损害赔偿以来，逐渐扩大惩罚性损害赔偿的适用范围。此次《民法典》更是在原有法律体系的基础上增加了侵害知识产权的惩罚性损害赔偿与环境污染和破坏生态环境侵权的惩罚性损害赔偿。惩罚性损害赔偿的主要功能有三个：首先，是惩罚恶意侵权行为人。因此惩罚性损害赔偿适用的要件基本上都是行为人故意或者恶意实施的侵权行为。在过失侵权的情形以及在特殊侵权行为中无过失构成侵权行为的均不适用惩罚性损害赔偿。其次，是预防损害的发生。正如笔者针对食品安全法中的惩罚性损害赔偿金的完善中所指出的：“法院在审理食品侵权的案件时应充分利用法律赋予法院的自由裁量权，本着惩罚性损害赔偿的立法目的而确定惩罚性损害赔偿的具体数额，其数额应大于至少等于该不法行为者由于实施该类行为所获得的总收益。这样不仅能达到预防该种违法行为再次发生的目的，而且也符合公平原则。之所以发生这种违法行为，很大程度上是经济利益驱使，即这种违法行为能产生巨额利润，即使被发现，消费者要求赔偿的数额也远低于其所获得的巨额利润，即使加上行政处罚也是如此。然而，上述计算惩罚性损害赔偿的方法将使所有故意生产问题食品或其他缺陷产品者绝对无利可图。”[1] 在适用惩罚性损害赔偿最为频繁的美国，其惩罚性损害赔偿金的数额经常出奇的高，其基本思想就是为了实现遏制恶意侵权的出现。最后，惩罚性损害赔偿的目的也在于减轻受害人的证明损害的举证责任。在适用惩罚性损害赔偿的时候，往往受害人不必证明自己

〔1〕 席志国：《食品安全之私法救济机制的完善》，载《中国流通经济》2012年第7期。

的具体损害数额，只要证明对方是恶意侵权而自己所受损害严重即可。

由于知识产权意识淡漠，长期以来我国知识产权侵权屡禁不止，这种现象的存在不但严重阻碍了我国自主知识产权创新之路，而且也被国际社会广为诟病并成为贸易摩擦的诱因。有鉴于此，我国在立法上逐步加大对知识产权的保护力度，引入惩罚性损害赔偿机制就是其中的重要举措之一。对于本条适用须注意以下几个方面：首先，其适用范围非常的广泛，只要是知识产权被侵犯均可适用。对于知识产权的范围，《民法典》第123条规定："民事主体依法享有知识产权。知识产权是权利人依法就下列客体享有的专有的权利：（一）作品；（二）发明、实用新型、外观设计；（三）商标；（四）地理标志；（五）商业秘密；（六）集成电路布图设计；（七）植物新品种；（八）法律规定的其他客体。"其次，在适用要件上要求侵权人主观上必须是故意侵权，而在客观上则要求侵权后果严重。最后，对于惩罚性损害赔偿的数额，《民法典》没有具体规定上限，但是若《著作权法》《专利法》《商标法》等有特别规定的须依据特别法的规定。

【对照适用】

本条规定是《民法典》新增加的规定，在《民法典》生效后其后果必然是显著的。本条规定的适用须注意与《著作权法》《专利法》《商标法》等知识产权单行法的体系性协调。特别法没有规定的直接可以适用《民法典》的规定，特别法有规定的则须优先适用特别法的规定。

第一千一百八十六条　受害人和行为人对损害的发生都没有过错的，依照法律的规定由双方分担损失。

【要义精解】

本条是关于公平责任原则的规定。

本条规定被学理上称为"公平责任原则"，始于1986年公布的原《民法通则》，其第132条规定，"当事人对造成损害都没有过错的，可以根据实际情况，由当事人分担民事责任"。2009年公布的原《侵权责任法》第24条则将其修改为，"受害人和行为人对损害的发生都没有过错的，可以根据实际情况，由双方分担损失"。该原则被司法实践大量使用，从某种意义上来说等于否定了"过失责任原则"，因为该原则从其文义而言，可以适用于行为人没有过错而受害人也没有过错但是行为人的行为导致了损害发生的结果这一情形，虽然此时行为人无须承担全部赔偿责任，但是却必须分担一定比例的损失。这样的结果显然是与没有过错即无须承担法律责任的过失责任原则相违背的，某种程度上回归到了结果责任。故此，对该原则持批评态度的学者不在少数。从比较法上来看，该原则的适用往往限制在某几个特殊的领域，如《德国民法典》第 829 条将其限制在未成年人致人损害的情形。有鉴于此，《民法典》第 1186 条将原《侵权责任法》第 24 条规定“可以根据实际情况，由双方分担损失”，修改为“依照法律的规定由双方分担损失”。这一修改意味着该条规定不能单独作为受害人请求行为人分担损失的请求权基础，该条规定仅仅作为一条“转介条款”，必须由其他法律明确规定在双方均无过错的情形下由双方当事人分担损失才能适用该条规定。

【对照适用】

本条规定源于原《侵权责任法》第 24 条，但是将原《侵权责任法》第 24 条规定“可以根据实际情况，由双方分担损失”，修改为“依照法律的规定由双方分担损失”。这意味着该条规定不能再如原《侵权责任法》第 24 条那样被单独适用，而是必须有其他法律作为依据，司法实践中必须予以注意。

第一千一百八十七条　损害发生后，当事人可以协商赔偿费用的支付方式。协商不一致的，赔偿费用应当一次性支付；一次性支付确有困难的，可以分期支付，但是被侵权人有权请求提供相应的担保。

【要义精解】

本条是关于损害赔偿金支付方式的规定。

依据意思自治原则，当事人双方就损害赔偿金的支付方式可以通过协议加以约定，该约定经人民法院予以确认并作为判决书或者调解书的一部分即具有法律约束力。当事人不能达成一致的，原则上应当判决责任人一次性支付，这样有利于保障权利人的权利，便于人民法院强制执行。但是若责任人确实没有偿付能力的，人民法院亦判决由其分期支付。此时为了能够保障其能按照判决履行其赔偿义务，该条规定赋予了权利人请求责任人提供担保的权利。若权利人请求其提供担保，人民法院应当予以支持；若责任人不提供担保或者不能提供担保的，人民法院仍然应当判决责任人一次性支付赔偿金。

【对照适用】

本条规定源于原《侵权责任法》第25条，但是将原条文中的“但应当提供相应的担保”，修改为“但是被侵权人有权请求提供相应的担保”，该修改意味着责任人是否提供担保取决于权利人是否请求，更加符合意思自治原则。

第三章　责任主体的特殊规定

第一千一百八十八条　无民事行为能力人、限制民事行为能力人造成他人损害的，由监护人承担侵权责任。监护人尽到监护职责的，可以减轻其侵权责任。

有财产的无民事行为能力人、限制民事行为能力人造成他人损害的，从本人财产中支付赔偿费用；不足部分，由监护人赔偿。

【要义精解】

本条是关于被监护人侵权责任承担的规定。

一、无民事行为能力人、限制民事行为能力人的侵权责任能力

无民事行为能力人、限制民事行为能力人等被监护人造成他人损害的，无民事行为能力人、限制民事行为能力人是否要承担民事责任，各国立法存在不同规定。例如，根据《德国民法典》第 828 条规定，未满 7 周岁的人，对自己给他人造成的损害，不负赔偿责任。满 7 周岁但未满 10 周岁的人，对自己在机动车辆、有轨电车或者悬浮轨道的事故中给他人造成的损害，不负责任。其故意引致侵害的，不适用此种规定。未满 18 周岁的人，在其于实施致害行为之际，不具有认识责任所必要的辨识时，对自己给他人造成的损害不负责任。《法国民法典》第 1384 条规定，任何人不仅对其自己行为所致的损害，而且对应由其负责的他人的行为或在其管理之下的物件所致的损害，均应负赔偿的责任。父，或父死后之母，对与其共同生活的未成年子女所致的损害应负赔偿的责任。《日本民法典》第 712 条规定，未成年人对他人施加损害的情形，不具备足以辨识自己行为责任的智力时，对其行为不负赔偿责任。第 713 条规定，因精神上的障碍处于欠缺辨识自己行为责任的期间，对他人施加损害的人，不负赔偿责任。但是，因故意或者过失致使其暂时处于该状态时，不在此限。可见，未成年人或精神病人因缺乏判断能力，世界主要民法典多认为其没有侵权责任能力，无须对自己造成他人损害的行为承担责任。但是，侵权责任能力是一种判断能力，即对自己行为造成他人损害以及是否要承担责任的判断能力。而民事行为能力则是意思表示能力，侵权责任能力的有无决定行为人是否要承担侵权责任；民事行为能力的有无或者受限制，通常对行为人所作出的民事法律行为的效力产生影响。我国民法长期以来将行为能力的有无或者受限制，作为判断行为人是否有侵权责任能力的根据。例如，我国原《侵权责任法》第 32 条第 1 款规定："无民事行为能力人、限制民事行为能力人造成他人损害的，由监护人承担侵权责任。监护人尽到监护责任的，可以减轻其侵权责任。"将无行为能力人和限制行为能力人作为没有侵权责任能力人来处理，这种处理虽然混淆了侵权责任能力和民事行为能力之间的界限，但是简化了立法，虽然这种简化是应该受到批判的，但我国《民法典》仍然沿袭了这一做法，将无民事行为能力和限制民事行为能力统一作为无侵权责任能力。

本条将自然人的侵权责任能力做了有和无的划分，但是这种划分没有考虑侵权责任能力是判断能力的实际情况，也没有考虑判断能力实际上是比民事行为能力要求更低的能力，实在属于中国侵权责任法的立法特色。

当然，本条之规定，并没有完全否认无民事行为能力人、限制民事行为能力人支付赔偿费用。有财产的无民事行为能力人、限制民事行为能力人造成他人损害的，从本人财产中支付赔偿费用；不足部分，由监护人赔偿。此时监护人承担的责任是补充责任。也即如果被监护人的财产能够赔偿受害人的全部损失的，监护人不承担责任。这里的"支付赔偿费用"并非说明无民事行为能力人、限制民事行为能力人具有侵权责任能力。

二、监护人责任

无民事行为能力人、限制民事行为能力人等被监护人造成他人损害的，监护人是否要承担责任，主要存在三种不同的立法模式：第一种是监护人过错责任模式。这种模式要求只有在受害人证明了监护人在履行监护义务时存在过错的情况下，监护人才承担责任，如《奥地利民法典》。第二种是过错推定模式。过错推定模式认为被监护人造成他人损害的，推定监护人有过错，监护人要对被监护人造成的损害承担赔偿责任。例如，《德国民法典》第 832 条规定，依照法律规定有义务对未成年人或因精神、肉体上的状况而需要监督者实施监督的人，对受监督人不法加给第三人的损害，负赔偿义务；监督义务人已尽其监督义务，或在适当地实施监督的情况下损害也会发生的，不负赔偿义务。《日本民法典》第714条和我国台湾地区“民法”第187条也作出了类似规定。在德国、日本和我国台湾地区，监护人的责任是以其过错作为前提的，在本质上仍属于过错责任。但是，通过举证责任倒置的方法使监护人承担起“尽到监护职责”的证明义务，如果监护人不能证明其尽到监护职责，则监护人要承担责任。第三种是混合模式。这种模式根据被监护人的年龄区分作为监护人的父母亲的责任。例如，《荷兰民法典》规定，父母亲对14岁以下的孩子之举动给他人造成的损害承担严格责任，14至16岁孩子的父母亲仅对推定的过错承担责任，如果他们能够证明任何人都不能指责他们没有防止该孩子的行为则不承担责任。对于16岁和17岁的孩子的行为，父母亲有过错的才承担责任。

我国《民法典》的规定与其他国家的规定不同，实行监护人无过错责任，无论监护人是否尽到监护职责，都要对被监护人的侵权行为承担责任，只不过尽到监护职责的，要减轻监护人的责任而已，所以监护人的责任属于无过错责任。该责任的构成既不考虑监护人的过错，也不考虑被监护人的过错，只要被监护人造成他人损害，监护人就要承担民事责任。

【对照适用】

本条关于无民事行为能力人和限制民事行为能力人致害责任承担的规定，沿袭了我国原《侵权责任法》第32条的规定。监护人承担的是监护职责，而不是“监护责任”。所以，本条将我国原《侵权责任法》第32条“监护人尽到监护责任”中的“责任”修改为“职责”。在适用本条时，应该注意以下几点。

第一，无民事行为能力人和限制民事行为能力人都属于无侵权责任能力人，他们造成损害的，其监护人都应当承担民事责任，不考虑监护人对被监护人平时教育、管教是否尽责，也不考虑被监护人的判断能力。

第二，侵权行为发生时行为人不满18周岁，在诉讼时已满18周岁，并有经济能力的，应当承担民事责任；行为人没有经济能力的，应当由原监护人承担民事责任。

第三，夫妻离婚后，未成年子女侵害他人权益的，同该子女共同生活的一方应当承担民事责任；如果独立承担民事责任确有困难的，可以责令未与该子女共同生活的一方共同承担民事责任。

第四，原《民法通则》第133条第2款规定："有财产的无民事行为能力人、限制民事行为能力人造成他人损害的，从本人财产中支付赔偿费用。不足部分，由监护人适当赔偿，但单位担任监护人的除外。"对于原《民法通则》第133条"但单位担任监护人的除外"之规定，司法实践中有两种截然不同的观点：一种观点认为是指单位应当承担全部赔偿责任；另一种观点认为是指单位不承担赔偿责任。单位作为监护人的情形下应不承担赔偿责任，否则可能导致单位之间互相推诿、谁都不愿担任监护人的情况出现，由于原《侵权责任法》中没有专门规定单位担任监护人时如何承担侵权责任的情形，根据原《侵权责任法》第5条的规定，在单位担任监护人时，应依照原《民法通则》的有关规定处理。但是，《民法典》颁行之后，原《民法通则》将被废止，单位作为监护人的，与自然人作为监护人的一样，也要承担责任。

第一千一百八十九条　无民事行为能力人、限制民事行为能力人造成他人损害，监护人将监护职责委托给他人的，监护人应当承担侵权责任；受托人有过错的，承担相应的责任。

【要义精解】

本条是关于被监护人在监护人将监护职责委托期间致害责任承担主体的规定。

《民法典》第1188条对无民事行为能力人、限制民事行为能力人造成他人损害的责任承担主体进行了规定，本条则对监护人将监护职责委托期间致害责任承担主体作出了特别规定。

为了保护被监护人的利益，监护人应当履行监护职责。但监护具有长期性，监护人因各种原因将全部或部分监护职责委托他人代为履行。监护权委托与委托监护是有区别的，监护权委托是指将自己的监护权委托他人代为行使，这属于委托合同的范畴。委托监护是指成年人在自己是完全民事行为能力人之时，作为委托人，与受托人以书面形式确定当自己成为无民事行为能力人或者限制民事行为能力人时，受托人担任监护人的监护。本条实际上是关于监护权委托他人代为行使时，被监护人造成他人损害的责任承担主体。而委托监护中，受托人是监护人，监护人的产生基于委托监护协议，它与法定监护相对应。

监护人将自己的监护职责委托他人代为行使期间，作为被监护人的无民事行为能力人和限制民事行为能力人造成他人损害的，监护人作为委托人和受托人，谁要对受害者承担责任？本条沿袭了《民法典》第1188条的规定，监护人要承担责任，监护人承担责任的归责原则等应继续适用第1188条的相关规定。当然，如果委托人有过错，委托人要承担相应的责任。如何理解"相应的责任"呢？一种理解是："相应的责任"说明受托人对自己的过错承担责任，属于自己责任的范畴，监护人与受托人对受害人承担按份责任，受害人既要起诉监护人，也要起诉受托人，且受害人要承担证明受托人有过错的举证责任，至于其具体份额，则由人民法院根据受托人的过错程度确定。另一种理解是："相应的责任"是一种内部责任，而非指向外部，受害人仅起诉监护人，监护人承担全部赔偿责任后，可基于委托合同向有过错的受托人追偿，追偿的数额根据受托人的过错程度确定。还有一种理解是："相应的责任"是一种补充责任，即受害人可以同时起诉监护人和有过错的受托人，如果监护人能够全部赔偿的，监护人全部承担，如果监护人没有能力全部赔偿的，受托人在其过错范围内承担补充责任，受害人要承担受托人有过错的举证责任。笔者同意最后一种观点。监护人承担全部赔偿责任的，可以基于其与受托人之间的合同约定，向受托人追偿。

【对照适用】

《最高人民法院关于贯彻执行〈中华人民共和国民法通则〉若干问题的意见（试行）》（以下简称《民通意见》，现已失效）第22条规定，监护人可以将监护职责部分或者全部委托给他人。因被监护人的侵权行为需要承担民事责任的，应当由监护人承担，但另有约定的除外；被委托人确有过错的，负连带责任。《民法典》第1189条继续保留《民通意见》的规定，但将其中"被委托人确有过错的，负连带责任"，修改为"受托人有过错的，承担相应的责任"。

需要特别说明的是，本条指向的对象是监护人监护职责委托他人行使，它与未成年人父母离异后，父母双方通过协议约定或者人民法院判决抚养权归属有本质不同。父母与子女间的关系，不因父母离婚而消除。离婚后，子女无论由父或母直接抚养，仍是父母双方的子女。离婚后，父母对于子女仍有抚养和教育的权利和义务。抚养教育孩子是父母应尽的法定义务。所以，父母离异的，直接抚养孩子的一方将自己的监护职责委托给第三人的，如果被监护人在此期间造成损害的，其父母为监护人，要承担赔偿责任。

第一千一百九十条　完全民事行为能力人对自己的行为暂时没有意识或者失去控制造成他人损害有过错的，应当承担侵权责任；没有过错的，根据行为人的经济状况对受害人适当补偿。

完全民事行为能力人因醉酒、滥用麻醉药品或者精神药品对自己的行为暂时没有意识或者失去控制造成他人损害的，应当承担侵权责任。

【要义精解】

本条是关于完全民事行为能力人在丧失意识侵权之后的责任承担的规定。

根据《民法典》规定，完全民事行为能力人能够完全辨认和控制自己的行为，其具有完全侵权责任能力，对其造成的损害依法承担侵权责任。但是，在有些情况下，完全民事行为能力人对自己的行为暂时没有意识或者失去控制，这时其行为造成损害的，就其造成的损害如何承担或者分担，本条作出了明确规定。

本条根据不同的情形规定了完全民事行为能力人的责任。第一种情况是，完全民事行为能力人对于自己丧失意识存在过错。因为自己的过错，丧失了意识后造成了他人的损害，行为人应当根据其过错承担赔偿责任。第二种情况是，完全民事行为能力人对于自己的行为暂时没有意识或者失去控制没有过错。如果行为人暂时没有意识或者失去控制不是由于自己的过错造成，而是由于其他原因导致发生，在这种情况下，根据行为人的经济状况对受害人适当补偿。第三种情况是，完全民事行为能力人因醉酒、滥用麻醉药品或者精神药品导致自己暂时没有意识或者失去控制造成他人损害的，应当承担侵权责任。

作为完全行为能力人，由于自己的过错行为导致他人财产损失时，应当承担侵权责任。但当完全行为能力人处于失去意识或失控的状态下，行为人主观无法支配自身行为，与正常的完全行为能力人有所区别。在这种情形下，如果行为人侵害他人权益，应怎样判断其责任就较为特殊。根据《民法典》第1190条的规定，判断行为人是否应当承担责任的关键在于：对于其陷于失去意识或失控的状态主观上是否有过错。如果行为人有过错就要承担责任，无过错的话只是根据行为人的经济状况对受害人进行适当的补偿。

【对照适用】

本条的规定来自原《侵权责任法》第33条。在适用本条时，应该注意醉酒的人造成损害的责任承担：完全民事行为能力人处于醉酒状态时，其行为完全或部分不受自身意识控制，在这种状态下，醉酒人的侵害他人权利的行为是否应负侵权责任呢？答案是肯定的。根据我国刑法的规定，醉酒的人应当承担刑事责任。根据《治安管理处罚法》的规定，醉酒的人违反治安管理的，应当给予处罚。醉酒的人在醉酒状态中，对本人有危险或者对他人的人身、财产或者公共安全有威胁的，应当对其采取保护性措施约束至酒醒。《民法典》第1190条第2款规定："完全民事行为能力人因醉酒、滥用麻醉药品或者精神药品对自己的行为暂时没有意识或者失去控制造成他人损害的，应当承担侵权责任。"目前，醉酒、滥用麻醉药品或精神药品的现象已成为社会问题，法律对其持否定评价。作为完全民事行为能力人，应当预见到醉酒、滥用麻醉药品或者精神药品后会难以控制自己的行为，可能会危害公共安全和他人的生命健康，但行为人放任结果的发生，仍然驾车或者采取其他方式造成他人人身权和财产权的损害。虽然侵权行为发生时，行为人已经丧失意识似乎没有过错，但是，其行为已经侵犯了他人的民事权益，具有违法性，应当对醉酒后的行为承担侵权责任。

第一千一百九十一条　用人单位的工作人员因执行工作任务造成他人损害的，由用人单位承担侵权责任。用人单位承担侵权责任后，可以向有故意或者重大过失的工作人员追偿。

劳务派遣期间，被派遣的工作人员因执行工作任务造成他人损害的，由接受劳务派遣的用工单位承担侵权责任；劳务派遣单位有过错的，承担相应的责任。

【要义精解】

本条是关于用人单位工作人员和劳务派遣人员致害责任承担主体的规定。

用人单位的工作人员因执行工作任务造成他人损害的，由用人单位承担侵权责任。用人单位对工作人员因执行工作任务造成的损害承担民事责任，是一种替代责任。

一、用人单位的范围

从我国目前立法来看，我国民事立法上使用的“雇主”概念与劳动法上使用的“用人单位”概念乃是不同法律关系和调整对象下的特定专业术语。也就是说，在我国立法上，“雇主”与“用人单位”两个概念分别对应的是两种不同法律关系的主体，前者是指民事雇佣关系的一方当事人，后者是指劳动关系中的一方当事人。在我国，无论是学界，还是立法、司法等法律实践部门，均一致认可民事雇佣关系与劳动关系是存在着法律本质差别的，两者受不同的法律部门调整。从立法角度说，将民事雇佣关系（劳务关系）和劳动关系作为民法和劳动法的不同调整对象，其法律分野也是泾渭分明的。

原《侵权责任法》根据“劳动关系”和“劳务关系”的不同法律关系，对不同条件下的侵权责任主体及法律责任承担方式给予了明确界分和规定，如其第34条规定：“用人单位的工作人员因执行工作任务造成他人损害的，由用人单位承担侵权责任。劳务派遣期间，被派遣的工作人员因执行工作任务造成他人损害的，由接受劳务派遣的用工单位承担侵权责任；劳务派遣单位有过错的，承担相应的补充责任。”第35条规定：“个人之间形成劳务关系，提供劳务一方因劳务造成他人损害的，由接受劳务一方承担侵权责任。提供劳务一方因劳务自己受到损害的，根据双方各自的过错承担相应的责任。”由此可见，我国立法中的“雇主”概念乃是民法或合同法意义上的“雇佣关系主体”，而劳动法上“劳动力使用者主体”则专指“用人单位”。在我国立法已经明确，同时法学界均已认同和形成共识的情况下，劳动法毫无疑问不应将民法合同法上的“雇主”概念用来指代劳动法上的“用人单位”，人为造成法律概念和不同法律关系的混淆。以“用人单位”作为劳动力使用者或雇佣者的术语，乃是我国劳动立法的独创。然而，在对待“用人单位”范围这一问题上，有学者认为：“由于我国未对用人单位进行内涵界定，使下位法缺乏拓展的依据，外延难以扩大。"[1] 但一般认为，用人单位是指依法招用和管理劳动者，并按法律的规定或劳动合同的约定向劳动者提供劳动条件，进行劳动保护，并支付劳动报酬的劳动组织，既包括中国境内的企业、个体经济组织、民办非企业单位，也包括与劳动者建立劳动关系的国家机关、社会团体，还包括与劳动者建立劳动关系或聘用关系的事业单位。《劳动合同法实施条例》第3条规定，依法成立的会计师事务所、律师事务所等合伙组织和基金会，也属于劳动合同法规定的用人单位。所以，本条中规定的"用人单位"虽然属于劳动法上的一个概念，但其包括的范围甚广，包括但不限于《劳动合同法》领域的用人单位，其不再区分是否存在劳动关系而统称为用人单位，且范围更广，除个人、家庭、农村承包经营户等外，其余统称为用人单位。

二、工作人员的范围

相对于用人单位而言，我国《劳动法》《劳动合同法》等使用的是"劳动者"概念，在我国侵权法领域使用的是"工作人员"的概念。工作人员不但包括劳动者，还包括公务员、参照公务员进行管理的其他工作人员、事业单位实行聘任制的人员等，它不但包括一般工作人员，还包括用人单位的法定代表人、负责人、公司董事、监事、经理、清算人等，不仅包括正式在编人员，还包括临时雇用人员。所以，"工作人员"的范围要比"劳动者"的范围宽泛很多。

三、"执行工作任务"的判断

用人单位的工作人员的行为，有些是个人行为，个人行为造成损害的，用人单位不承担民事责任。用人单位对工作人员因执行工作任务造成他人损害的行为，承担责任。如何区分个人行为还是执行工作任务的行为，学术界形成了"名义说""执行职务说"等各种观点。我国《民通意见》第58条规定："企业法人的法定代表人和其他工作人员，以法人名义从事的经营活动，给他人造成经济损失的，企业法人应当承担民事责任。"这里采纳了"名义说"。但是，本条适用的对象是经营行为，例如法人的工作人员签订合同的行为，法人是否承担责任的判决依据是否以"法人的

---

〔1〕 董保华、邱婕：《论劳动法主体的界定》，载董保华主编：《劳动合同研究》，中国劳动社会保障出版社2005年版，第59页。

名义”。而原《侵权责任法》第 34 条第 1 款规定：“用人单位的工作人员因执行工作任务造成他人损害的，由用人单位承担侵权责任。”本条适用的对象是侵权行为，而不是经营行为。我国《民法典》第 1191 条沿用原《侵权责任法》的规定，将“执行工作任务”作为判断用人单位对工作人员的行为承担责任的标准。

四、用人单位承担的是无过错责任

根据本条的规定，用人单位的工作人员在执行工作任务过程中造成他人损害的，不问用人单位是否存在过错，由用人单位承担赔偿责任。所以，我国《民法典》规定用人单位承担的是无过错责任。用人单位承担责任的构成要件包括三个：第一，存在违法行为，即存在工作人员执行工作任务造成他人损害的违法行为，工作人员的行为具有违法性，用人单位才承担责任，如果用人单位工作人员在执行工作任务过程中，因正当防卫等造成损害的，用人单位不承担赔偿责任。所以，用人单位工作人员的行为构成侵权的，才适用本条的规定，如果工作人员在执行工作任务时其行为不构成侵权行为，则用人单位也不构成侵权，无须承担侵权责任。第二，要有损害事实，即工作人员执行工作的过程造成他人损害，这里的损害包括他人的人身或财产损害。第三，违法行为与损害事实之间具有因果关系。只要具备上述三个要件，不问用人单位是否存在过错，用人单位均要承担责任。

五、用人单位单独承担责任

用人单位对工作人员的行为承担的是单独责任还是共同责任，换言之，工作人员因执行工作任务造成他人损害的，用人单位与工作人员是否要共同对受害人承担责任，有三种不同的立法例。

第一种立法例是用人单位独立承担责任，此种方式以德国民法为代表。《德国民法典》第 831 条规定，为某事务而使用他人的人，对该他人在执行事务中所不法加给第三人的损害，负赔偿义务。使用人在挑选被用人时，并且以使用人须置办机械或器具或须指挥事务的执行为限，使用人在置办或指挥时尽了交易上必要的注意，或纵使尽此注意也会发生损害的，不发生赔偿义务。《日本民法典》第 715 条规定，因某工作雇佣他人的，对受雇人因执行其工作而造成第三人的损害，承担损害赔偿责任。但是，雇佣者对受雇人的选任及其工作的监督已尽到相当的注意，或者即使尽到相当的注意，损害仍会发生的，不在此限。代替雇佣者监督工作的人，也应承担前款规定的责任。前两款的规定，不影响雇佣者或监督者对受雇人行使求偿权。从德国、日本民法规定来看，用人单位承担的是过错推定责任。换言之，用人单位对工作人员造成的损害承担责任，但是用人单位尽到相应注意义务的，不负赔偿责任。《法国民法典》第1384条也作出了类似规定。

第二种立法例则规定有过错的工作人员与用人单位承担连带责任，例如《日本民法典》第44条。《日本民法典》第44条规定，法人对其理事或其他代理人因执行职务致人损害承担赔偿责任；因法人目的范围外的行为，有损害他人时，与表决该事项时表示赞成的社员、理事及实施该行为的理事或其他代理人，负连带赔偿责任。

第三种立法例是用人单位与工作人员承担连带赔偿责任。例如，我国台湾地区"民法"第188条第1款规定，受雇人因执行职务，不法侵害他人之权利者，由雇用人与行为人连带负损害赔偿责任。但选任受雇人及监督其职务之执行，已尽相当之注意或纵加以相当之注意而仍不免发生损害者，雇用人不负赔偿责任。

我国《民法典》经过权衡利弊，采纳了由用人单位单独承担责任的立法模式，且用人单位承担的是无过错责任。换言之，不论用人单位是否尽到注意义务，都要对受害人承担民事赔偿责任。正因我国对用人单位的责任采纳了无过错责任，所以用人单位承担之后，可以向有故意或者重大过失的工作人员追偿。

六、劳务派遣工致害责任的承担主体

劳务派遣是指劳务派遣单位与被派遣劳动者建立劳动关系，并将劳动者派遣到用工单位，被派遣劳动者在用工单位的指挥、监督下从事劳动的新型用工形式。按照《劳动合同法》第66条的规定，劳务派遣一般在临时性、辅助性或者替代性的工作岗位上实施。其中，临时性岗位是指在用工单位存续时间不超过6个月的工作岗位；辅助性岗位是指用工单位的非主营业务工作岗位；替代性岗位是指用工单位的常设性主营业务岗位中因原岗位劳动者脱产学习、休假等临时不能上班而需要他人顶替的工作岗位。按照《劳动合同法》第67条的规定，用人单位不得设立劳务派遣单位向本单位或者所属单位派遣劳动者。《劳动合同法实施条例》第28条规定："用人单位或者其所属单位出资或者合伙设立的劳务派遣单位，向本单位或者所属单位派遣劳动者的，属于劳动合同法第六十七条规定的不得设立的劳务派遣单位。”所以，劳务派遣法律关系中，存在派遣单位（用人单位)、要派单位（用工单位）与劳动者三方主体，且三个主体之间的权利义务由法律规定。

为了保护被派遣工的合法权利不受侵害，《劳动合同法》第92条第2款规定，给被派遣劳动者造成损害的，劳务派遣单位与用工单位承担连带赔偿责任。但是，在被派遣期间，劳务派遣人员因执行工作任务造成他人损害的，由何人承担责任，《劳动合同法》没有明确规定。从国外立法来看，劳务派遣人员侵权的，由劳务派遣单位还是用工单位承担责任，存在不同的认识。我国台湾地区王泽鉴教授认为，这种情况下由原雇用人或临时雇用人负责应斟酌雇用人责任之基本思想，采两项标准决定之，即在损害发生时，谁监督或控制受雇人之行为；雇用人究为谁之利益在执行职务。有疑义而不能决定时，则基于政策上的考虑，应使一般雇用人与临时雇用人负连带责任。[1] 我国原《侵权责任法》第34条第2款规定：“劳务派遣期间，被派遣的工作人员因执行工作任务造成他人损害的，由接受劳务派遣的用工单位承担侵权责任；劳务派遣单位有过错的，承担相应的补充责任。”从本条的规定来看，使用劳务派遣人员的，因劳务派遣人员执行工作任务造成损害的，是为了用工单位之利益而进行，且处于用工单位的管理之下，所以用工单位要对劳务派遣人员在执行工作任务过程中造成他人损害承担赔偿责任，且这种责任是无过错责任。而劳务派遣单位毕竟是用人单位，也有对被派遣劳动人员有一定的管理职责和管理权限。所以，如果劳务派遣单位有过错的，承担相应的补充责任。我国《民法典》本条第2款的规定是对原《侵权责任法》第34条第2款规定的继承和发展，将劳务派遣单位的责任由“补充责任”修改为“相应的责任。”换言之，如果劳务派遣单位有过错的，要对其过错承担责任，这里的责任是过错责任，根据其过错大小确定。例如，劳务派遣单位负有对劳动者的健康、能力、资格以及对用工单位所任职务能否胜任进行详尽的考察义务，违反这些义务而导致劳务派遣人员在执行工作任务过程中造成损害的，劳务派遣单位应对其过错承担责任。

---

〔1〕 王泽鉴：《民法学说与判例研究》（第一册），中国政法大学出版社1997年版，第18—19页。

【对照适用】

本条的规定来自原《侵权责任法》第34条，是对第34条的借鉴与发展。在适用本条时，应该注意以下几点。

第一，国家机关工作人员的侵权行为与本条的关系。用人单位包括公私企业、国家机关、事业单位等，国家机关并没有被排除在本条的适用范围之外。国家机关之公务人员在执行职务过程中侵权的，我国原来的《民法通则》第121条对此作出了专门规定，原《侵权责任法》颁行之后，第34条取代了原《民法通则》第121条，成为国家机关工作人员侵权行为的一般法，但是《行政诉讼法》第2条规定，“公民、法人或者其他组织认为行政机关和行政机关工作人员的行政行为侵犯其合法权益，有权依照本法向人民法院提起诉讼。前款所称行政行为，包括法律、法规、规章授权的组织作出的行政行为”。第12条第1款规定：“人民法院受理公民、法人或者其他组织提起的下列诉讼：……（十二）认为行政机关侵犯其他人身权、财产权等合法权益的。”以及《国家赔偿法》关于“行政赔偿”“刑事赔偿”的规定应该属于本条的特别规定。所以，行政机关、司法机关等国家机关工作人员在执行职务过程中造成损害的，如果特别法上有规定的，按照特别法的规定，否则即受本条规定的调整。

第二，工作人员因执行工作任务自己受到伤害的处理。本条是关于工作人员执行工作任务造成他人损害的赔偿之责任主体的规定，如果工作人员因执行工作任务自身受到伤害的，如果工作人员属于劳动者，适用《安全生产法》第56条、《工伤保险条例》以及《最高人民法院关于审理人身损害赔偿案件适用法律若干问题的解释》第3条等规定处理。

第三，关于用工单位与劳务派遣单位关于劳务派遣人员侵权责任承担约定的效力。实践中，经常遇到劳务派遣单位与用工单位就工作人员侵权的责任承担进行约定，对于该约定的效力如何认定需要明确。笔者认为，劳务派遣单位与用工单位在劳务派遣协议中约定由一方单独承担或者由双方按比例对外承担侵权责任，该约定应当得到尊重，其效力应当得到认可，不能因约定内容与本条规定不同而随意反悔。因劳务派遣单位与用工单位之间基于劳务派遣协议所产生的是民事合同关系，根据民法意思自治原则，双方的约定只要不违反法律、行政法规的强制性规定，该约定当然有效。笔者认为，用工单位与劳务派遣单位之间的约定是双方当事人真实的意思表示，该协议双方当事人之间是有效的。但是，无论是用工单位还是劳务派遣单位都不能以该协议对抗受害人，受害人仍可以基于《民法典》本条之规定要求用工单位或者劳务派遣单位承担侵权责任。实践中还应注意一点，除劳务派遣单位与用工单位事先在劳务派遣协议中就侵权责任分担进行约定外，在实际侵权行为发生后，如果劳务派遣单位与用工单位就侵权责任分担能达成协议，对该协议的效力仍应予以确认。毕竟，对受害人而言，只要其损害能够获得相应赔偿，其是不在乎具体赔偿人及赔偿比例的。

第一千一百九十二条　个人之间形成劳务关系，提供劳务一方因劳务造成他人损害的，由接受劳务一方承担侵权责任。接受劳务一方承担侵权责任后，可以向有故意或者重大过失的提供劳务一方追偿。提供劳务一方因劳务受到损害的，根据双方各自的过错承担相应的责任。

提供劳务期间，因第三人的行为造成提供劳务一方损害的，提供劳务一方有权请求第三人承担侵权责任，也有权请求接受劳务一方给予补偿。接受劳务一方补偿后，可以向第三人追偿。

【要义精解】

本条是关于个人因劳务造成他人损害或者自己受到伤害的责任主体的规定。

现实生活中，有些人为了个人生活需要会雇用保姆照看孩童或者老人、装修房屋、收拾家务等，在此过程中，可能产生提供劳务人员造成他人损害或者因提供劳务而受到伤害的情况。所以，我国原《侵权责任法》第35条对个人之间形成劳务关系时的侵权责任作出规定。《民法典》的规定是对原《侵权责任法》第35条规定的借鉴与发展。本条使用了“提供劳务一方”“接受劳务一方”“劳务”“劳务关系”等概念，而没有使用雇主、雇员、雇佣、雇佣关系等概念，目的在于区分日常生活需要而雇用保姆等与一般的生产经营需要的雇佣的差别。生产经营使用工作人员的，适用《民法典》第1191条的规定，而不适用本条的规定。

一、接受劳务一方承担责任的构成要件

在归责原则上，本条采取了无过错责任原则，即个人之间形成劳务关系，提供劳务一方因劳务造成他人损害的，由接受劳务一方承担侵权责任，至于提供劳务一方有无过错，并不影响接受劳务一方对受害人的赔偿责任。主要原因在于，提供劳务一方是为了接受劳务一方之利益，通常根据接受劳务一方安排提供劳务，按照现代民法利益、风险、责任一致的原则，要由接受劳务一方承担责任。接受劳务一方责任的构成包括以下三个要件：第一，提供劳务一方因劳务而存在侵权行为。接受劳务一方承担责任是以提供劳务一方的行为构成侵权行为为前提的，如果提供劳务一方的行为不构成侵权行为，也就不存在侵权责任，接受劳务一方无须承担赔偿责任。第二，存在损害事实。接受劳务一方承担责任是以受害人受到损害为条件的，如果没有受害人没有损害，也不存在侵权责任。第三，侵权行为与损害之间存在因果关系。

二、提供劳务一方因劳务致使自己受到伤害适用过错责任

提供劳务一方因劳务自己受到损害的，适用过错责任，即根据提供劳务一方和接受劳务一方各自的过错承担相应的责任。提供劳务一方在提供劳务过程中遭受人身损害自身存在过错的，对此提供劳务一方也要根据自己的过错承担责任。

三、第三人造成提供劳务一方损害的责任承担

提供劳务一方在提供劳务过程中，因为第三人行为造成损害的情形也不少见。例如，保姆接送孩子过程中遇到交通事故等，受害人是要求第三人赔偿还是接受劳务一方赔偿呢？我国《民法典》从保护提供劳务一方的利益出发，受害人有权请求第三人承担侵权责任，也有权请求接受劳务一方承担侵权责任。虽然本条没有明确规定，第三人与接受劳务一方对受害人承担连带责任，但从本条的规定来看，第三人与接受劳务一方对受害人之赔偿责任并没有先后，也不存在数额上的差别，即受害人可以要求第三人全部赔偿，也可以要求接受劳务一方全部赔偿。第三人侵害提供劳务一方的，第三人和接受劳务一方对受害人承担的责任在理论上称之为不真正连带责任。不真正连带责任是指各债务人基于不同的发生原因而对于同一债权人负有以同一给付为标的的数个债务，因一个债务人的履行而使全体债务均归于消灭，此时数个债务人之间所负的责任即为不真正连带责任。不真正连带责任是侵权责任形态中的共同责任，因此必须是两个以上民事主体作为责任人。不真正连带责任的责任人虽然为两个以上，构成两个以上的侵权行为，但两个以上的侵权行为造成的损害后果却是一个。正因为数个侵权行为人实施的是各自独立的侵权行为，而造成的却是一个共同的、同一的损害结果，每个侵权行为人所发生的侵权责任内容相同，无论是在责任性质、责任方式和责任范围上都是重合的，因此，最终责任人所要承担的责任，必须是百分之百的赔偿责任。因此，不真正连带责任的受害人只能选择相互重合的请求权中的一个行使，该请求权行使之后，其他的请求权即行消灭。所以，受害人向第三人或接受劳务一方要求赔偿的基础不同，这两个权利应该分别请求。

如果受害人要求接受劳务一方承担责任，接受劳务一方在承担赔偿责任之后，可以向第三人追偿。

【对照适用】

本条是对原《侵权责任法》第35条的发展，它与第35条相比，明确了接受劳务一方对存在故意或重大过失的提供劳务一方的追偿权，同时又增加了第三人侵害提供劳务一方的责任承担主体，具有非常重要的意义。

一、第三人和接受劳务一方能否作为共同被告

提供劳务一方因第三人的行为造成损害的，受害人可以要求第三人承担赔偿责任，也可以要求接受劳务一方承担责任，那么第三人和接受劳务一方能否作为共同被告呢？对此，一种观点认为：不真正连带债务应当按照请求权竞合处理，权利人只能选择一方债务人主张权利，一旦选择，另一请求权归于消灭，而后者产生的数个请求权相互独立。另一种观点认为：责任人之一或数人只向债权人履行了部分债务的，各责任人对债权人所负的债务就不应消灭，只有向债权人完全履行了赔偿责任后债务才归于消灭，所以受害人在未得到全额赔偿情况下，有权向所有责任人继续索赔。[1] 有观点认为：诉讼程序上，允许债权人对任一债务人进行选择，参照连带责任诉讼模式，允许债权人择一起诉或同时起诉，该诉讼模式并未不当增加债务人的负担，与法定不真正连带责任的设置初衷一致。[2] 还有观点认为：诉讼程序上不真正连带责任应当与连带责任的诉讼程序保持一

---

〔1〕 张永强：《不真正连带责任诉讼中被告主体及其责任之确定》，载《天津市政法管理干部学院学报》2007年第2期。

〔2〕 谷昔伟：《论侵权行为不真正连带责任之适用类型及诉讼程序——基于281份涉及不真正连带裁判文书的类型化分析》，载《法律适用》2018年第10期。

致，即法院应当追加其他不真正连带债务人作为共同被告参加诉讼。[1]

有学者对不真正连带责任案例进行了总结，有法院生效判决认为，雇佣关系以外的第三人的侵权行为造成雇员人身损害，第三人和雇主的责任为不真正连带的侵权赔偿责任，雇员只能选择第三人或雇主承担赔偿责任。雇主承担赔偿责任后可以向第三人追偿。而相反判决则认为，雇员既可以单独向第三人或雇主主张赔偿责任，也可以同时起诉第三人和雇主。有一审法院将不真正连带责任表述为连带责任被二审法院改判；也有一审法院表述原《侵权责任法》第 43 条生产者和销售者之间承担的是连带责任被二审法院维持的。有判决正文将不真正连带责任表述为"连带责任（不真正连带责任）"并明确中间责任人对终局责任人的追偿权；有判决认为在不真正连带债务中，第一次起诉没有得到足额赔偿，可再次起诉另一不真正连带债务人。[2]

第一千一百九十三条　承揽人在完成工作过程中造成第三人损害或者自己损害的，定作人不承担侵权责任。但是，定作人对定作、指示或者选任有过错的，应当承担相应的责任。

【要义精解】

本条是关于承揽人在完成工作过程中侵权或者被侵权责任承担主体的规定。

我国《民法典》在侵权责任部分虽然没有使用"雇佣"这一概念，但是，不论关于工作人员的规定，还是个人劳务关系中提供劳务一方，都与用人单位或者接受劳务一方形成了法律上的雇佣关系。本条是关于承揽人在完成工作过程中侵权或者被侵权责任承担主体的规定，适用的对象属于承揽。雇佣与承揽乍看没有联系，也无区别的必要。但实际上，该问题是劳动法上一个比较复杂的问题。[3] 例如，甲公司经营空调买卖业务，并负责售后免费为客户安装。乙为专门从事空调安装服务的个体户。甲公司因

---

〔1〕姜强：《〈侵权责任法〉中的连带责任、不真正连带责任及其诉讼程序》，载《法律适用》2010 年第 7 期。

〔2〕谷昔伟：《论侵权行为不真正连带责任之适用类型及诉讼程序——基于 281 份涉及不真正连带裁判文书的类型化分析》，载《法律适用》2018 年第 10 期。

〔3〕郑尚元等：《劳动和社会保障法学》，中国政法大学出版社 2008 年版，第 103 页。

安装人员不足，临时叫乙自备工具为其客户丙安装空调，并约定了报酬。乙在安装中因操作不慎坠楼身亡。甲乙之间的合同性质的认定，即甲公司与乙之间的合同是雇佣合同还是加工承揽合同，直接影响法律适用问题。所以，有必要区分雇佣合同与承揽合同。

雇佣合同关系是指当事人约定，受雇人于一定或者不定期内向雇佣人提供劳务，雇佣人给付报酬的协议。承揽合同是指承揽人按照定作人的要求完成工作，交付工作成果，定作人给付报酬的合同。当事人就承揽与雇佣发生争议的，如果双方之间存在控制、支配和从属关系，由一方指定工作场所、提供劳动工具或设备，限定工作时间、定期给付劳动报酬，所提供的劳务是接受劳务一方生产经营的组成部分，认定为雇佣。通过反向利用此标准，则可判定承揽关系，二者之间的区别可通过下表体现出来。

比较项目	雇佣合同	加工承揽合同
目的不同	劳务给付	成果给付
从属性不同	雇员从属于雇主，雇主对雇员有管理权。	承揽人不从属于定作人，定作人对承揽人无管理权。
是否为继续性合同不同	继续性合同	非继续性合同

因承揽合同中，承揽人独立完成工作成果，一般情况下定作人对承揽人没有管理、指示等职权，承揽人通常是一个独立的民事主体，独立从事生产经营活动，所以承揽人在加工承揽过程中受到伤害或者造成他人损害的，定作人不承担责任，而是根据具体情形确定不同的侵权人。例如，承揽人因从事承揽工作受到伤害的，该伤害通常由承揽人自己承担，在完成承揽工作过程中，因第三人的行为造成损害的，第三人承担责任；承揽人在完成承揽工作过程中造成他人损害的，承揽人对受害人承担责任。但是，定作人如果对定作、指示或者选任有过错的，应当承担相应的责任。例如，定作人在委托时，对承揽人如何完成工作有指示，且该指示不符合通常的操作规程等，造成承揽人损害的，定作人要承担责任。

【对照适用】

本条之规定直接源于 2003 年通过的《最高人民法院关于审理人身损

害赔偿案件适用法律若干问题的解释》第 10 条。在适用本条时，应注意以下两点。

一是加工承揽与雇佣的区别。上文已经对二者区别作出分析，在此不赘述。

二是定作人过错的认定。定作人过失责任的直接来源是英美侵权法的独立契约人责任理论，英美侵权法认为，定作人对于承揽人之行为，因定作人的过失，或因其承揽事项之性质有为定作人的义务履行或者加重承揽人的责任的，定作人亦应负替代责任。

定作人过错责任，是指定作人在定作、指示或者选任有过错的，从而承担承揽人在完成工作过程中对第三人造成损害或者造成自身损害相应的赔偿责任。它包括定作过错责任、指示过错责任和选任过错责任三类。需要注意的是，在实际审理定作人过错责任案件中，根据“谁主张，谁举证”的原则，定作、选任或者指示过失应当由受害人或承揽人举证证明。

定作人定作过错责任，是指定作人定作事项本身即为不法、存在过失，从而承担承揽作业中造成损害的赔偿责任。所谓定作人选任过错责任，是指定作人未经认真考察承揽人的资历、能力等，选择的承揽人不能胜任相应的工作，从而承担承揽作业中造成损害的赔偿责任。定作人指示过失责任是指定作人对承揽人完成定作事项的指示中具有过失，从而对因此造成的损害承担相应的赔偿责任。判断定作、选任、指示是否存在过错的标准应当是客观的。

第一千一百九十四条　网络用户、网络服务提供者利用网络侵害他人民事权益的，应当承担侵权责任。法律另有规定的，依照其规定。

【要义精解】

本条是关于网络用户和网络服务提供者的直接侵权责任的规定。

自互联网问世以来，网络侵权便随之产生。随着网络技术的发展，网络侵权呈现多样化、复杂化的趋势。且网络具有传输速度快、超越国界等特点，网络侵权给他人造成的损害往往比其他侵权行为严重。网络侵权责任是指行为人对通过互联网实施的侵害他人民事权利的行为依法承担的民事责任。鉴于网络侵权的形态多样性、复杂性，我国《民法典》第 1194

条、第 1195 条和第 1197 条对网络侵权的责任承担作出了规定。

本条规定网络用户、网络服务提供者利用网络侵害他人民事权益的，应当承担侵权责任。该条只对网络用户、网络服务提供者侵犯他人民事权益应当承担侵权责任作出了原则性规定。对于网络用户、网络服务提供者的行为是否构成侵权行为，是否应当承担侵权责任，还需要根据有关规定来判断。网络服务提供者的侵权责任可以分为直接侵权责任和间接侵权责任。直接侵权行为是指网络服务提供者直接实施侵害他人权益并为法律所明确禁止的行为，如网络服务提供者自己把别人享有著作权的作品擅自传到网上，供人下载等。其特点在于网络服务提供者自己亲自实施了侵害他人权益的行为。间接侵权是指网络服务提供者的侵权行为并未直接涉及保护的客体，而是为该直接侵权者提供了便利条件，或者造成了直接侵权行为的扩大，而对权利人的合法权益造成了侵害。

与在现实空间一样，网络用户和网络服务提供者实施侵权行为，造成损害的，要承担侵权责任。网络用户利用网络侵害他人民事权益的，应当承担侵权责任。网络用户是否构成侵权，应根据一般侵权行为与网络侵权行为的构成要件综合判断。网络服务提供者利用网络直接实施了侵害他人民事权益的行为的，应当承担侵权责任。网络用户或网络服务提供者侵权责任的构成包括以下要件：（1）网络侵权行为一定发生在互联网空间，否则就不属于网络侵权行为。（2）受害人受到了损害。网络侵权虽然发生在互联网世界，但却给受害人在现实世界中造成了损害。（3）网络用户或者网络服务提供者存在过错。从本条的规定来看，网络用户或者网络服务提供者侵害他人民事权益的，应当承担侵权责任。虽然本条没有要求行为人具有过错，但是网络侵权也属于侵权，它发生在网络空间，但并不能据此认为采取了无过错责任，它仍要具备一般侵权的构成要件，即行为人主观上有过错。（4）行为人的行为与损害之间具有因果关系。

【对照适用】

原《侵权责任法》第 36 条第 1 款规定："网络用户、网络服务提供者利用网络侵害他人民事权益的，应当承担侵权责任。"本条是对第 36 条第 1 款的移植。

第一千一百九十五条　网络用户利用网络服务实施侵权行为的，权利人有权通知网络服务提供者采取删除、屏蔽、断开链接等必要措施。通知应当包括构成侵权的初步证据及权利人的真实身份信息。

网络服务提供者接到通知后，应当及时将该通知转送相关网络用户，并根据构成侵权的初步证据和服务类型采取必要措施；未及时采取必要措施的，对损害的扩大部分与该网络用户承担连带责任。

权利人因错误通知造成网络用户或者网络服务提供者损害的，应当承担侵权责任。法律另有规定的，依照其规定。

【要义精解】

本条是关于网络服务提供者的“避风港”和责任限制的规定。

本条实际上为网络服务提供者设立了“避风港”和责任限制。网络服务提供者是指那些提供信息平台或者信息通道服务的网络服务提供者，例如信息存储、搜索、链接等服务提供者。网络用户可以在网络服务提供者提供的网络平台或者信息通道中实施侵权行为，例如在某网页上留言辱骂他人，揭露他人隐私等。权利人有权通知网络服务提供者采取删除、屏蔽、断开链接等必要措施。《信息网络传播权保护条例》第 14 条对通知的形式和内容进行了规定，对提供信息存储空间或者提供搜索、链接服务的网络服务提供者，权利人认为其服务所涉及的作品、表演、录音录像制品，侵犯自己的信息网络传播权或者被删除、改变了自己的权利管理电子信息的，可以向该网络服务提供者提交书面通知，要求网络服务提供者删除该作品、表演、录音录像制品，或者断开与该作品、表演、录音录像制品的链接。通知书应当包含下列内容：权利人的姓名（名称）、联系方式和地址；要求删除或者断开链接的侵权作品、表演、录音录像制品的名称和网络地址；构成侵权的初步证明材料。权利人应当对通知书的真实性负责。不符合上述要求的通知不是有效的通知。本条中的“通知”没有要求一定的书面形式，但对通知作出了一定程度的要求，即“通知应当包括构成侵权的初步证据及权利人的真实身份信息”。

接到通知后，网络服务提供者应当及时将该通知转送相关网络用户，并根据构成侵权的初步证据和服务采取必要措施。这里的“及时”是指网络服务提供者在认识到存在侵权行为的明显可能时，就应在合理的时间内采取必要措施，“合理的时间内”通常是权利人合理期待该网络服务提供者应处理该通知的时间段内。“必要措施”是指足以防止侵权行为的继续和侵害后果的扩大并且不会给网络服务提供者造成不成比例的损害的措施，包括删除、屏蔽、断开链接等。网络服务提供者未及时采取必要措施的，对损害的扩大部分与该网络用户承担连带责任。

权利人对通知的真实性负责，因错误通知造成网络用户或者网络服务提供者损害的，应当承担侵权责任。《信息网络传播权保护条例》第24条规定：“因权利人的通知导致网络服务提供者错误删除作品、表演、录音录像制品，或者错误断开与作品、表演、录音录像制品的链接，给服务对象造成损失的，权利人应当承担赔偿责任。”

【对照适用】

原《侵权责任法》第36条第2款规定：“网络用户利用网络服务实施侵权行为的，被侵权人有权通知网络服务提供者采取删除、屏蔽、断开链接等必要措施。网络服务提供者接到通知后未及时采取必要措施的，对损害的扩大部分与该网络用户承担连带责任。”本条是对第36条第2款规定的修订，将其中的“被侵权人”修改为“权利人”，并对“通知”的要求作出规定，还规定了“网络服务提供者接到通知后，应当及时将该通知转送相关网络用户，并根据构成侵权的初步证据和服务类型采取必要措施”，并对错误通知的侵权责任予以明确。

第一千一百九十六条　网络用户接到转送的通知后，可以向网络服务提供者提交不存在侵权行为的声明。声明应当包括不存在侵权行为的初步证据及网络用户的真实身份信息。

网络服务提供者接到声明后，应当将该声明转送发出通知的权利人，并告知其可以向有关部门投诉或者向人民法院提起诉讼。网络服务提供者在转送声明到达权利人后的合理期限内，未收到权利人已经投诉或者提起诉讼通知的，应当及时终止所采取的措施。

【要义精解】

本条是关于网络用户对侵权通知异议处理的规定。

网络服务提供者收到权利人发出的通知后，应当及时将权利人的通知转送给网络用户，网络用户接到转送的通知后，可以向网络服务提供者提交不存在侵权行为的声明。本条虽然没有对“声明”的形式作出规定，但原则上要采用书面形式，声明的内容应当包括不存在侵权行为的初步证据。

网络服务提供者接到网络用户不存在侵权行为的声明后，应当将该声明转送发出通知的权利人，并告知发出通知的权利人向有关部门投诉或者提起诉讼。

网络服务提供者在转送声明到达权利人后的合理期限内，未收到权利人已经投诉或者提起诉讼通知的，应当及时终止所采取的措施。这里的“合理期限”包括权利人投诉或者提起诉讼的合理期限以及权利人已经投诉或者提起诉讼通知需要的合理期限等，权利人投诉或者提起诉讼的合理期限并非是指权利人的诉讼时效期间，而是指权利人一般情况下投诉或者提起诉讼的期限。在合理的期限内，网络服务提供者没有收到权利人已经投诉或者提起诉讼通知的，应当及时终止所采取的断开链接等措施。如果在合理期限内收到权利人已经投诉或者提起诉讼通知的，继续实施所采取的措施。待有关部门处理完成之后，再根据有关部门的处理情况采取相应措施。

【对照适用】

本条属于一个新的规定，针对权利人侵权主张，网络用户享有不构成侵权的声明，该声明能够在一定程度上保护网络用户的权利，防止权利人主张权利而给网络用户造成不可挽回的损失。

第一千一百九十七条　网络服务提供者知道或者应当知道网络用户利用其网络服务侵害他人民事权益，未采取必要措施的，与该网络用户承担连带责任。

【要义精解】

本条是关于网络服务提供者间接侵权的责任主体的规定。

网络服务提供者的间接侵权，是指网络服务提供者的侵权行为并未直接涉及保护的客体，而是为该直接侵权者提供了便利条件，或者造成了直接侵权行为的扩大，而对权利人的合法权益造成了侵害。可以说，间接侵权行为是网络用户直接侵权行为的继续或实现条件。帮助侵权和代位侵权是间接侵权中的典型形式。所谓帮助侵权，是指知道侵权活动而引诱，促使或以物质帮助他人实施侵权。网络服务提供者知道网络用户利用其网络服务侵害他人民事权益，未采取必要措施的就是帮助侵权；网络用户利用网络服务实施侵权行为的，被侵权人通知网络服务提供者采取删除、屏蔽、断开链接等必要措施后，而网络服务提供者接到通知后未及时采取必要措施，也属于典型的帮助侵权。

帮助侵权的构成要件有：第一，帮助侵权的构成要以直接侵权的存在为前提，这些直接侵权行为主要是一些网络用户实施的侵害他人权益的行为。第二，帮助侵权的构成必须以主观上明知为要件。帮助侵权实行的是过错责任，只有加害人明知有他人的直接侵权行为存在的情况下才能构成。这是因为互联网上的信息浩如烟海，网络服务提供者无法清楚判断出哪些是可能侵权的信息，哪些不是侵权的信息。第三，必须客观上实行了帮助侵权的行为。帮助侵权的行为主要表现在明知网络用户在进行侵权仍然提供网络服务，明知网络用户存在侵害他人知识产权的内容而仍然提供链接，在相关权利人对其服务行为提出合理的警告后仍不采取删除、屏蔽、断开链接等必要措施的行为。可见，在认定网络服务提供者的侵权责任的时候，“明示规则”和“提示规则”具有非常重要的意义。

【对照适用】

原《侵权责任法》第36条第3款规定：“网络服务提供者知道网络用户利用其网络服务侵害他人民事权益，未采取必要措施的，与该网络用户承担连带责任。”本条是对第36条第3款的修订，增加了“应当知道”的规定。“应当知道”是以行为人负有注意义务为前提的，即网络服务提供者对网络用户的行为应有一定的注意义务。

第一千一百九十八条　宾馆、商场、银行、车站、机场、体育场馆、娱乐场所等经营场所、公共场所的经营者、管理者或者群众性活动的组织者，未尽到安全保障义务，造成他人损害的，应当承担侵权责任。

因第三人的行为造成他人损害的，由第三人承担侵权责任；经营者、管理者或者组织者未尽到安全保障义务的，承担相应的补充责任。经营者、管理者或者组织者承担补充责任后，可以向第三人追偿。

【要义精解】

本条是关于在经营场所、公共场所受到侵害的责任承担主体的规定。

宾馆、商场、银行、车站、机场、体育场馆、娱乐场所等经营场所、公共场所的经营者、管理者或者群众性活动的组织者，负有安全保障义务。“安全保障义务”，是指宾馆、商场、银行、车站、公园、娱乐场所等公共场所的经营者、管理者或者群众性活动的组织者对在其经营场所或者服务场所的消费者、潜在消费者等的人身、财产安全依法承担的保障其安全并不受非法侵害的义务。违反安全保障义务的侵权责任，就是违反安全保障义务而直接或者间接地造成他人人身或者财产权益损害，应当承担损害赔偿责任的行为。

我国原《侵权责任法》在汲取以往立法和司法实践经验的基础上以法律的形式确认了违反安全保障义务的侵权责任。原《侵权责任法》第 37 条规定：“宾馆、商场、银行、车站、娱乐场所等公共场所的管理人或者群众性活动的组织者，未尽到安全保障义务，造成他人损害的，应当承担侵权责任。因第三人的行为造成他人损害的，由第三人承担侵权责任；管理人或者组织者未尽到安全保障义务的，承担相应的补充责任。”《民法典》在借鉴原《侵权责任法》第 37 条的基础上，对公共场所的经营者、管理者或者群众性活动的组织者的安全保障义务作出规定。

公共场所的经营者、管理者或者群众性活动的组织者承担安全保障义务的理论根据在于：第一，收益与风险相一致原理的要求；第二，危险控制理论的要求；第三，节省社会总成本的要求，从经济学角度来看，由经营者承担这一义务更加具有经济合理性；第四，公司社会责任的要求；第五，实质平等理念的要求；第六，国际民商事立法和比较法上的启示。

从危险的来源看，违反安全保障义务的侵权责任有三种形态：第一，硬件设施未尽安全保障义务引发的侵权责任。即提供服务的场所，设置的硬件没有达到保障安全的要求，存在缺陷或者瑕疵，造成了他人的损害。例如，消费者在洗桑拿期间由于椅子不结实而摔伤。第二，软件服务管理未尽安全保障义务引发的侵权责任。服务管理未尽安全保障义务，就是经营者的工作人员未尽安全保障义务，一般称为服务软件上的瑕疵或者缺陷，造成他人的人身损害，构成人身损害赔偿责任。例如，饭店服务人员没有擦干净地板，导致顾客滑倒造成伤害。第三，违反防范第三人侵害的安全保障义务引发的侵权责任。对于他人负有安全保障义务的经营者，在防范和制止他人侵害方面未尽义务，造成他人人身损害的，也构成人身损害赔偿责任。未尽安全保障义务的一方应当承担补充责任。如宾馆的客人由于宾馆疏于防范被第三人伤害的情形。

一般认为，违反安全保障义务的侵权责任的归责原则仍然是过错责任，但是属于过错责任原则的特别形式——过错推定的原则。首先，只要“未尽安全保障义务”造成他人损害就可以说明实行的本质上还是过错责任原则；其次，从客观上的行为直接认定责任的存在，除非违反安全保障义务的一方能举证推翻，属于典型的过错推定的表现形式。

违反安全保障义务的侵权责任的构成要件如下。

其一，违反安全保障义务的主体是对受保护的对象负有安全保障义务的人。我国原《侵权责任法》第 37 条第 1 款规定，负有安全保障义务的人有：宾馆、商场、银行、车站、娱乐场所等公共场所的管理人或者群众性活动的组织者。《民法典》本条的规定，比原《侵权责任法》的规定更完整、更全面。另外，如果在出租经营场所的情况下，承租人对承租的空间负有安全保障义务，出租人对未出租（或者未明确约定）的公共部分（如通道、楼道、厕所等）承担安全保障义务。

其二，负有安全保障义务的主体实施了未尽安全保障义务的行为。未尽安全保障义务的行为，一般是消极行为，是不作为的行为形态。安全保障义务一般认为它源于三个方面：法律直接规定、合同约定的义务、法定的合同附随义务。

其三，为安全保障义务所保护的对象受到人身或者财产损害。这个要件包含两层含义：首先，必须是“为安全保障义务所保护的对象”受到损害。“为安全保障义务所保护的对象”，是指进入行为人经营活动或者社会活动的领域之中的人，不仅包括直接的消费者，也包括潜在的消费者。甚至有学者认为包括“实际进入该服务场所的任何人”。其次，由于违反安全保障义务的主体违反安全保障义务的侵权行为，造成了“为安全保障义务所保护的对象”的人身损害或者财产损害。这种损害事实主要是指人身损害的事实，但是也包括财产损害的事实，这是因为违反安全保障义务侵权行为主要保护的就是人身权利不受侵害。

其四，受害人的所受损害的事实与未尽安全保障义务的行为之间具有因果关系。

因第三人的行为造成他人损害的，由第三人承担侵权责任；经营者、管理者或者组织者未尽到安全保障义务的，承担相应的补充责任。所谓补充责任，是指义务人因未尽到安全保障义务而致使被保护的人遭受到第三人的侵害，本条第2款规定的就是补充责任形态。这里"补充"的含义是：第一，补充责任的顺序是第二位的。直接责任人承担的赔偿责任是第一顺序的责任，补充责任人承担的赔偿责任是第二顺序的责任。因此，补充责任是补充直接责任的侵权责任形态。第二，补充责任的赔偿范围是补充性的。其赔偿范围的大小，取决于直接责任人承担的赔偿责任的大小。直接责任人赔偿不足，补充责任人承担的赔偿责任就是其不足部分；直接责任人不能赔偿，补充责任人承担的赔偿责任就是不能赔偿的全部责任。第三，安全保障义务人承担的补充责任是相应的补充责任。对于第三人没有承担的侵权责任，安全保障义务人不是全部承担下来，而是在其未尽到安全保障义务的范围内承担，即根据安全保障义务人未尽到的安全保障义务的程度来确定其应当承担的侵权责任的份额。

在实践中，存在不少第三人的侵权行为和安全保障义务人未尽到安全保障义务两个因素结合在一起而造成他人损害的情形。比如，储户到银行取款或者存款，遭到第三人抢劫，银行未尽到硬件方面的安全保障义务以及保安人员未尽到安全保障义务，没有及时注意或者制止，导致储户钱款被抢或者人身受到伤害；又如，宾馆没有完善的保安措施或者没有认真履行保安职责，导致住宿旅客被杀害、伤害等。在这种情形下，根据本条第2款的规定，第三人的行为是造成损害的直接原因，应当首先由第三人承担侵权责任。

我国《民法典》第1198条第2款在规定了"补充责任"的基础上，进一步明确了经营者、管理者或者组织者对第三人的追偿权。追偿权行使的条件有：（1）第三人行为造成损害；（2）经营者、管理者或者组织者未尽到安全保障义务；（3）经营者、管理者或者组织者已经向受害人承担了补充责任。

【对照适用】

我国原《侵权责任法》第37条规定："宾馆、商场、银行、车站、娱乐场所等公共场所的管理人或者群众性活动的组织者，未尽到安全保障义务，造成他人损害的，应当承担侵权责任。因第三人的行为造成他人损害的，由第三人承担侵权责任；管理人或者组织者未尽到安全保障义务的，承担相应的补充责任。”《民法典》第1198条是对本条规定的完善，体现在三个方面：一是列举的公共场所增加了“机场、体育场馆”，宾馆、商场不仅属于公共场所，也属于经营场所，所以增加了“经营场所”的表述；二是将“管理人”修改为“经营者、管理者”；三是增加了经营者、管理者、组织者对第三人的追偿权。

在审理赔偿权利人仅起诉安全保障义务人的纠纷时，人民法院应当追加实施侵权行为的第三人为共同被告，但第三人不能确定的除外。

第一千一百九十九条　无民事行为能力人在幼儿园、学校或者其他教育机构学习、生活期间受到人身损害的，幼儿园、学校或者其他教育机构应当承担侵权责任；但是，能够证明尽到教育、管理职责的，不承担侵权责任。

【要义精解】

本条是关于无民事行为能力人在教育机构被侵权的责任承担的规定。

根据本条规定，无民事行为能力人在幼儿园、学校或者其他教育机构学习、生活期间受到人身损害的，幼儿园、学校或者其他教育机构承担的实际上是过错推定责任，除能够证明外，都要承担责任。这一方面是考虑到无民事行为能力人的年龄特点，无法对自己的行为作出准确的判断，通过过错推定的方式实现保护无民事行为能力人的利益之目的；另一方面是为了督促幼儿园、学校或者其他教育机构对无民事行为能力人的行为尽到审慎的义务，避免损害的发生。即便采用过错推定原则，学校也有免责的机会，可以通过证明已经尽到了相当的注意并且实施了合理的行为，以达到免责的目的。同时，学校等教育机构更有可能通过保险等方式来向社会转移风险。

幼儿园、学校或者其他教育机构对无民事行为能力人在幼儿园、学校或者其他教育机构学习、生活期间受到人身损害承担责任的要件为：

其一，须是无民事行为能力受到伤害。根据《民法典》的规定，无民事行为能力人主要有两种类型：不满8周岁的未成年人和不能辨认自己行为的人。在一般的学校中无民事行为能力主要是不满8周岁的未成年人，不能辨认自己行为的人限于其精神的限制往往难以接受学校教育。

其二，须在幼儿园、学校或者其他教育机构学习、生活期间受到人身损害。因为一般只有在这些机构内，这些机构才具有对无民事行为能力人进行教育、监督、保护的可能，否则让上述教育机构对于无民事行为能力人在这些机构以外学习或生活的区域造成的损害承担责任是不公平的，也难以实现规范的目的。《学生伤害事故处理办法》第 13 条规定：“下列情形下发生的造成学生人身损害后果的事故，学校行为并无不当的，不承担事故责任；事故责任应当按有关法律法规或者其他有关规定认定：（一）在学生自行上学、放学、返校、离校途中发生的；（二）在学生自行外出或者擅自离校期间发生的；（三）在放学后、节假日或者假期等学校工作时间以外，学生自行滞留学校或者自行到校发生的；（四）其他在学校管理职责范围外发生的。”

其三，幼儿园、学校或者其他教育机构不能够证明其已经尽到教育、管理职责。由于该条中实行的是过错推定原则，所以幼儿园、学校或者其他教育机构是被法律推定为具有过错的，如果他们不能够证明其已经尽到教育、管理职责，就应该承担责任。如果在法定的情形下且已经履行职责的则不承担责任。如《学生伤害事故处理办法》第 12 条规定，因下列情形之一造成的学生伤害事故，学校已履行了相应职责，行为并无不当的，无法律责任：地震、雷击、台风、洪水等不可抗的自然因素造成的；来自学校外部的突发性、偶发性侵害造成的；学生有特异体质、特定疾病或者异常心理状态，学校不知道或者难于知道的；学生自杀、自伤的；在对抗性或者具有风险性的体育竞赛活动中发生意外伤害的；其他意外因素造成的。

对于学校为学生伤害事故承担侵权责任的性质，有不同的主张。一种主张认为，无民事行为能力人在幼儿园、学校、精神病医院学习、生活或者治疗时，受到伤害或者给他人造成损害，由于这些单位对这些无民事行为能力人负有一定的监护性质的职责，因此，学校为学生伤害事故承担责任的性质，就是学校是对未成年学生承担监护责任，当未成年学生在教育或教学活动中受到伤害或者给他人造成伤害，学校没有尽到监护责任的，就要承担民事赔偿责任。另一种主张认为，学校为学生伤害事故承担责任的性质，不是学校与学生之间的监护关系，而是在于学校依照《教育法》的规定，承担的对学生负有的教育、管理与保护职责。因而，学校与学生之间的关系不是民事关系，而是一种教育法律关系。依据《教育法》关于学校对学生承担的教育、管理和保护职责的规定，未尽到教育、管理和保护的职责，具有过失，学校就要承担民事赔偿责任。《学生伤害事故处理办法》第7条第2款规定："学校对未成年学生不承担监护职责，但法律有规定的或者学校依法接受委托承担相应监护职责的情形除外。"2003年公布的《最高人民法院关于审理人身损害赔偿案件适用法律若干问题的解释》第7条规定："对未成年人依法负有教育、管理、保护义务的学校、幼儿园或者其他教育机构，未尽职责范围内的相关义务致使未成年人遭受人身损害，或者未成年人致他人人身损害的，应当承担与其过错相应的赔偿责任。"可见，该司法解释把学校的义务的性质确定为"教育、管理、保护义务"。原《侵权责任法》更是明确规定为"教育、管理职责"，《民法典》沿袭了原《侵权责任法》的规定。可见，从我国现行立法的态度看，是采纳了第二种观点。

【对照适用】

在适用本条时，应注意以下几点。

第一，"教育机构"的认定。本条中使用了"幼儿园、学校或者其他教育机构"。"幼儿园"包括政府、集体、社会组织和个人依法设立的幼儿园；这里的"学校"，主要是指小学，包括公立小学和民办小学；"其他教育机构"是指幼儿园、小学之外的为儿童举办的传授文化知识和技能的教育单位，例如各种各样的校外补习班、特长班等。这里的"无民事行为能力人"，主要是指8周岁以下的未成年人，但是年满8周岁以上的不能辨认自己行为的未成年人，也有可能在特殊学校接受教育，那么这些特殊学校也应属于本条规定的"教育机构"。当然，这里的特殊学校，不包括《未成年人保护法》中的"专门学校"，该专门学校招生的对象是12周岁至17周岁有严重不良行为，学校和父母或其监护人无力管教或者管教无效的未成年学生，其不在本条的调整范围之内。

第二，"学习、生活期间"的认定。"学习、生活期间"不仅包括无民事行为能力人在教室、餐厅、教育机构的娱乐场所，还包括全托和住校儿童的寝室、浴室、厕所等。从时间上看，是指无民事行为能力人在其监护人或亲属将其交给教育机构时起，至将无民事行为能力人从教育机构接走时止的整个期间，不包括无民事行为能力人在去往教育机构的路途中受到的伤害；但是，教育机构提供接送服务的，还包括接送期间。

第三，本条中的“受到人身损害”的原因，包括：（1）在接受教育、管理过程中受到伤害，例如体育活动中受到伤害；（2）校内其他未成年人侵害造成伤害；（3）校内工作人员造成无民事行为能力人受到伤害。如果校外人员造成无民事行为能力人受到伤害的，应该适用《民法典》第1201条的规定处理。

第一千二百条　限制民事行为能力人在学校或者其他教育机构学习、生活期间受到人身损害，学校或者其他教育机构未尽到教育、管理职责的，应当承担侵权责任。

【要义精解】

本条是关于限制民事行为能力人在学校生活期间受到人身损害的责任主体的规定。

根据本条的规定，限制民事行为能力人在学校或者其他教育机构学习、生活期间受到人身损害，学校等教育机构承担的是过错责任。主要是考虑：与无民事行为能力人相比，限制民事行为能力人的心智已渐趋成熟，对事物已有一定的认知和判断能力，能够在一定程度上理解自己行为的后果，对一些容易遭受人身损害的行为也有了充分认识，应当在构建和谐的成长环境的同时，鼓励其广泛地参加各类学校活动和社会关系，以利于其更好、更有效地学习、成长。如果采用过错推定原则，有些学校为避免发生意外事故，会采取消极预防的手段，如减少学生体育活动、劳动实践，这些措施最终不利于学生的健康成长。

一、学校对限制行为能力人在学习或者生活期间受到伤害承担责任的要件

学校或者其他教育机构对限制民事行为能力人在学校或者其他教育机构学习、生活期间受到人身损害承担责任的要件如下。

其一，须是限制行为能力人受到伤害。根据《民法典》的规定：限制行为能力人，是指8周岁以上的未成年人以及不能完全辨认自己行为的成年人。

其二，须是在学校或者其他教育机构学习、生活期间受到人身损害。

其三，须是学校或者其他教育机构未尽到教育、管理职责，即有过错。过错的认定是学校或者其他教育机构承担责任的最核心的要件。对学校或者其他教育机构过错的认定应该参考其他相关法律规定对学校或者其他教育机构以及其工作人员义务和职责的规定进行认定，如《教师法》《未成年人保护法》《学生伤害事故处理办法》等。对于限制行为能力人在学校学习或者生活期间所受到的人身伤害，学校承担的是过错责任，如果学校已经尽到教育、管理职责，则不承担责任，主要由直接侵权人或者受害人来承担责任。与无民事行为能力人受到人身侵害不同，学校等教育机构是否存在过错，应该由权利人承担举证责任，而非由学校承担证明自己没有过错的责任。

二、学校或者其他教育机构的过错认定一般采用客观认定的方法

由于学校或者其他教育机构承担的本质上还属于过错责任，过错责任的一般认定方法当然有适用的空间。但是，司法实践中已经明确规定了一系列的学校的法定职责，如果违反了这些规则当然可以认定为具有过错。学校或者其他教育机构所承担的义务本质上属于教育、管理、保护的义务，如果违反了这些义务且没有法定免责事由的情况下应该承担责任，根据《学生伤害事故处理办法》第9条的规定，下列情形可以认定为学校没有履行相关教育职责并应该承担责任：（1）学校的校舍、场地、其他公共设施，以及学校提供给学生使用的学具、教育教学和生活设施、设备不符合国家规定的标准，或者有明显不安全因素的；（2）学校的安全保卫、消防、设施设备管理等安全管理制度有明显疏漏，或者管理混乱，存在重大安全隐患，而未及时采取措施的；（3）学校向学生提供的药品、食品、饮用水等不符合国家或者行业的有关标准、要求的；（4）学校组织学生参加教育教学活动或者校外活动，未对学生进行相应的安全教育，并未在可预见的范围内采取必要的安全措施的；（5）学校知道教师或者其他工作人员患有不适宜担任教育教学工作的疾病，但未采取必要措施的；（6）学校违反有关规定，组织或者安排未成年学生从事不宜未成年人参加的劳动、体育运动或者其他活动的；（7）学生有特异体质或者特定疾病，不宜参加某种教育教学活动，学校知道或者应当知道，但未予以必要的注意的；（8）学生在校期间突发疾病或者受到伤害，学校发现，但未根据实际情况及时采取相应措施，导致不良后果加重的；（9）学校教师或者其他工作人员体罚或者变相体罚学生，或者履行职责过程中违反工作要求、操作规程、职业道德或者其他有关规定的；（10）学校教师或者其他工作人员在负有组织、管理未成年学生的职责期间，发现学生行为具有危险性，但未进行必要的管理、告诫或者制止的；（11）对未成年学生擅自离校等与学生人身安全直接相关的信息，学校发现或者知道，但未及时告知未成年学生的监护人，导致未成年学生因脱离监护人的保护而发生伤害的；（12）学校有未依法履行职责的其他情形的。

【对照适用】

我国原《侵权责任法》第39条规定："限制民事行为能力人在学校或者其他教育机构学习、生活期间受到人身损害，学校或者其他教育机构未尽到教育、管理职责的，应当承担责任。"《民法典》第1200条继受了原《侵权责任法》第39条的规定，同时将其中的"责任"修订为"侵权责任"，明确了教育机构承担的责任的性质。在适用本条时，应该注意以下几点。

第一，"学校或者其他教育机构"的认定。根据我国《教育法》《民办教育促进法》等的规定，这里的"学校或者教育机构"包括民办教育机构和公办教育机构，而且都是公益性的，不得营利。此外，还包括社会上大量存在的民办培训机构，在这些民办培训机构接受培训或者学习的限制民事行为能力人人身受到侵害的，也适用本条的规定。

第二，本条适用的致害原因。本条不仅适用于限制民事行为能力人因学校等教育机构未尽到教育、管理职责使其受到人身伤害的情形，也适用于校内或者教育机构内部的未成年人、教职工等实施侵权行为造成的损害。如果校外人员造成限制民事行为能力人受到伤害的，应该适用《民法典》第1201条的规定处理。

第三，"学习、生活期间"的认定。只要是限制民事行为能力人在学校或者其他教育机构生活、学习期间受到伤害的，都要适用本条的规定。"学习、生活期间"是指限制民事行为能力人在学校或者教育机构的整个期间，无论上课还是课间休息，对于住校学生而言，还包括在校园内生活等时间。即使在假期，只要是经过学校许可，留在学校的，也属于"在学校或者其他教育机构的学习、生活期间"，当然，如果学校组织限制民事行为能力人参加学校组织的一系列校外活动，例如组织游学、旅游、参观等，受到伤害的，也适用本条的规定。

第一千二百零一条　无民事行为能力人或者限制民事行为能力人在幼儿园、学校或者其他教育机构学习、生活期间，受到幼儿园、学校或者其他教育机构以外的第三人人身损害的，由第三人承担侵权责任；幼儿园、学校或者其他教育机构未尽到管理职责的，承担相应的补充责任。幼儿园、学校或者其他教育机构承担补充责任后，可以向第三人追偿。

【要义精解】

本条是关于第三人侵害在教育机构无民事行为能力人、限制民事行为能力人责任承担的规定。

第三人侵权责任，是指无民事行为能力人或者限制民事行为能力人在幼儿园、学校或者其他教育机构学习、生活期间，受到幼儿园、学校或者其他教育机构以外的人员人身损害的侵权责任。这种侵权责任的特殊性在于造成人身损害的危险源于“幼儿园、学校或者其他教育机构以外的人员”的行为。幼儿园、学校等教育机构的侵权行为是违反安全保障义务性质的侵权行为。其法律后果是由直接侵权人承担侵权责任，幼儿园、学校或者其他教育机构在未尽到管理职责时承担相应的补充责任。

根据本条的规定，幼儿园、学校或者其他教育机构对在其管理、教育、保护下的无民事行为能力人或者限制民事行为能力人的人身安全具有安全保障义务。如学校未尽教育、管理、保护的义务，应当承担与其过错相应的赔偿责任。在第三人侵权造成未成年学生人身损害的，如学校未尽职责范围内的安全注意义务，履行教育、管理、保护职责不到位的，给第三人实施侵权行为以可乘之机而造成损害的，应承担补充赔偿责任。学校在承担补充赔偿责任后，有权向直接实施侵权的第三者追偿。

本条实际上由两种责任组成：第一，第三人的侵权责任。第三人的侵权责任实际上就是一般侵权责任，只是它是由于“幼儿园、学校或者其他教育机构以外的第三人”的行为造成的而已，在侵权构成要件方面并不具有特殊性。第二，幼儿园、学校或者其他教育机构的补充责任。这种责任具有一定的特殊性，因为它是补充责任。学生伤害事故中学校承担补充赔偿责任，除了具备学生伤害事故人身损害赔偿责任的构成之外，还必须具备以下两个要件：第一，学生人身损害是由于第三人的原因所致，如果完全由于学校的过错所致，就是一般的学生伤害事故人身损害赔偿责任；第二，学校、幼儿园等教育机构有过错，如果无过错也不会产生补充赔偿责任，损害的赔偿责任应当完全由加害的第三人承担。需要注意的是，学校、幼儿园等教育机构的过错与第三人的致害应当有一定的关联，如果不存在关联性，也不应当让学校承担补充赔偿责任。

这样规定的目的，一方面是对来自“幼儿园、学校或者其他教育机构以外的人员”的行为所致的损害给予救济。另一方面也是为了督促相关的机构加强安全保障，防止来自外部的损害的发生，保障民事行为能力人或者限制民事行为能力人的人身安全。幼儿园、学校或者其他教育机构承担补充责任的法理根据在于这些机构对于损害的发生具有过错，使本来可以避免的损害或者扩大的损害得以发生或者扩大。故学校应该为受害人向第三人难以实现或者不能实现的赔偿部分承担补充责任。

是否“尽到管理职责”实际上就是指教育机构是否具有过错，尽到管理职责就是没有过错，没有尽到管理职责就是具有过错。但是过错属于主观的范畴，尽到管理职责是个客观的范畴。判断学校是否尽到管理职责，主要有两种依据：一种依据是幼儿园、学校或者其他教育机构的法定职责，这些法定职责主要源于一些特别法或者是行政法律法规的规定，这就需要援引其他法律法规的规定，如《未成年人保护法》《教育法》《教师法》《学生伤害事故处理办法》中对这些机构法定职责的规定。因此，这个概念实际上起到了沟通侵权责任法和其他法律法规之桥梁的作用。另一种依据就是判断过错的一般标准，即学校是否尽到了合理注意义务。所谓合理注意保护未成年人学生人身安全的义务，是指学校在组织未成年学生参加教学或与教学有关的活动时，对明显的、可能的或可能预见的危害未成年学生人身安全的事件所应给予的注意，和应采取的正常有效的保护未成年学生人身安全的预防措施，而不是要求学校防范可能性很小的、极不常发生的或者完全不可能预见的危害未成年学生人身安全的事件所采取的注意和措施。例如，对于突发性的暴力犯罪，学校一般是难以预见的，就很难认定学校具有过失。

幼儿园、学校或者其他教育机构承担补充责任后，可以向第三人追偿。

【对照适用】

我国原《侵权责任法》第40条规定："无民事行为能力人或者限制民事行为能力人在幼儿园、学校或者其他教育机构学习、生活期间，受到幼儿园、学校或者其他教育机构以外的人员人身损害的，由侵权人承担侵权责任；幼儿园、学校或者其他教育机构未尽到管理职责的，承担相应的补充责任。"《民法典》第1201条是对原《侵权责任法》第40条的继受，将其中的"人员""侵权人"修改为"第三人"。在适用本条时，应该明确以下几点。

第一，《民法典》第1199—1201条是关于在教育机构无民事行为能力人或者限制民事行为能力人人身受到侵害时的责任承担的规定。

第二，关于举证责任分配问题，应该充分考虑受害人为无民事行为能力人、限制民事行为能力人，如果受害人是无民事行为能力人，教育机构的过错采取举证责任倒置，如果是限制民事行为能力人，由受害人承担举证证明教育机构存在过程的举证责任。

第三，诉讼程序问题。由于学校等教育机构承担的是一种按份的补充责任。因此，在诉讼程序上，请求权人应当以第三人为被告，也可以以学校等教育机构为被告，但是此时应当追加第三人为共同被告，在第三人难以确定的情况下，可以以第三人为单独被告。当事人也可以以第三人和教育机构为被告，但人民法院在判决书当中应该明确学校承担补充责任的范围。

第四章　产品责任

第一千二百零二条　因产品存在缺陷造成他人损害的，生产者应当承担侵权责任。

【要义精解】

本条是关于产品责任承担主体的一般规定。

产品责任，是指因产品有缺陷造成他人人身、财产损害，产品制造者、销售者所应承担的民事责任。根据我国《产品质量法》第2条第2款的规定，产品是指经过加工、制作，用于销售的产品。未经加工、制作的产品不是产品质量法上的产品，即天然产品不由产品质量法和产品责任法调整，包括未加工的农副产品、林产品、水产品、畜牧产品、原矿。虽然该法没有明确将初级农业产品排除于"产品"之外，但它要求"产品"是经过加工、制作过的，而初级农产品一般未经过加工和制作。因此，初级农产品不应为我国产品责任法上的"产品"。但专门作为良种销售的农产品亦应认定为产品，因为其生产过程具有严格要求。此外，根据国际惯例，不动产也不宜列为我国产品责任法上的"产品"，其存在缺陷致人损害适用专门的法律调整。但建筑材料、建筑构配件和设备符合产品质量法产品定义的，属于产品。另外，下列用于销售的物被认为是产品：其一，导线输送的电能，以及利用管道输送的油品、燃气、热能、水；其二，计算机软件和类似的电子产品；其三，用于销售的微生物制品、动植物制品、基因工程制品、人类血液制品。

因产品存在缺陷造成他人损害的，生产者应当承担侵权责任。按照这一规定，因产品存在缺陷，造成人身、他人财产损害的，应由该产品的生产者承担赔偿责任。"生产者"是指产品成品或产品零部件的制造商，还应当包括在产品上标出自己的名称、商标或其他标志，以表明自己是该产品的生产者的自然人或法人。

生产者承担产品责任不以生产者具有过错（故意或过失）为责任成立要件，因此属于无过错责任。这是一种对生产者实行严格责任的归责原则的表述，与国外产品责任法的规定原则是完全一致的。严格责任理论是20世纪60年代、70年代发展起来的一种产品责任理论，亦称侵权行为的无过错责任。按照这种理论，只要产品有缺陷，对使用者具有不合理的危险，因而使其人身遭受伤害或者财产遭受损失，该产品的生产者不管主观上是否存在过错，均应承担侵权赔偿责任。其特征在于受害人无须证明产品缺陷是如何产生的，为什么会有这种缺陷，生产者对产品存在缺陷是否存在自身主观上的故意或者过失，只要证明损害是由于产品存在缺陷所致就行了。在严格责任下，生产者只有对法律规定的免责条件提供确凿、充分的证据时，才可免除产品责任。当生产者不能进行有效抗辩时，则判定生产者承担责任。产品侵权的严格责任使受害人减轻了举证责任，充分体现了保护消费者、保护弱者的原则。无过错责任不规定责任的过错要件，这对保护受害人，督促生产者不断提高产品的安全性能具有重要意义。产品致害责任采取无过错责任，其构成要件包括如下。

第一，产品存在缺陷。产品缺陷是承担产品责任的基础，更是产品责任法的核心。《产品质量法》第46条规定，所谓产品缺陷，是指产品存在危及人身、他人财产安全的不合理的危险；如果产品有保障人体健康和人身、财产安全的国家标准、行业标准的，产品缺陷是指不符合该标准。可见，产品缺陷包含如下基本含义：缺陷应当是一种不合理的危险；不合理的危险危及人身和他人财产安全；产品是否存在不合理的危险，应依一般标准和法定标准确定。一般标准是人们有权期望的安全性。法定标准是产品保障人体健康，人身、财产安全的国家标准或行业标准。

我国立法未直接对缺陷进行分类，而是分别规定生产者和销售者的产品质量责任和义务。而在《产品质量法》中，分别涉及了缺陷的不同类别。通常人们将缺陷分为设计缺陷、制造缺陷和指示缺陷。

一是设计缺陷。设计缺陷，是指制造者在设计产品时，其产品的结构、配方等方面存在不合理的危险性。比如，锅炉设计不符合国家规定的安全标准，药品配方中含有高出国家规定的副作用成分等。判断一件产品是否为设计缺陷，其标准是：其设计存在危及人身、财产安全的不合理危险，或其设计不符合保障人体健康、人身和财产安全的国家或者行业标准。

二是制造缺陷。制造缺陷，是指因产品原材料或配件存在缺陷或者在装配成最终产品的过程中出现某种错误，而导致产品具有不合理的危险性。与设计缺陷不同，设计缺陷产品的问题出于设计本身，而制造缺陷产品的问题则在于制造该产品的原材料以及配件的质量和总装工艺的质量。因此，制造缺陷与设计无关，制造者如果严把原材料、配件及总装工艺等工序的质量关，则可减少乃至避免制造缺陷之发生。在我国商业实践中，大部分缺陷产品属于制造缺陷产品。

三是指示缺陷。指示缺陷，是指生产者没有提供警示与说明，或者没有提供适当的警示与说明，致使其产品在使用、储运等情形下具有不合理的危险。我国《产品质量法》有两条规定涉及指示缺陷。第 27 条第 1 款规定："产品或者其包装上的标识必须真实，并符合下列要求：……（五）使用不当，容易造成产品本身损坏或者可能危及人身、财产安全的产品，应当有警示标志或者中文警示说明。"第 28 条规定，易碎、易燃、易爆、有毒、有腐蚀性、有放射性等危险物品以及储运中不能倒置和其他有特殊要求的产品，其包装质量必须符合相应要求，依照国家有关规定作出警示标志或者中文警示说明，标明储运注意事项。

第二，须造成了损害后果。产品责任以受害人的人身伤害和财产遭受损害为前提。因此，受害人所受人身和财产损害的客观事实便成为产品责任的依据。如果产品存在缺陷，但并未造成他人人身和财产损害的事实，则不构成产品责任。在这种责任中，受害人既可以是购买、使用商品的人，也可以是使用产品以外的人。损害包括财产损害和人身损害，而财产损害仅限于缺陷产品本身以外的其他财产损害。

第三，产品缺陷与损害事实之间有因果关系。产品缺陷与损害事实之间存在因果关系即为损害事实是因产品缺陷所致。如果损害事实不是产品缺陷造成的，则不负民事责任。

在发生产品侵权纠纷后，受害人需要举证证明其使用的产品存在缺陷，使用缺陷产品所导致的死亡、人身伤害和缺陷产品以外的其他财产损害的结果存在以及产品缺陷与受害人所受损害之间存在因果关系。

【对照适用】

我国原《侵权责任法》第 41 条规定："因产品存在缺陷造成他人损害

的，生产者应当承担侵权责任。”《民法典》本条的规定直接移植了原《侵权责任法》第41条的规定。在适用本条时，应注意以下三点。

第一，产品致害责任中的精神损害赔偿问题。产品存在缺陷，造成受害人伤亡的，受害者被侵害的是人身权利。人身权利受到侵害的，根据《最高人民法院关于确定民事侵权精神损害赔偿责任若干问题的解释》第1条的规定，受害人可以要求精神损害赔偿。但是，产品致害责任属于无过错责任，受害人能否主张精神损害赔偿呢？笔者认为，精神损害赔偿数额的确定与侵权人的过错程度有关联。虽然产品致害责任采取无过错责任原则，但不意味着生产者等不存在过错，如果生产者存在过错，受害人可以主张精神损害赔偿。此外，从《最高人民法院关于确定民事侵权精神损害赔偿责任若干问题的解释》第5条的规定来看，精神损害赔偿数额除了要考虑侵权人的过错程度，还要考虑：（1）侵害的目的、方式、场合等具体情节；（2）侵权行为所造成的后果；（3）侵权人的获利情况；（4）侵权人承担责任的经济能力；（5）受理诉讼法院所在地的平均生活水平。且我国《产品质量法》等法律中并没有限制受害人要求精神损害赔偿的权利。所以，产品致害责任中，仍存在精神损害赔偿适用的余地。

第二，产品致害责任的诉讼时效问题。《民法典》对诉讼时效作出了规定，但《民法典》的规定属于一般性规定，其他法律另有规定的，依照其规定。我国《产品质量法》第45条规定：“因产品存在缺陷造成损害要求赔偿的诉讼时效期间为二年，自当事人知道或者应当知道其权益受到损害时起计算。因产品存在缺陷造成损害要求赔偿的请求权，在造成损害的缺陷产品交付最初消费者满十年丧失；但是，尚未超过明示的安全使用期的除外。”因产品质量法对诉讼时效有特别规定，应该依据《产品质量法》第45条的规定确定产品致害责任的诉讼时效。但是，必须指出，《产品质量法》第45条规定的诉讼时效是关于产品致害侵权责任的诉讼时效。如果受害人以产品买卖合同为由主张违约责任的，其诉讼时效仍应适用《民法典》关于诉讼时效的一般规定。

第三，生产者免责的事由。根据《产品质量法》第41条的规定，因产品存在缺陷造成人身、缺陷产品以外的其他财产损害的，生产者应当承担赔偿责任。生产者能够证明有下列情形之一的，不承担赔偿责任：（1）未将产品投入流通的；（2）产品投入流通时，引起损害的缺陷尚不存在的；（3）将产品投入流通时的科学技术水平尚不能发现缺陷的存在的。

第一千二百零三条 因产品存在缺陷造成他人损害的，被侵权人可以向产品的生产者请求赔偿，也可以向产品的销售者请求赔偿。

产品缺陷由生产者造成的，销售者赔偿后，有权向生产者追偿。因销售者的过错使产品存在缺陷的，生产者赔偿后，有权向销售者追偿。

【要义精解】

本条是关于销售者承担产品责任的规定。

在产品致害责任中，存在生产者和销售者，《民法典》第1202条对生产者的责任作出了规定。本条是关于销售者对产品致害责任的规定。关于生产者和销售者对被侵权人承担的是何种责任，各国立法存在不同，主要有三种模式：第一种是连带主义，在此种立法体例中，生产者和销售者对被侵权人承担连带责任，被侵权人可以同时要求生产者和销售者承担赔偿责任；第二种是过错责任主义，该种立法例规定，生产者对被侵权人承担责任，只有在销售者对产品责任事故的发生也存在过失的情况下，才由销售者承担产品责任；第三种是折中主义，即销售者一般情况下仅对产品缺陷致害承担过失责任，但在特殊情况下可能也会承担严格责任。例如，我国原《侵权责任法》第42条第1款规定，因销售者的过错使产品存在缺陷，造成他人损害的，销售者应当承担侵权责任。采取了过错责任。但第2款又规定："销售者不能指明缺陷产品的生产者也不能指明缺陷产品的供货者的，销售者应当承担侵权责任。"这时销售者承担的是严格责任。《民法典》删除了我国原《侵权责任法》第42条的规定，从本条的规定来看，不论销售者是否有过错，产品致害责任之被侵权人可以要求销售者承担责任，也可以要求生产者承担责任。所以，我国《民法典》采纳了销售者无过错责任。

因产品存在缺陷造成损害的，产品的生产者和销售者为产品责任的直接责任主体。这一规定与我国《产品质量法》和原《侵权责任法》中关于产品责任的责任主体之规定基本一致，即生产者、销售者因产品缺陷致使人身和他人财产损害，就应承担侵权的赔偿责任，赔偿受害人因此造成的损失。缺陷产品的生产者、销售者均为承担产品责任的主体，受害人可选择其中之一或者二者作为被告请求赔偿。至于销售者、生产者之间的内部责任划分及追偿，不影响受害人选择被告。这样规定的目的，一是为了使遭受侵权损害的受害人能够及时地、合理地、充分地得到经济上的补偿，保护受害人的合法权益，减轻受害人的负担，制止损害的继续蔓延，这是产品质量立法的重要宗旨，亦是产品责任法的核心内容；二是明确规定产品侵权损害赔偿是为了对侵害人进行民事制裁，促使侵害人自觉守法，尊重消费者的合法权益。

由于销售者的过错使产品存在缺陷，销售者应承担最终责任。于此情形，如果销售者承担了直接责任，则不得再向生产者追偿；如果生产者承担了直接责任，生产者则可通过证明缺陷是由于销售者的过错所致，而向销售者追偿。

产品缺陷由生产者造成的，销售者赔偿后，有权向生产者追偿。因销售者的过错使产品存在缺陷的，生产者赔偿后，有权向销售者追偿。这是对生产者、销售者先行赔偿之后，有权向负有责任的一方追偿损失的规定。追偿制度的规定，说明我国的产品责任立法采取的是责任自负原则。这有利于明确产品流动各环节上经营者的责任，加强经营者的责任意识。

【对照适用】

我国原《侵权责任法》第43条规定："因产品存在缺陷造成损害的，被侵权人可以向产品的生产者请求赔偿，也可以向产品的销售者请求赔偿。产品缺陷由生产者造成的，销售者赔偿后，有权向生产者追偿。因销售者的过错使产品存在缺陷的，生产者赔偿后，有权向销售者追偿。"《产品质量法》第43条、《消费者权益保护法》第35条也作出了类似规定。《民法典》直接移植了上述规定。在适用本条时，应该注意以下几个方面。

其一，赔偿范围。按照《产品质量法》第44条的规定，因产品存在缺陷造成受害人人身伤害的，侵害人应当赔偿医疗费、治疗期间的护理费、因误工减少的收入等费用；造成残疾的，还应当支付残疾者生活自助具费、生活补助费、残疾赔偿金以及由其扶养的人所必需的生活费等费用；造成受害人死亡的，并应当支付丧葬费、死亡赔偿金以及由死者生前扶养的人所必需的生活费等费用。因产品存在缺陷造成受害人财产损失的，侵害人应当恢复原状或者折价赔偿。受害人因此遭受其他重大损失的，侵害人应当赔偿损失。

其二，产品质量认证机构的责任。产品质量检验机构、认证机构必须依法按照有关标准，客观、公正地出具检验结果或者认证证明。产品质量检验机构、认证机构出具的检验结果或者证明不实，造成损失的，应当承担相应的赔偿责任；造成重大损失的，撤销其检验资格、认证资格。《产品质量法》第21条第2款规定：“产品质量认证机构应当依照国家规定对准许使用认证标志的产品进行认证后的跟踪检查；对不符合认证标准而使用认证标志的，要求其改正；情节严重的，取消其使用认证标志的资格。”产品质量认证机构违反该规定，对不符合认证标准而使用认证标志的产品，未依法要求其改正或者取消其使用认证标志资格的，对因产品不符合认证标准给消费者造成的损失，与产品的生产者、销售者承担连带责任；情节严重的，撤销其认证资格。

其三，社会团体、社会中介机构对产品质量作出承诺、保证，而该产品又不符合其承诺、保证的质量要求，给消费者造成损失的，与产品的生产者、销售者承担连带责任。

其四，在广告中对产品质量进行虚假宣传，欺骗和误导消费者的，依照《广告法》的规定追究法律责任。根据《广告法》第56条的规定，发布虚假广告，欺骗、误导消费者，使购买商品或者接受服务的消费者的合法权益受到损害的，由广告主依法承担民事责任。广告经营者、广告发布者不能提供广告主的真实名称、地址和有效联系方式的，消费者可以要求广告经营者、广告发布者先行赔偿。关系消费者生命健康的商品或者服务的虚假广告，造成消费者损害的，其广告经营者、广告发布者、广告代言人应当与广告主承担连带责任。其他商品或者服务的虚假广告，造成消费者损害的，其广告经营者、广告发布者、广告代言人，明知或者应知广告虚假仍设计、制作、代理、发布或者作推荐、证明的，应当与广告主承担连带责任。

第一千二百零四条　因运输者、仓储者等第三人的过错使产品存在缺陷，造成他人损害的，产品的生产者、销售者赔偿后，有权向第三人追偿。

【要义精解】

本条是关于产品的生产者、销售者对过错第三人追偿权的规定。

产品存在缺陷的原因可能是生产者造成的，也可能是销售者造成的，还有可能是仓储者、运输者等第三人造成的。因仓储者、运输者与被侵权人没有合同关系，又不是产品的生产者，且产品由何人运输、仓储，产品缺陷是仓储者、运输者造成，被侵权人也很难举证。所以，因运输者、仓储者等第三人的过错使产品存在缺陷，造成他人损害的，产品的生产者、销售者为直接承担责任的主体，而将有责任的运输者、仓储者为间接承担责任的主体。根据这一规定，受害人可以向产品的生产者或者销售者或者生产者与销售者共同请求赔偿，而不得直接向有责任的运输者、仓储者请求赔偿；如果运输者或仓储者对产品质量负有责任，生产者或者销售者请求赔偿损失的，可以另案处理，也可以将运输者或仓储者列为第三人，一并处理。质言之，运输者、仓储者不是产品责任的直接责任主体；生产者、销售者向有责任的运输者或仓储者请求赔偿损失，主要属于合同法（运输合同、仓储合同）的调整范围。生产者、销售者向运输者、仓储者等第三人追偿的前提是：生产者、销售者已经向被侵权人赔偿之后。生产者、销售者行使追偿权的，应该依法承担举证责任，证明自己生产、销售的产品没有缺陷，以及运输者、仓储者等第三人在运输和仓储保管过程中存在故意或过失的情形。

【对照适用】

本条之规定与原《民法通则》第 122 条和原《侵权责任法》第 44 条的规定一致。

第一千二百零五条　因产品缺陷危及他人人身、财产安全的，被侵权人有权请求生产者、销售者承担停止侵害、排除妨碍、消除危险等侵权责任。

【要义精解】

本条是关于产品责任方式的规定。

从原《民法通则》开始，我国一直将停止侵害、排除妨碍、消除危险作为民事责任的承担方式。根据原《侵权责任法》第 15 条的规定：“承担侵权责任的方式主要有：（一）停止侵害；（二）排除妨碍；（三）消除危险；（四）返还财产；（五）恢复原状；（六）赔偿损失；（七）赔礼道歉；（八）消除影响、恢复名誉。以上承担侵权责任的方式，可以单独适用，也可以合并适用。”根据《民法典》第 179 条第 1 款的规定：“承担民事责任的方式主要有：（一）停止侵害；（二）排除妨碍；（三）消除危险；（四）返还财产；（五）恢复原状；（六）修理、重作、更换；（七）继续履行；（八）赔偿损失；（九）支付违约金；（十）消除影响、恢复名誉；（十一）赔礼道歉。”所以，本条规定产品存在缺陷的，权利人有权要求停止侵害、排除妨碍、消除危险等。

这里的停止侵害、排除妨碍、消除危险主要是指产品存在缺陷，对被侵害人而言，为了防止其人身或财产受到侵害，而要求生产者、销售者停止侵害、排除妨碍、消除危险等。这里的停止侵害是指产品存在缺陷而侵害被侵权人利益时，要求生产者、销售者采取措施停止侵害行为；排除妨碍是指如果产品缺陷存在妨碍他人人身权、财产权行使的，要求生产者、销售者排除这种妨碍；当产品存在缺陷而存在威胁被侵权人人身或财产的危险时，被侵权人可以要求生产者、消费者消除产品的危险。所以，本条规定的停止侵害、排除妨碍、消除危险并非物权请求权，物权请求权是指当权利人的物权受到侵害或者有被侵害之虞的，权利人有权要求侵害人承担排除妨碍、消除危险、返还原物等请求权，本条中的停止侵害、排除妨碍、消除危险属于侵权责任的承担方式，而非物权救济方式。

【对照适用】

我国原《侵权责任法》第 45 条对因产品缺陷危及他人人身、财产安全的，被侵权人有权请求生产者、销售者承担停止侵害、排除妨碍、消除危险等侵权责任作出规定。《民法典》第 1205 条是直接移植原《侵权责任法》第 45 条而来。对于本条中的停止侵害、排除妨碍和消除危险是否适用诉讼时效的规定，在理论上有不同的认识。有的人认为，不适用诉讼时效；有的人认为，应该适用诉讼时效。停止侵害、排除妨碍和消除危险三种请求权虽然发生在特定当事人之间，但是这三种请求权的行使都以侵权行为的存在为前提，只要侵害行为、妨碍权利行为、危险行为存在，被侵权人就有权请求停止侵害、排除妨碍和消除危险。当这些侵害、妨碍和危险不存在了，也就不存在这些请求权了。所以，这些请求权的行使不应适用诉讼时效的规定。所以，我国《民法典》第 196 条第 1 项规定，请求停止侵害、排除妨碍、消除危险的请求权，不适用诉讼时效的规定。

第一千二百零六条　产品投入流通后发现存在缺陷的，生产者、销售者应当及时采取停止销售、警示、召回等补救措施；未及时采取补救措施或者补救措施不力造成损害扩大的，对扩大的损害也应当承担侵权责任。

依据前款规定采取召回措施的，生产者、销售者应当负担被侵权人因此支出的必要费用。

【要义精解】

本条是关于生产者、销售者售后警示义务和召回义务及侵权责任的规定。

产品的整个生命周期包括生产、销售、使用（消费），生产者、销售者将产品投入流通领域后，生产者、销售者仍要保证产品质量，防止因产品质量缺陷造成产品使用人或者其他人人身财产权利的损害。所以，产品投入流通后发现存在缺陷的，生产者、销售者应当及时采取警示、召回等补救措施。此条规定增加了企业对产品跟踪服务的义务，即企业对产品投入流通后不能撒手不管，应当跟踪服务，发现产品使用过程中存在缺陷的，应当及时采取停止销售、警示、召回等补救措施。在产品的使用过程中，通过充分的警告或使用说明，提醒使用者注意产品固有的潜在危险或缺陷是产品责任法的一个重要方面。

一、警示义务

通常，警示具有两方面的基本作用：一是告知消费者“知道危险的权利”；二是使消费者在使用该产品时知道如何避免危险的发生，以保证产品的安全性。生产者应当在产品投入流通时对产品可能发生的危险及其预防方式予以说明，还应对产品投入流通后发现的不合理的危险予以警示。所以，警示义务具有连续性，经营者应当及时地掌握最新的科技动态，对新发现的引起损害的产品缺陷予以警示。所以，警示义务不仅仅是经营者知道或应当知道的当产品离开制造人时的产品缺陷，更多的是，产品的经营者的警示义务可以在产品的售后随着对危险的认识而产生。产品的经营者有对售后产品进行危险监测的义务。《产品质量法》规定，使用不当，容易造成产品本身损坏或者可能危及人身、财产安全的产品，产品或者其包装上的标识必须有警示标志或者中文警示说明。对于易碎、易燃、易爆、有毒、有腐蚀性、有放射性等危险物品以及储运中不能倒置和其他有特殊要求的产品，其包装质量必须符合相应要求，依照国家有关规定作出警示标志或者中文警示说明，标明储运注意事项。

二、召回义务

缺陷产品召回制度，是指产品的生产商在得知其生产的产品存在缺陷时，依法向职能部门报告，及时通知消费者，设法从市场上和消费者手中收回缺陷产品，并进行免费修理、更换或者主管部门发现并认定某种产品存在缺陷，经过一定的程序，向生产商发布命令，要求其及时通知消费者，设法从市场上和消费者手中收回缺陷产品，并进行免费修理、更换的制度。

美国是最早确立缺陷产品召回制度的国家，1966 年，美国出台了《国家交通与机动车安全法》，明确规定了汽车召回制度。自该法实施以来，美国国内汽车质量及安全性都有了极大的改善，交通事故也得到了有效的遏制，在此后近 40 年里，美国逐步扩大了召回对象的范围。除美国外，日本、韩国、加拿大等国家也在实行召回制度，我国台湾地区“消费者保护法”也规定了厂商必须履行召回缺陷产品的义务。

在原《侵权责任法》颁布前，我国关于缺陷产品召回制度的法律法规，只有 2002 年上海市颁布的地方性法规《上海市消费者权益保护条例》，以及 2004 年 3 月 12 日出台并于 2004 年 10 月实施的由国家质量监督检验检疫总局、国家发展和改革委员会、商务部和海关总署共同制定的《缺陷汽车产品召回管理规定》。2007 年我国构建产品召回制度步伐加快，这一年国务院颁布施行的《关于加强食品等产品安全监督管理的特别规定》明确企业召回义务，质检总局颁布实施了《儿童玩具召回管理规定》《食品召回管理规定》，国家食品药品监督管理局制定了《药品召回管理办法》。2009 年《食品安全法》首次在法律层面确定了缺陷产品召回制度。2009 年《侵权责任法》第 46 条规定了缺陷产品的召回制度，在这一制度的实施中将会发挥重要的作用。2012 年《缺陷汽车产品召回管理条例》对规范缺陷汽车产品召回，加强监督管理，保障人身、财产安全发挥了重要作用。为规范缺陷消费品召回工作，保障人体健康和人身、财产安全，根据《消费者权益保护法》等法律、行政法规，2019 年国家市场监督管理总局制定了《消费品召回管理暂行规定》。可见，我国已经构建起比较完整的产品召回法律制度。

产品召回制度与瑕疵担保责任二者存在诸多不同，主要体现在以下几个方面。

第一，适用范围不同。产品召回制度适用于产品存在缺陷的情形，而瑕疵担保责任适用于产品存在瑕疵，它包括缺陷但不限于缺陷，还包括产品存在质量不合格但对使用者人身财产不存在致害性等情形，瑕疵的范围比缺陷更广泛。

第二，权利义务主体的范围不同。瑕疵担保责任适用于买卖合同，属于买卖合同双方当事人之间的违约责任问题；而缺陷产品召回制度则适用于产品提供者（通常是产品的制造商），请求权主体是某一缺陷产品的所有购买人或使用人，而非指向某一个具体的购买人，所以召回具有普遍性、集中性和预防性。

第三，责任承担的要件不同。按照民法典合同编第 620 条中的规定，买受人收到标的物时应当在约定的检验期限内检验。没有约定检验期限的，应当及时检验。《民法典》第 621 条规定："当事人约定检验期限的，买受人应当在检验期限内将标的物的数量或者质量不符合约定的情形通知出卖人。买受人怠于通知的，视为标的物的数量或者质量符合约定。当事人没有约定检验期限的，买受人应当在发现或者应当发现标的物的数量或者质量不符合约定的合理期限内通知出卖人。买受人在合理期限内未通知或者自收到标的物之日起二年内未通知出卖人的，视为标的物的数量或者质量符合约定；但是，对标的物有质量保证期的，适用质量保证期，不适用该二年的规定。出卖人知道或者应当知道提供的标的物不符合约定的，买受人不受前两款规定的通知时间的限制。"所以，瑕疵担保责任是以买受人在法定或约定期限内通知出卖人，标的物不符合合同约定要求为前提的。而召回则不存在购买者或使用人的通知义务。缺陷产品的制造者和销售者在发现产品存在缺陷时，负有主动通知产品购买者和使用者的产品召回的义务。

第四，市场监管主体在二者中的作用不同。瑕疵担保责任属于合同双方之间的民事纠纷，市场监管主体不参与其中。产品召回涉及产品的广大使用者、购买者，市场监管主体要对产品召回制定严格的监管制度，产品召回也必须有严格的程序保障。

第五，责任的免除条件不同。瑕疵担保责任可因双方当事人之间的约定而免除。而产品召回义务则是法定义务，当事人不能约定排除。

第六，承担责任的方式不同。瑕疵担保责任在本质上属于违约责任，其责任承担方式是修理、更换、重作、减少价款等。而产品召回制度的责任承担方式则主要是召回，召回之后制造商要对产品采取一系列措施，例如销毁、修理等。召回范围内的产品不能适用减少价款，从而免除制造商的召回义务。

三、未及时采取补救措施或者补救措施不力造成损害的，应当承担侵权责任

在产品投入流通后发现缺陷的，产品制造者、销售者未及时采取警示、召回等补救措施或者采取警示、召回等补救措施不力造成损害扩大的，对扩大的损害应当承担赔偿责任。

缺陷产品在召回过程中，被侵权人因产品召回支出的必要费用，由生产者、销售者承担。

【对照适用】

《民法典》本条的规定，源于原《侵权责任法》第46条的规定，但与第46条相比，主要有三个方面的变更：第一，增加了“停止销售”这一补救措施；第二，将原“未采取补救措施或采取补救措施不力造成损害的，应当承担侵权责任”中的“造成损害”，修改为“造成损害扩大的”，使产品制造者、销售者承担责任的范围进一步扩大，不但包括缺陷产品造成的损害，还包括未采取补救措施或采取补救措施不力造成的扩大的损害；第三，明确了产品制造者和销售者要承担被侵权人因产品召回而支出的必要费用。在适用本条时，必须注意，产品的生产者按照规定召回缺陷产品的，不免除其依法应当承担的其他法律责任。例如，生产者依照规定召回缺陷汽车产品，车主有权依照《产品质量法》《消费者权益保护法》等法律、行政法规和国家有关规定以及合同约定，要求生产者、销售者承担修理、更换、退货、赔偿损失等相应的法律责任。

第一千二百零七条　明知产品存在缺陷仍然生产、销售，或者没有依据前条规定采取有效补救措施，造成他人死亡或者健康严重损害的，被侵权人有权请求相应的惩罚性赔偿。

【要义精解】

本条是关于生产者、销售者适用惩罚性赔偿的规定。

惩罚性赔偿是赔偿数额超过受害人损失额的一种赔偿制度，惩罚性赔偿制度主要适用于侵权人主观上具有故意或者重大过失等情形。惩罚性赔偿不但宣示了法律对侵权人行为的否认，而且意在通过提高赔偿数额，制止同样的侵权行为发生。惩罚性赔偿超过了受害人的损失数额，与民事赔偿以填补受害人损失为目的这一基本要求相违背，所以惩罚性赔偿的适用范围和适用对象多有明确的法律限制。

惩罚性赔偿早在古代法中就已经出现，例如公元前 2000 年左右的《汉谟拉比法典》规定，若牧羊人以欺诈的行为窃取牛或羊，其应赔偿所窃之物的十倍。现代的惩罚性赔偿制度源于 1763 年英国的 Huckle v. Money 一案。该案的法官指出，陪审团有权判决比原告受到之实际损害更高的赔偿金额，损害赔偿的目的不仅仅在于补偿受害人，它也是对不法行为的惩罚，以及对将来有可能发生的同类行为的威慑，同时，它还能够表达出陪审团对该行为本身的厌恶。在该案中，法官指出惩罚性赔偿的重要意义主要有三个：第一，赔偿受害人；第二，惩罚不法行为；第三，威慑作用。惩罚性赔偿制度对于制止违法行为，确实具有重要的威慑功能。经过发展，惩罚性赔偿逐渐演变成为《英国侵权法》的一项重要制度。惩罚性赔偿毕竟超过受害人的损失，对侵权人是不公平的，到了 20 世纪中叶，英国法院开始收紧惩罚性赔偿的适用范围。1964 年英国上议院第一个关于惩罚性损害赔偿的 Rookes v. Barnard 案中，Devlin 勋爵在该案的发言中指出，惩罚性赔偿的适用必须满足：必须是公务人员压迫的、专横的或是违宪的行为；必须是被告不计填补性损害赔偿付出之代价，而意图借由错误行为获取利益；必须是制定法明确规定得请求惩罚性赔偿金。但是，英国法院并未严格地遵守 Devlin 法官的上述限制，多数法官认为损害赔偿之功能除了填补损害之外，对被告之惩罚，也属必要。毕竟，对于很多案件，惩罚性赔偿自有其不可替代的功能。美国法院于 1784 年在一起案件中确认惩罚性赔偿制度。在该案中，原告与被告决定以手枪进行决斗。作为医生的被告在原告所喝的酒中加入了某种物质，导致原告在决斗中无力还击而受重伤，法院判决被告承担惩罚性赔偿责任。此后，美国法院不断地对心怀恶意和使人有失尊严的行为判处惩罚性赔偿。现时美国的《克莱顿法》《诈骗影响和腐败组织法》《综合环境反应补偿责任法》《惩罚性赔偿示范法案》等明确规定，法院可以判处惩罚性赔偿金。[1] 欧盟原则上支持惩罚性

〔1〕 陈雪梅：《域外惩罚性赔偿法律制度》，载《人民法院报》2019 年 12 月 13 日，第 08 版。

赔偿，欧盟相关法律文件指出，因违反欧盟竞争法的受害人有权获得特殊的损害赔偿金，诸如惩戒性或者惩罚性赔偿金。欧洲法院认为，为了保证有效性以及具有威慑效果，赔偿必须在任何情况下都要与所遭受的损害相适应，并因此必须高于纯粹象征性赔偿。

我国《民法典》沿袭原《侵权责任法》第 47 条的规定，规定惩罚性赔偿制度，体现了我国《民法典》与时俱进的时代精神。在我国原《侵权责任法》的产品侵权责任规则中规定惩罚性赔偿金制度，其目的在于，惩罚性赔偿是在补偿性赔偿或名义上的赔偿之外，为惩罚该赔偿交付方的恶劣行为并阻遏其与相似者在将来实施类似行为而给予的赔偿。因此，可以针对因被告的邪恶动机或其莽撞地无视他人的权利而实施具有恶劣性质的行为而作出。例如，在三鹿奶粉等大规模恶意产品侵权案件中，产品生产者就具有这样的邪恶动机和恶劣行为，对他们进行惩罚性赔偿金制裁，就是为了惩罚他们的邪恶动机和恶劣行为，并且阻遏与其相似者将来实施类似行为，保护人民的安全和健康。从我国《民法典》的规定来看，适用惩罚性赔偿要有严格的条件限制。

第一，惩罚性赔偿适用于产品致害责任。惩罚性赔偿制度的主要功能在于通过事前预防缓解现代社会中大规模侵权行为的负面影响，且其与民事赔偿的基本功能相违背，所以不适宜大规模推广。从我国民事立法的历史来看，我国的惩罚性赔偿主要适用于产品责任，并从产品致害领域向环境污染、知识产权侵权扩展。根据《消费者权益保护法》第 55 条第 1 款的规定，经营者提供商品或者服务有欺诈行为的，应当按照消费者的要求增加赔偿其受到的损失，增加赔偿的金额为消费者购买商品的价款或者接受服务的费用的 3 倍；增加赔偿的金额不足 500 元的，为 500 元。根据《食品安全法》第 148 条第 2 款规定，生产不符合食品安全标准的食品或者经营明知是不符合食品安全标准的食品，消费者除要求赔偿损失外，还可以向生产者或者经营者要求支付价款 10 倍或者损失 3 倍的赔偿金；增加赔偿的金额不足 1000 元的，为 1000 元。原《侵权责任法》第 47 条规定的惩罚性赔偿也仅适用于产品致害责任。《民法典》虽然将惩罚性赔偿的适用范围进行了扩大，但是其适用范围是“法律规定惩罚性赔偿的，依照其规定”（第 179 条第 2 款）。除了本条之外，《民法典》在第 1185 条、第 1232 条还对故意侵害他人知识产权，情节严重的以及侵权人故意违反国家规定污染环境、破坏生态造成严重后果的，适用惩罚性赔偿作出了特别规定。

第二，应严格限制在恶意产品侵权行为范围内适用惩罚性赔偿金。把惩罚性赔偿金严格限制在恶意产品侵权行为的范围内适用，不再扩大适用范围，就是为了避免惩罚性赔偿金的副作用的发生。所以，本条要求“明知”。对“明知”的理解：有学者认为“明知”不是主观过错的规范表述，建议将主观归责标准统一规定为“故意或重大过失”。〔1〕有的学者认为，“明知”在民事法律中已形成相对固定的用法，即针对某种风险的认识状态。此类风险或是由他人先前行为所致，如经营者明知生产者所生产的商品存在缺陷，这一风险并非由经营者行为所致；或是行为人行为的整体性后果，如生产者产出存在缺陷的商品。〔2〕从《民法典》本条的规定来看，这里的“明知”是指知道产品存在缺陷。

第三，应严格限制在人身损害的范围内适用惩罚性赔偿金。即使在恶意产品侵权行为中，惩罚性赔偿金也要严格限制在缺陷产品侵害使用人的生命权、健康权，造成死亡、残疾或者其他严重伤害的场合。对于造成财产损害的，即使构成恶意产品侵权行为也不应当适用惩罚性赔偿金制度，只能承担填补损害的赔偿责任。另外，应严格限制惩罚性赔偿金的赔偿数额，本条使用了“被侵权人有权请求相应的惩罚性赔偿”的表述，可以认为赔偿数额应该受到严格限制。

【对照适用】

本条是在借鉴原《侵权责任法》第 47 条的基础上制定的，与第 47 条相比，本条增加了“没有依据前条规定采取有效补救措施”的规定。所以，当生产者、销售者明知产品存在缺陷没有采取《民法典》第 1206 条规定的停止销售、警示、召回等补救措施，造成损害的，也适用本条规定的惩罚性赔偿。

---

〔1〕高圣平：《食品安全惩罚性赔偿制度的立法宗旨与规则设计》，载《法学家》2013 年第 6 期。

〔2〕张红：《侵权责任之惩罚性赔偿》，载《武汉大学学报（哲学社会科学版）》2020 年第 1 期。

第五章　机动车交通事故责任

第一千二百零八条　机动车发生交通事故造成损害的，依照道路交通安全法律和本法的有关规定承担赔偿责任。

【要义精解】

本条是关于机动车交通事故责任的一般规定。

民法典侵权责任编第五章专门对机动车交通事故责任作出规定，但是机动车交通事故的处理还要受到《道路交通安全法》等特别法的规范和调整，所以《道路交通安全法》有规定的，应该适用《道路交通安全法》的规定，如果没有规定的，适用民法典侵权责任编第五章的规定。

《道路交通安全法》第17条规定，国家实行机动车第三者责任强制保险制度。机动车第三者责任强制保险，也称机动车交通事故责任强制保险，是指由保险公司对被保险机动车发生道路交通事故造成本车人员、被保险人以外的受害人的人身伤亡、财产损失，在责任限额内予以赔偿的强制性责任保险，它是责任保险的一种。责任保险是指以被保险人对第三者依法应负的赔偿责任为保险标的的保险。一旦机动车发生交通事故造成人身伤亡、财产损失的，应当先由保险公司在机动车第三者责任强制保险责任限额范围内予以赔偿。

《道路交通安全法》第76条规定，机动车发生交通事故造成人身伤亡、财产损失的，由保险公司在机动车第三者责任强制保险责任限额范围内予以赔偿。因此，机动车与机动车之间发生交通事故的，应当先由双方各自投保的保险公司在交强险责任限额范围内对对方的损失进行赔偿。不足的部分，按照下列规定承担赔偿责任：机动车之间发生交通事故的，由有过错的一方承担赔偿责任；双方都有过错的，按照各自过错的比例分担责任。机动车与非机动车驾驶人、行人之间发生交通事故，非机动车驾驶人、行人没有过错的，由机动车一方承担赔偿责任；有证据证明非机动车驾驶人、行人有过错的，根据过错程度适当减轻机动车一方的赔偿责任；机动车一方没有过错的，承担不超过10%的赔偿责任。交通事故的损失是由非机动车驾驶人、行人故意碰撞机动车造成的，机动车一方不承担赔偿责任。

按照《道路交通安全法》第76条的规定，机动车发生交通事故造成人身伤亡、财产损失的，先由保险公司在机动车第三者责任强制保险责任限额范围内予以赔偿。按照《保险法》第65条的规定，保险人对责任保险的被保险人给第三者造成的损害，可以依照法律的规定或者合同的约定，直接向该第三者赔偿保险金。责任保险的被保险人给第三者造成损害，被保险人对第三者应负的赔偿责任确定的，根据被保险人的请求，保险人应当直接向该第三者赔偿保险金。被保险人怠于请求的，第三者有权就其应获赔偿部分直接向保险人请求赔偿保险金。责任保险的被保险人给第三者造成损害，被保险人未向该第三者赔偿的，保险人不得向被保险人赔偿保险金。

根据《道路交通安全法》第76条的规定，机动车与非机动车驾驶人、行人之间发生交通事故，主要适用过错推定原则，同时，机动车一方还要承担一部分无过错责任。

第一，行人没有过错的，不足部分由机动车一方全部承担赔偿责任。

第二，有证据证明行人有过错的，根据过错程度适当减轻机动车一方的赔偿责任。“有证据证明”需要机动车一方承担举证责任，也即只有机动车一方证明行人有过错，才可能减轻其责任。同时，即使机动车一方有证据证明行人有过错，机动车一方还要证明已经尽到了谨慎驾驶的高度注意义务，采取了必要的处置措施，所驾驶的机动车具备安全运行的条件，才可减轻其赔偿责任。如果机动车一方虽然能够证明行人有过错，但没有采取必要的处置措施的，并不减轻机动车一方的责任。“适当减轻”并没有一个具体比例限制。

第三，机动车一方承担的是无过错责任，其没有过错的，承担不超过10%的赔偿责任。

【对照适用】

《道路交通安全法》第76条规定：“机动车发生交通事故造成人身伤亡、财产损失的，由保险公司在机动车第三者责任强制保险责任限额范围内予以赔偿；不足的部分，按照下列规定承担赔偿责任：（一）机动车之间发生交通事故的，由有过错的一方承担赔偿责任；双方都有过错的，按照各自过错的比例分担责任。（二）机动车与非机动车驾驶人、行人之间发生交通事故，非机动车驾驶人、行人没有过错的，由机动车一方承担赔偿责任；有证据证明非机动车驾驶人、行人有过错的，根据过错程度适当减轻机动车一方的赔偿责任；机动车一方没有过错的，承担不超过百分之十的赔偿责任。交通事故的损失是由非机动车驾驶人、行人故意碰撞机动车造成的，机动车一方不承担赔偿责任。”原《侵权责任法》第48条规定：“机动车发生交通事故造成损害的，依照道路交通安全法的有关规定承担赔偿责任。”《民法典》本条的规定是对第48条规定的移植，本条的规定与原《侵权责任法》第48条的不同之处在于增加了“本法”，说明道路交通事故责任也适用《民法典》的规定。在适用本条时，需要注意以下几点。

第一，交通事故的损失是由非机动车驾驶人、行人故意碰撞机动车造成的，机动车一方不承担赔偿责任。这就是理论上“受害人故意”的，机动车一方不承担赔偿责任。这里的受害人故意包括受害人自杀、自残或者“碰瓷”等。

第二，多辆车导致一起交通事故，各承保强制保险的保险公司之间如何分配责任呢？根据《道路交通安全法》第76条的规定，保险公司承担保险责任并不以被保险人的责任大小为依据，所以各保险公司应当平均承担该笔损失。

第三，保险公司的免责事由。保险公司的免责事由是指免除承担责任的事由，我国《机动车交通事故责任强制保险条例》第22条规定，有下列情形之一，发生道路交通事故的，造成受害人的财产损失，保险公司不承担赔偿责任。已经垫付的费用可以要求致害人返还：驾驶人未取得驾驶资格或者醉酒的；被保险机动车被盗抢期间肇事的；被保险人故意制造道路交通事故的。

第四，《道路交通安全法》第76条规定的“人身伤亡”，是指机动车发生交通事故侵害被侵权人的生命权、健康权等人身权益所造成的损害，包括侵害他人造成人身损害的，应当赔偿医疗费、护理费、交通费、营养费等为治疗和康复支出的合理费用，以及因误工减少的收入。造成残疾的，应当赔偿辅助器具费和残疾赔偿金；造成死亡的，还应当赔偿丧葬费和死亡赔偿金。侵害自然人人身权益造成严重精神损害的，被侵权人有权请求精神损害赔偿。《道路交通安全法》第76条规定的“财产损失”，是指因机动车发生交通事故侵害被侵权人的财产权益所造成的损失。因道路交通事故造成下列财产损失，当事人请求侵权人赔偿的，人民法院应予支持：一是维修被损坏车辆所支出的费用、车辆所载物品的损失、车辆施救费用；二是因车辆灭失或者无法修复，为购买交通事故发生时与被损坏车辆价值相当的车辆重置费用；三是依法从事货物运输、旅客运输等经营性活动的车辆，因无法从事相应经营活动所产生的合理停运损失；四是非经营性车辆因无法继续使用，所产生的通常替代性交通工具的合理费用。

第一千二百零九条　因租赁、借用等情形机动车所有人、管理人与使用人不是同一人时，发生交通事故造成损害，属于该机动车一方责任的，由机动车使用人承担赔偿责任；机动车所有人、管理人对损害的发生有过错的，承担相应的赔偿责任。

【要义精解】

本条是关于租赁、借用机动车发生事故时赔偿责任的规定。

《道路交通安全法》第76条对道路交通事故致害责任的赔偿作出原则性规定。从第76条的规定来看，本条使用了“机动车一方”这一概念，机动车一方通常是指机动车所有人。在实践中，机动车的所有人和发生交通事故时机动车使用人不一致时，是由所有人承担责任还是由使用人承担责任，抑或是连带责任，第76条没有解决这一问题。因此，本条对机动车在租赁、借用情形下，所有人与使用人不一致时的责任承担作出了规定。原《侵权责任法》将机动车租赁与机动车借用期间发生交通事故的责任分担作出统一规定。机动车租赁，是指机动车所有人将机动车在一定时间内交付承租人使用、收益，机动车所有人收取租赁费用的合同。机动车借用，是指机动车所有人将机动车在约定时间内交由借用人无偿使用的合同。

一、在借用、租赁等情形下，保险公司是否承担责任

机动车所有人与使用人是同一人是常态，损害赔偿责任由所有人承担。在现实生活中，因出租、出借等情形使机动车与其所有人分离也很常见。此时，机动车发生交通事故后，保险公司是否承担赔偿责任，对此问题，《道路交通安全法》和《机动车交通事故责任强制保险条例》并未明确，原《侵权责任法》第 49 条规定：由保险公司在机动车强制保险责任限额范围内予以赔偿。主要原因在于从交强险的目的来看，其意义在于使第三人的损害能够得到赔偿，它并不局限于具体的被保险人的行为。换言之，只要是由于该机动车的驾驶行为给第三人造成损害的，无论具体的驾驶人是谁，保险公司都应当赔偿。但是，《民法典》第 1209 条则将该规定予以删除。笔者认为，不论《民法典》是否对此作出明确规定，都可以从《道路交通安全法》第 76 条“机动车发生交通事故造成人身伤亡、财产损失的，由保险公司在机动车第三者责任强制保险责任限额范围内予以赔偿”的规定中得出，“除非有特别规定，机动车发生交通事故的，保险公司在机动车第三者责任强制保险责任限额范围内予以赔偿”。《民法典》的这种规定，对于保护受害人更加有利，主要原因在于：受害人可以要求机动车实际使用人承担全部赔偿责任，实际使用人承担全部赔偿责任后，可以基于购买的机动车强制保险，向保险公司追偿保险金。当然，受害人也可以基于保险法的代位权的规定，向保险公司主张保险金，不足部分再向实际使用人主张赔偿。

二、强制保险责任限额之外的责任主体

根据《道路交通安全法》第 76 条的规定，超出强制保险责任限额之外的交通事故责任赔偿主体为机动车一方，关于机动车一方作为责任主体的认定标准问题，理论上主要从危险责任的理论基础进行论述。危险责任的基本思想，不是对不法行为的制裁，而是基于分配正义的理念对“不幸损害”的合理分配。危险责任的理论基础主要有：第一，危险来源说或危险开启说。因为危险企业、物品或装置的所有人或持有人制造了危险来源，因此应对因危险造成的损害承担赔偿责任。第二，危险控制说。从事危险活动或者占有、使用危险物品的人最能控制这些危险，因此，由这些人承担因危险引起的损害可以有效防止或者减少损害的发生。第三，报偿理论。该理论源于罗马法“获得利益的人负担危险”的法谚，认为从事危险活动或者占有、使用危险物品的人从这一活动中获得了利益，基于享受者承担风险的原则，其应当承担责任，即所谓的“利之所得，损之所归”。第四，损害分散理论。一般因危险责任而产生的损害赔偿，可经由商品服务的价格机能及保险予以分散。[1]

---

〔1〕 程啸：《机动车损害赔偿责任主体研究》，载《法学研究》2006 年第 4 期，第 130 页。

从比较法角度观察，关于借用、出租机动车造成损害的责任承担，有不同的规定。德国立法采取机动车保有者为严格责任主体，机动车所有人通常被认定为机动车保有者，而不论暂时的使用人为何人，即使在出借人、承租人等也不是责任主体，机动车所有人作为严格责任主体。但是，如果机动车保有者在较长时间段内将机动车交付于另外一个承担营运费用的人、在较长时间租赁的情形，仅应当将出租人视为保有者。法国立法则认为机动车保有者和驾驶者都是责任主体，两者要承担连带责任。[1] 荷兰民法则规定机动车保有者承担无过错责任，驾驶者承担过错责任。

本条的规定则采取的是机动车使用人承担赔偿责任，机动车保有者对损害发生承担过错责任。首先，租赁、借用等情形机动车所有人、管理人与使用人不是同一人的情况下，我国《民法典》实际上选择了实际运行控制理论，即由机动车使用人承担赔偿责任。机动车使用人承担赔偿责任的前提条件是"属于该机动车一方责任的"，这里的"属于该机动车一方责任的"，其真实的含义应该是"该机动车一方对事故的发生负有责任，而不论其责任大小"。不能将其理解为"该机动车一方对事故的发生负全部责任"。当然，这里的责任数额应该是道路交通强制保险之外的责任。

三、机动车所有人、管理人的过错责任

机动车所有人、管理人承担过错责任，它是以机动车所有人、管理人对机动车及使用人的注意义务，例如机动车因性能、驾驶员资格等负有审查义务。出借人、出租人将机动车的占有移转给借用人、承租人，则丧失对该机动车引发危险的控制力，不再具备运行支配，除因选任不当或监管不力等过错，不应承担侵权责任。换言之，只有机动车的驾驶人具备对机动车的运行直接实际控制的能力，才属于机动车运行的支配者。

所有人、管理人的注意义务和是否有偿应该有一定的关联，在有偿将机动车交由他人使用时，例如出租场合，所有人、管理人的注意义务要高，在判断其过错时比出借人更为严格。[2] 根据《最高人民法院关于审理道路交通事故损害赔偿案件适用法律若干问题的解释》第 1 条的规定，机动车发生交通事故造成损害，机动车所有人或者管理人有下列情形之一，

---

〔1〕 法国 1985 年 7 月 5 日第 85—667 号关于改进交通事故受害者处境的 Badinter 法在其第 2 条中规定："监管者和驾驶者均不能适用不可抗力和第三人介入的抗辩事由对抗受害人。"

〔2〕 张新宝、解娜娜：《"机动车一方"：道路交通事故赔偿义务人解析》，载《法学家》2008 年第 6 期，第 48 页。

人民法院应当认定其对损害的发生有过错，并适用《民法典》第1209条的规定确定其相应的赔偿责任：知道或者应当知道机动车存在缺陷，且该缺陷是交通事故发生原因之一的；知道或者应当知道驾驶人无驾驶资格或者未取得相应驾驶资格的；知道或者应当知道驾驶人因饮酒、服用国家管制的精神药品或者麻醉药品，或者患有妨碍安全驾驶机动车的疾病等依法不能驾驶机动车的；其他应当认定机动车所有人或者管理人有过错的。

【对照适用】

本条是对原《侵权责任法》第49条的继承与发展。本条与第49条相比，主要进行了以下修改：一是根据现实生活需要，增加了"管理人"的概念，将管理人与所有人置于同一地位；二是因"由保险公司在机动车强制保险责任限额范围内予以赔偿，不足部分，由机动车使用人承担赔偿责任"。这句话并非必需，因为即使没有如此规定，机动车交强险仍要基于《道路交通安全法》第76条的规定，承担赔偿责任。在适用本条时，应该注意以下几点。

第一，这里的"使用人"不能作狭义理解，不仅包括承租人、借用人，还包括其他经所有人、管理人许可驾驶机动车的维修人等。未经允许而使用他人机动车的，适用《民法典》第1212条的规定。

第二，如果保险公司按照《机动车交通事故责任强制保险条例》第22条的规定，保险公司免除了保险责任的，借用人要对受害人的全部损失承担责任，机动车所有人有过错的，对受害人的全部损失承担相应的赔偿责任。例如，当机动车的借用人醉酒后驾车发生交通事故的，保险公司免除赔偿责任，此时，借用人要对损害后果承担责任，出借人有过错的，承担相应的赔偿责任。

第三，本条中的"出租"仅指提供机动车，而不提供驾驶服务。实践中，出租机动车时，还同时提供驾驶服务并收取租赁费用，例如旅游包车等，这属于承揽合同的范畴，而不属于本条规定的"出租"。

第一千二百一十条　当事人之间已经以买卖或者其他方式转让并交付机动车但是未办理登记，发生交通事故造成损害，属于该机动车一方责任的，由受让人承担赔偿责任。

【要义精解】

本条是关于机动车转让过程中发生交通事故造成损害的规定。

机动车转让包括机动车买卖、赠与等，根据民法典物权编相关规定，机动车等特殊动产物权变动的，仍采取交付主义，而登记具有对抗善意第三人的效力。所以，在机动车以买卖等方式转让时，如果将机动车已经交付给受让人，但仍登记在转让人名下时，受让人成为机动车的实际控制人和实际使用人，也是机动车的实际利益享有者。而机动车转让人虽然是名义上的车主，但不再控制和使用机动车。所以，本条规定，机动车买卖等转让过程中，机动车尚未办理过户登记，但是已经交给买受人实际控制和使用时，机动车发生交通事故的，属于该机动车一方责任的，由受让人承担赔偿责任。

当然，受让人承担责任是一个原则性规定。受让人在占有机动车期间，如果将其出租、出借或者未经允许而由他人驾驶时，受让人是作为机动车所有人、管理人的身份依据民法典中关于机动车出租、借用期间发生道路交通事故的规定承担责任。

【对照适用】

本条是对原《侵权责任法》第50条规定的修订。修订内容删除了“由保险公司在机动车强制保险责任限额范围内予以赔偿。不足部分”。这样规定的目的在于，受害人可以直接要求受让人承担全部赔偿责任，受让人承担赔偿责任之后，再向保险公司主张交强险保险金等。当然，受害人也可以主张代位权，要求保险公司承担责任，不足部分，再要求受让人承担。在适用本条时，要注意以下几点。

第一，受让人承担赔偿责任，只是排除了名义车主的责任，受让人不一定是责任的最终承担者，例如机动车在受让人占有期间，未经许可之人擅自驾驶其机动车或者机动车被盗抢等的，应该适用《民法典》其他条款的规定确定责任主体。

第二，对于连环购车未办理过户手续，原车主及新车主不对机动车发生交通事故致人损害承担责任的基础。本条之规定是关于受让人与名义登记人对机动车道路交通事故责任的承担主体，在机动车连环交易过程中，不论机动车转移多少次，机动车登记之名义所有权人与实际所有人都可以适用本条规定。对于机动车交易过程中的其他各手受让人，并不承担责任。所以，《最高人民法院关于审理道路交通事故损害赔偿案件适用法律若干问题的解释》第4条规定，被多次转让但未办理登记的机动车发生交通事故造成损害，属于该机动车一方责任，当事人请求由最后一次转让并交付的受让人承担赔偿责任的，人民法院应予支持。

第一千二百一十一条　以挂靠形式从事道路运输经营活动的机动车，发生交通事故造成损害，属于该机动车一方责任的，由挂靠人和被挂靠人承担连带责任。

【要义精解】

本条是关于挂靠机动车道路交通事故损害赔偿责任的规定。

挂靠经营，是指道路客运车辆的机动车登记证书及行驶证的所有（权）人不具备道路客运经营资质，但以其他具备资质的企业名义从事道路旅客运输经营活动的行为。挂靠经营者的相关经营行为由被挂靠的企业承担相应的法律责任。挂靠有实质挂靠和形式挂靠之分。实质挂靠是挂靠者自行出资购置运输工具，以被挂靠者的名义从事运输服务活动，并向被挂靠者支付一定的管理费用。被挂靠者一般为挂靠者提供代办代缴各种税费，协调进站发车，协助处理与外市县有关营运事宜，代办经营线路审验、车辆审验、驾驶员年审、车辆报停等手续，协助结算票款，协助处理行车安全事故并办理车辆保险，协助处理行车中的治安案件等服务与管理。这种挂靠经营是运输行业典型的挂靠经营方式，在这种挂靠中，道路运输企业对挂靠车辆采取统一调度、统一管理、统一结算的公司化经营管理。形式挂靠是指挂靠者以被挂靠者的名义从事运输服务活动，挂靠者向被挂靠者支付一定的管理费用。被挂靠者不为挂靠者提供任何服务和管理。这种挂靠经营，在道路货物运输行业比较普遍。

机动车挂靠过程中，发生交通事故致人损害的，由挂靠者承担责任还是被挂靠者承担责任，在我国审判实践中，长期存在争议，主要以下有三种代表性的观点。

第一种观点认为，挂靠者承担责任，被挂靠者承担适当责任。例如，《最高人民法院关于实际车主肇事后其挂靠单位应否承担责任的复函》指出："湖北省高级人民法院：你院关于'关于实际车主肇事后其挂靠单位应否承担责任的请示’收悉。我们研究认为，本案的被挂靠单位湖北洋丰股份有限公司从挂靠车辆的运营中取得了利益，因此应承担适当的民事责任。”山东省高级人民法院印发的《全省民事审判工作座谈会纪要》中规定：“对于机动车挂靠经营情形下发生道路交通事故的，原则上应由挂靠人或者实际车主承担损害赔偿责任，但被挂靠人从挂靠车辆的经营中取得利益的，应承担适当的赔偿责任。”

第二种观点认为，挂靠人和被挂靠人承担连带责任。《广东省高级人民法院、广东省公安厅关于〈道路交通安全法〉施行后处理道路交通事故案件若干问题的意见》认为：“人民法院经审理依法确定各自应承担的责任后，对于未超过责任限额范围的部分，根据受害方的请求，可判决由保险公司承担赔偿责任，也可判决由机动车所有人、车辆实际支配人及驾驶员承担连带赔偿责任，还可判决保险公司和机动车所有人、车辆实际支配人及驾驶员承担连带赔偿责任。对于超过责任限额范围的部分，判决由机动车所有人、车辆实际支配人、驾驶员承担连带赔偿责任。”“本指导意见所称‘车辆实际支配人’是指在车辆异动中未办理过户手续的买受人（发生多手交易均未过户的，为最后一次买卖关系的买受人）、受赠人、车辆承租人、借用人、挂靠人和承包经营人。”《江苏省高级人民法院 2001 年全省民事审判工作座谈会纪要》认为：“挂靠经营的机动车发生交通事故造成他人损害的，应由挂靠人和被挂靠人连带承担赔偿责任。”《安徽省高级人民法院审理人身损害赔偿案件若干问题的指导意见》第 9 条规定：“挂户车辆发生交通事故造成他人伤害的，由挂户单位（个人）与车辆实际所有人承担连带责任。”《吉林省高级人民法院关于审理道路交通事故损害赔偿案件若干问题的会议纪要》第 29 条规定：“发生道路交通事故的机动车属于个人所有而挂靠在国有、集体单位或其他单位名下的，应当将挂靠人和被挂靠人列为共同被告，由挂靠人和被挂靠人承担连带赔偿责任。”

第三种观点认为，被挂靠人在收取的管理费和得到的经济利益总额内承担连带责任。《天津市高级人民法院关于审理交通事故赔偿案件有关问题的经验总结》中认为，被挂靠车辆在运行中造成他人损害的，按照下列规定处理：若被挂靠单位收取了管理费或得到了经济利益，由挂靠人承担赔偿责任，被挂靠单位在收取的管理费和得到的经济利益总额内承担连带责任。若被挂靠单位未收取管理费或未取得其他经济利益，仅仅是基于地方政府管理的要求挂靠或强制挂靠，被挂靠单位不承担赔偿责任。

《民法典》第1211条沿袭了以挂靠形式从事道路运输经营活动的机动车，发生交通事故造成损害，属于该机动车一方责任的，由挂靠人和被挂靠人承担连带责任。

之所以要挂靠人和被挂靠人对道路交通事故责任承担连带责任，主要原因在于被挂靠人要对挂靠人收取管理费，属于有偿行为，且其收取管理费的数额外人无法举证，被挂靠人要对挂靠车辆承担安全管理职责，其责任份额通常难以划清；而挂靠人则是运营车辆的实际受益者和支配者，当然要承担责任。为了保护受害人利益，挂靠人和被挂靠人承担连带责任是比较科学的。此外，让被挂靠人承担连带责任，也能督促被挂靠人积极履行管理职责。

【对照适用】

第一，关于挂靠者与被挂靠者约定，道路交通事故责任，由挂靠者独自承担之约定的效力。实践中，在双方签订的合同中，除约定挂靠者需交纳各种费用和受到的约束外，被挂靠的公司还要求挂靠者签订“承诺书”，承诺车辆在行驶期间所发生的一切交通事故，均由挂靠者承担100%的责任，与挂靠公司无任何关系。这种约定是否有效呢？《江苏省高级人民法院2001年全省民事审判工作座谈会纪要》认为：“挂靠人与被挂靠人之间约定被挂靠人对交通事故的后果免责的，仅在双方之间具有约束力，不能对抗第三人。”《安徽省高级人民法院审理人身损害赔偿案件若干问题的指导意见》第10条规定，挂户单位（个人）收取管理费用，又与车辆实际所有人有“发生交通事故后不承担任何责任”等类似约定，要求车辆实际所有人承担全部责任的，不予支持。这两种观点都有一定的合理性。《民法典》对此没有明确规定。笔者认为，我国道路交通运输需要一定的资质，个人虽然拥有机动车，但是很难取得道路交通运输资质。所以，个人为了使用道路交通运输企业的资质而挂靠运输公司的现象非常普遍。我国之所以要求道路运输经营者要具备一定的条件，需要取得资质，主要原因在于道路交通运输属于高度危险活动，需要以公司这一组织形式加强对驾驶人员和机动车的管理，确保道路运输安全。从《安全生产法》等相关法律规定来看，被挂靠公司需要承担安全生产管理职责，而不能只收管理费，而不履行管理职责。如果挂靠者与被挂靠公司约定，被挂靠公司不承担安全生产管理职责的，该约定是无效的。但是，民事赔偿责任之约定是否无效，则要综合考量。挂靠者之所以必须接受与被挂靠公司关于独立承担民事赔偿责任的约定，是因为挂靠者需要运输资质，处于弱势地位，而被挂靠者通常是运输公司，则处于优势地位。所以，除非出现乘人之危而显失公平的情形，否则其约定是真实意思的表现，应认定无效。但该约定仅在挂靠人与被挂靠者之间有效，不能以此对抗道路交通事故的受害者。

第二，被挂靠人的追偿权问题。承担了赔偿责任的被挂靠人是否有权向挂靠人追偿呢?《安徽省高级人民法院审理人身损害赔偿案件若干问题的指导意见》中认为：挂户单位（个人）承担责任后，有权向车辆实际所有人追偿。车辆实际所有人能举证证明已向挂户单位（个人）交纳了管理费用，但挂户单位（个人）没有履行挂户合同约定的监督管理义务的，挂户单位（个人）应自行承担一定责任。挂户单位（个人）收取管理费用，又与车辆实际所有人有“发生交通事故后不承担任何责任”等类似约定，要求车辆实际所有人承担全部责任的，不予支持。笔者认为，如果挂靠人和被挂靠人之间有关于责任承担的约定，且约定有效的情况下，挂靠人和被挂靠人内部按照约定分担责任，被挂靠人对受害人承担全部赔偿责任后，可以基于约定向挂靠人追偿；如果没有约定的，应该根据事故发生的原因、挂靠是否有偿、被挂靠人是否尽到安全管理责任等因素确定追偿的数额。

第一千二百一十二条　未经允许驾驶他人机动车，发生交通事故造成损害，属于该机动车一方责任的，由机动车使用人承担赔偿责任；机动车所有人、管理人对损害的发生有过错的，承担相应的赔偿责任，但是本章另有规定的除外。

【要义精解】

本条是关于未经允许驾驶他人机动车，发生交通事故造成损害赔偿的规定。

实践中，存在未经机动车所有人、管理人允许，驾驶他人机动车从而导致交通事故发生，造成损害的情形，例如机动车质权人擅自使用机动车、机动车维修人员未经同意擅自驾驶他人机动车等。未经允许驾驶他人机动车，发生交通事故造成损害的，如果属于机动车一方责任的，由机动车使用人承担赔偿责任。这里的使用人是广义上的，只要未经允许而驾驶他人车辆，除非有《民法典》规定的盗窃等特殊情形，不论驾驶人员是否具有驾驶证，是否吸毒饮酒驾驶，也不问是否具有完全民事行为能力。因其驾驶机动车未经所有人、管理人同意，所以他们一般不承担责任。如果机动车所有人、管理人对损害的发生有过错的，例如机动车所有人、管理人疏于对机动车管理，机动车存在隐患而导致交通事故发生的，机动车所有人、管理人要对损害的发生承担相应的赔偿责任。相应的赔偿责任是指与其过错程度相适应的赔偿责任。机动车被盗窃、抢劫或抢夺也属于未经所有人、管理人允许而驾驶机动车的情形，但《民法典》对机动车被盗窃、抢劫、抢夺期间发生道路交通事故致害责任的承担作出了专门规定的，不适用本条的规定。

【对照适用】

《民法典》本条的规定，是对2012年11月27日制定的《最高人民法院关于审理道路交通事故损害赔偿案件适用法律若干问题的解释》第2条规定的移植和发展。第2条规定："未经允许驾驶他人机动车发生交通事故造成损害，当事人依照侵权责任法第四十九条的规定请求由机动车驾驶人承担赔偿责任的，人民法院应予支持。机动车所有人或者管理人有过错的，承担相应的赔偿责任，但具有侵权责任法第五十二条规定情形的除外。"在适用《民法典》第1212条时，应该注意以下两点。

一是受害人要求未经允许之机动车使用人承担全部赔偿责任，机动车使用人要承担全部赔偿责任。

二是在擅自驾驶他人机动车的情形下，使用人并非交强险的缴纳主体，所以没有在交强险责任限额范围内对保险公司的保险金请求权。但是，受害人如果选择保险公司主张交强险的，笔者认为，从交强险的立法目的来看，应该允许受害人有权选择保险公司主张保险金请求权。在确定使用人赔偿数额时，保险金能否抵扣，确实是一个非常重要的问题。从保险费的缴纳、使用人未经允许擅自使用等来看，保险金不能抵扣。但是机动车所有人、管理人有过错承担责任的，对保险公司有交强险责任保险金请求权。

第一千二百一十三条　机动车发生交通事故造成损害，属于该机动车一方责任的，先由承保机动车强制保险的保险人在强制保险责任限额范围内予以赔偿；不足部分，由承保机动车商业保险的保险人按照保险合同的约定予以赔偿；仍然不足或者没有投保机动车商业保险的，由侵权人赔偿。

【要义精解】

本条是关于交强险、商业保险和侵权人赔偿顺位的规定。

商业第三者责任保险，是指被保险人或其允许的驾驶人员在使用保险车辆过程中发生意外事故，致使第三者遭受人身伤亡或财产直接损毁，依法应当由被保险人承担的经济责任，保险公司在保险合同规定范围内负责赔偿。机动车投保了交强险之后，还投保商业第三者责任保险的，受害人应该先行使哪个保险金请求权呢？之前的法律对此没有明确规定，《最高人民法院关于财保六安市分公司与李福国等道路交通事故人身损害赔偿纠纷请示的复函》中认为，《机动车交通事故责任强制保险条例》第3条规定的“人身伤亡”所造成的损害包括财产损害和精神损害。精神损害赔偿与物资损害赔偿在强制责任保险限额中的赔偿次序，请求权人有权进行选择。请求权人选择优先赔偿精神损害，对物资损害赔偿不足部分由商业第三者责任险赔偿。根据该复函的精神，受害人选择交强险与商业第三者责任险之顺序，应该由其自主决定。但是本条没有采纳复函的观点，而是规定交强险优先商业保险，而商业保险优先于侵权人的赔偿。

本条规定适用的对象是受害人既要求承保交强险的保险人、商业保险的保险人以及侵权人要求赔偿的情形下，当受害人选择这三个主体作为被告时，人民法院在裁判时应该按照本条规定的顺位判决，并在判决书中说明执行财产的先后顺序。如果受害人仅要求侵权人承担责任的，侵权人承担责任之后，可以基于交强险和商业保险分别向不同的保险人行使追偿权。而这里的“侵权人”通常是机动车所有人、管理人等直接缴纳保险费的人。

【对照适用】

本条之规定借鉴了《最高人民法院关于审理道路交通事故损害赔偿案件适用法律若干问题的解释》（以下简称《解释》）的规定。《解释》第13条规定："同时投保机动车第三者责任强制保险（以下简称"交强险"）和第三者责任商业保险（以下简称"商业三者险"）的机动车发生交通事故造成损害，当事人同时起诉侵权人和保险公司的，人民法院应当按照民法典第一千二百一十三条的规定，确定赔偿责任。被侵权人或者其近亲属请求承保交强险的保险公司优先赔偿精神损害的，人民法院应予支持。"在适用本条时，应该注意以下三点。

一是《民法典》之规定与《解释》第13条的规定稍有不同，即《民法典》中并没有明确《解释》第13条的适用前提是"当事人同时起诉侵权人和保险公司"，但是应该作相同解释。

二是"侵权人"可以是机动车所有人、管理人，也可以是借用人、承租人，甚至是未经允许之机动车使用人、盗抢人。但是，对交强险而言，交强险承包保险公司对盗抢人有追偿权。对于商业保险而言，商业保险承包的是机动车所有人、管理人对受害人的赔偿责任，属于责任保险的范畴，所有人、管理人投保商业保险的目的并非再减轻未经允许之机动车使用人、盗抢人等侵权人的责任，所以机动车被盗抢等场合下，商业保险之承包保险公司不承担保险责任。而在交强险与侵权人之间责任先后，本条仍有适用价值。

三是根据《解释》，未依法投保交强险的机动车发生交通事故造成损害，当事人请求投保义务人在交强险责任限额范围内予以赔偿的，人民法院应予支持。投保义务人和侵权人不是同一人，当事人请求投保义务人和侵权人在交强险责任限额范围内承担连带责任的，人民法院应予支持。

第一千二百一十四条　以买卖或者其他方式转让拼装或者已经达到报废标准的机动车，发生交通事故造成损害的，由转让人和受让人承担连带责任。

【要义精解】

本条是关于转让的拼装车、报废车发生交通事故造成损害的责任承担的规定。

由于我国对报废机动车的管理还有很多不足之处，致使拼装、报废机动车回流社会现象严重，拼装车、报废车本身安全隐患多，已经不符合上路行驶条件，危害极大。我国非常重视对报废汽车的管理。《道路交通安全法》规定“国家实行机动车强制报废制度”。在2001年时，国务院公布了《报废汽车回收管理办法》，其中对加强报废车回收管理作出明确规定。后在2019年公布了《报废机动车回收管理办法》。但是，现实生活中，出于经济利益的考虑，非法拼装报废汽车或者销售报废汽车的现象仍屡禁不绝。数据显示，在众多的道路交通事故中，仍有大量事故是因拼装车、报废车引起的。拼装车、报废车的受让人在发生事故后，有些人弃车逃逸，因为很多受让人没有赔付能力。所以，拼装车、报废车发生交通事故后，如何保护受害人的利益，是必须解决的问题。原《侵权责任法》第51条对拼装车、报废车引致道路交通事故致害责任的赔偿作出规定。《民法典》本条的规定是对原《侵权责任法》规定的移植。

拼装车，是指使用报废汽车发动机、方向机、变速器、前后桥、车架以及其他零配件组装的机动车。另外，根据国务院相关规定，未经国家有关部门批准，利用进口汽车车身拼装生产的汽车，属于非法拼装的机动车；未经国家有关部门批准，利用进口摩托车发动机、车架拼装生产的摩托车，是非法拼装的机动车。

已达报废标准的机动车，是指达到国家报废标准，或者虽未达到国家报废标准，但发动机或者底盘严重损坏，经检验不符合国家机动车运行安全技术条件或者国家机动车污染排放标准的机动车，包括报废汽车、摩托车和农用运输车。根据我国《机动车强制报废标准规定》，机动车报废主要考虑行驶公里数、使用年限、用途等，也要考虑虽然在使用年限、公里数范围之内，因各种原因车辆损毁严重，无法修复的，或者经修理和调整后机动车仍达不到运行安全技术条件或者机动车排放超标等的也属于达到报废标准的机动车。达到报废标准的机动车，应该强制报废，如果所有人没有报废，而是将其销售的，就属于转让已达报废标准的机动车。

出卖是转让拼装机动车或已达到报废标准的机动车的主要转让方式，除此之外，还存在赠与拼装车、报废车或者以其抵债等转让方式。转让人和受让人对受害人承担连带责任。

【对照适用】

我国原《侵权责任法》第 51 条规定："以买卖等方式转让拼装或者已达到报废标准的机动车，发生交通事故造成损害的，由转让人和受让人承担连带责任。"本条除了对第 51 条的规定作了文字上的修改外，并没有实质修改。在适用本条时，应该注意以下三点。

一是转让人和受让人是否要对拼装车、报废车具有主观过错。从本条的规定看，并不要求转让人和受让人明知或者应知转让的机动车是拼装车、报废车，只要转让人和受让人转让的拼装车、报废车，就应推定转让人和受让人主观上具有过错。

二是本条中"受害人"的范围。受害人是转让人和受让人之外的"第三人"，包括车上人员。车上人员不包括受让人、转让人。如果拼装车、报废车的驾驶人员是受让人、转让人之外的第三人，且对其驾驶的机动车是拼装车、报废车是明知或者应知的，则其对自身可能遭受的损害有重大过失，可以减轻或者免除受让人、转让人的赔偿责任。如果第三人作为驾驶人，对驾驶的机动车是拼装车、报废车不知情也不应该知道的，应该被视为"受害人"。

三是拼装车、已达到报废标准的机动车被多次转让，并发生交通事故造成损害，权利人有权请求由所有的转让人和受让人承担连带责任。

第一千二百一十五条　**盗窃、抢劫或者抢夺的机动车发生交通事故造成损害的，由盗窃人、抢劫人或者抢夺人承担赔偿责任。盗窃人、抢劫人或者抢夺人与机动车使用人不是同一人，发生交通事故造成损害，属于该机动车一方责任的，由盗窃人、抢劫人或者抢夺人与机动车使用人承担连带责任。**

保险人在机动车强制保险责任限额范围内垫付抢救费用的，有权向交通事故责任人追偿。

【要义精解】

本条是关于盗窃、抢劫或者抢夺的机动车发生交通事故造成损害的责任承担的规定。

盗窃、抢劫或者抢夺的机动车发生交通事故，造成损害的，机动车所有人是否要承担责任，保险公司是否要继续承担支付保险金的责任，是一个重要的实践问题。原《侵权责任法》第 52 条对此作出规定。本条是在第 52 条的基础上，对盗抢机动车发生道路交通事故致害责任赔偿问题作了进一步明确。

一、盗抢机动车发生道路交通事故的责任主体问题

机动车被盗抢的，机动车所有人、管理人是受害者，机动车的盗抢人也非基于机动车所有人、管理人的同意占有并使用机动车。所以，盗抢之机动车发生交通事故的，机动车所有人、管理人不承担事故责任。而盗抢人作为机动车的实际控制人和使用机动车的受益人，应该承担由此导致的事故责任。所以，本条规定，盗抢人要对盗抢之机动车发生道路交通事故造成的损害承担责任。

机动车之盗抢人将机动车出借、出租或者允许他人使用的，无论使用人对其驾驶是否属于盗抢机动车知情与否，使用人作为机动车的实际控制人，要与盗抢人对受害人之损失承担连带责任。

二、交强险之保险公司支付保险金的责任问题

从《道路交通安全法》第 76 条的规定来看，发生道路交通事故的，保险公司在机动车第三者责任强制保险责任限额范围内予以赔偿，其免责事由为“交通事故的损失是由非机动车驾驶人、行人故意碰撞机动车造成的，机动车一方不承担赔偿责任”。所以，机动车被盗抢的，并不免除交强险承保之保险公司对受害人在交强险范围内的赔偿责任。而《机动车交通事故责任强制保险条例》第 22 条第 2 款规定，被保险机动车被盗抢期间肇事的，造成受害人的财产损失，保险公司不承担赔偿责任。笔者认为，从保护受害人和交强险的立法目的来看，这两条的规定并不冲突，主要理由如下。

其一，《机动车交通事故责任强制保险条例》第 22 条第 2 款的规定在于强调机动车被盗抢的，保险公司并非最终责任承担者，而是享有对致害人的追偿权，而非免除其向受害人支付交强险保险金的责任。这可以从该条第1款规定得到印证，本条第1款规定，有下列情形之一的，保险公司在机动车交通事故责任强制保险责任限额范围内垫付抢救费用，并有权向致害人追偿：驾驶人未取得驾驶资格或者醉酒的；被保险机动车被盗抢期间肇事的；被保险人故意制造道路交通事故的。从第1款规定来看，被保险机动车被盗抢期间肇事的，保险公司在交强险的范围内，应先行垫付，垫付之后，再向致害人追偿。

其二，《最高人民法院关于审理道路交通事故损害赔偿案件适用法律若干问题的解释》第18条的解释规定，在驾驶人未取得驾驶资格或者未取得相应驾驶资格，驾驶人醉酒、服用国家管制的精神药品或者麻醉药品后驾驶机动车发生交通事故，驾驶人故意制造交通事故等情形时，导致第三人人身损害，当事人有权请求保险公司在交强险责任限额范围内予以赔偿。

其三，我国交强险以救助受害人为第一目的，交强险的立法目的不在于减轻致害人的责任，而是为了保障受害人得到及时有效的救助，之所以交强险对于酒驾等四类高危行为依然承担赔偿责任，主要在于保险公司具有专业优势和雄厚财力，系汇聚投保人的保费对小概率事故进行赔偿，分散社会风险。如果把《机动车交通事故责任强制保险条例》第22条理解为保险公司只要承担垫付责任，无须承担人身伤亡赔偿责任，这就意味着，在机动车方存在严重过错、受害人无过错时，受害人反而得不到赔偿。这显然背离了交强险制度保护受害人利益、维护社会稳定的目的。[1]

其四，责任主体缺失或赔偿能力不足，机动车被盗抢期间肇事，被保险人故意制造道路交通事故的，涉及刑事犯罪，犯罪嫌疑人可能不会马上归案，即使归案后刑事审判也需要一段时间，而且责任人往往没有民事赔偿能力。这一现象凸显了极端的不合理，一方面是受害人的无辜，另一方面是因其无法得到及时救济而危及生命，如任由这一现象蔓延，则会增加社会的不安定因素。[2]

机动车被盗抢后发生交通事故造成损害的，保险公司在机动车强制保险责任限额范围内垫付抢救费用的，有权向交通事故责任人追偿。保险公

〔1〕黄文琼、陈晓峰：《无证驾驶情形下保险公司应承担交强险赔偿责任》，载《人民司法（案例）》2008年第18期。

〔2〕黄文琼、陈晓峰：《无证驾驶情形下保险公司应承担交强险赔偿责任》，载《人民司法（案例）》2008年第18期。

司追偿权行使的条件包括：一是机动车在盗抢后发生了交通事故；二是保险公司在强制保险责任限额范围内为受害人垫付抢救费用；三是保险公司向交通事故责任人追偿。此处的“交通事故责任人”可能是盗抢机动车的人，也可能是其他人。例如，盗抢机动车发生交通事故，受害人有责任的，保险公司对其垫付的费用可以向受害人追偿。当然，如果受害人没有责任的，保险公司垫付抢救费用的不能向受害人追偿。四是追偿的范围限于垫付的抢救费用，而不包括其他。

【对照适用】

我国原《侵权责任法》第 52 条规定：“盗窃、抢劫或者抢夺的机动车发生交通事故造成损害的，由盗窃人、抢劫人或者抢夺人承担赔偿责任。保险公司在机动车强制保险责任限额范围内垫付抢救费用的，有权向交通事故责任人追偿。”《民法典》本条的规定，与原《侵权责任法》第 52 条在保持一致的同时，增加了“盗窃人、抢劫人或者抢夺人与机动车使用人不是同一人，发生交通事故造成损害，属于该机动车一方责任的，由盗窃人、抢劫人或者抢夺人与机动车使用人承担连带责任”。

本条在适用时，受害人享有选择权利：其一，受害人可以选择盗抢人承担责任；其二，受害人可以选择盗抢人和保险公司作为共同被告。保险公司承担责任之后可以向盗抢人追偿。

第一千二百一十六条　机动车驾驶人发生交通事故后逃逸，该机动车参加强制保险的，由保险人在机动车强制保险责任限额范围内予以赔偿；机动车不明、该机动车未参加强制保险或者抢救费用超过机动车强制保险责任限额，需要支付被侵权人人身伤亡的抢救、丧葬等费用的，由道路交通事故社会救助基金垫付。道路交通事故社会救助基金垫付后，其管理机构有权向交通事故责任人追偿。

【要义精解】

本条是关于机动车肇事逃逸后责任承担的规定。

机动车肇事逃逸，是指发生道路交通事故后，道路交通事故当事人为逃避法律追究，驾驶车辆或者遗弃车辆逃离道路交通事故现场的行为。机动车交通肇事逃逸，如果能够确定该机动车参加强制保险的，保险人应当在机动车强制保险责任限额范围内予以赔偿。这种规定的理论依据在于：交强险属于机动车一方强制缴纳的保险，交强险的目的在于使受害人能够得到及时赔偿，在驾驶人逃逸的情形下，从实际需求看受害人更需要保险人的赔付，所以保险人承担赔付义务并不以确定投保人的确定为前提，而只要确定了肇事机动车已经投保了交强险，保险人在交强险的范围内就应该承担支付保险金的义务。

机动车不明、该机动车未参加强制保险或者抢救费用超过机动车交通事故责任强制保险责任限额，需要支付被侵权人人身伤亡的抢救、丧葬等费用的，由道路交通事故社会救助基金垫付。道路交通事故社会救助基金垫付需要有以下两个要件。

其一，机动车不明、机动车未参加强制保险或者抢救费用超过机动车交通事故责任强制保险责任限额。如果机动车确定或者机动车已经参加强制保险，由保险公司直接赔付即可，受害人的权利往往能够得到救济，无须社会救助基金的援助。当然，有时机动车一方虽然参加强制保险，但强制保险之后的不足部分，机动车一方无力承担赔偿责任的，社会救助基金也应当提供相应的援助。

其二，需要支付被侵权人人身伤亡的抢救费、丧葬费等费用。发生交通事故后，有时会出现受害人人身伤亡的抢救费用、丧葬费用等无法解决、无法落实的情况，这时救助基金先行垫付。

道路交通事故社会救助基金垫付被侵权人人身伤亡的抢救、丧葬等费用后，道路交通事故社会救助基金管理机构有权向逃逸的机动车驾驶人、应当购买而未购买强制责任保险的机动车所有人或者管理人等交通事故责任人追偿。

救助基金的来源包括：按照机动车交通事故责任强制保险的保险费的一定比例提取的资金；对未按照规定投保机动车交通事故责任强制保险的机动车的所有人、管理人的罚款；救助基金管理机构依法向道路交通事故责任人追偿的资金；救助基金孳息；其他资金。

【对照适用】

原《侵权责任法》第 53 条规定，机动车驾驶人发生交通事故后逃逸的，发生交通事故的机动车参加了机动车强制保险，并且发生交通事故后能够确定机动车的，由保险公司在机动车强制保险责任限额范围内予以赔偿。《民法典》沿袭了原《侵权责任法》第53条的规定。但是，机动车虽然有强制责任保险，但抢救费用等超过强制责任保险范围的，根据我国《道路交通安全法》第75条规定，医疗机构对交通事故中的受伤人员应当及时抢救，不得因抢救费用未及时支付而拖延救治。肇事车辆参加机动车第三者责任强制保险的，由保险公司在责任限额范围内支付抢救费用；抢救费用超过责任限额的，由道路交通事故社会救助基金先行垫付部分或者全部抢救费用，道路交通事故社会救助基金管理机构有权向交通事故责任人追偿。《道路交通安全法》第75条的规定，对保护人的生命，使受害人能够得到救治提供了资金保障，体现了以人为本的理念。所以，《民法典》本条借鉴了《道路交通安全法》第75条的规定，增加了救助基金赔偿的范围。

第一千二百一十七条　非营运机动车发生交通事故造成无偿搭乘人损害，属于该机动车一方责任的，应当减轻其赔偿责任，但是机动车使用人有故意或者重大过失的除外。

【要义精解】

本条是关于非营运机动车发生交通事故造成无偿搭乘人损害责任的规定。

运营机动车与乘客之间通常形成客运合同关系，在这种情形下，当机动车发生交通事故时，乘客可依合同法要求机动车一方承担违反客运合同的违约责任。又因存在违约责任与侵权责任的竞合，乘客也可以针对机动车一方提起侵权损害赔偿之诉。但在日常生活中，非营运机动车好意搭载他人，也就是通常称的好意同乘或者无偿乘车。无偿乘车是指乘车人一方要到达某一目的地而要求乘坐他人车辆，经对方允许并且无偿搭载或未经允许就无偿搭乘的行为，其表现形式为：同乘者和驾驶人双方同意，同乘人未支付对价，属于无偿行为。

在搭载过程中，发生道路交通事故的，由何人承担责任，在《民法典》颁布之前，有不同的认识。有的人认为，机动车一方属于好意施惠行为，不承担责任；有的人认为，机动车一方虽然属于好意施惠行为，但在此过程中造成损害的，仍要承担适当的民事责任；还有的人认为，这种情况下，各方对损害的发生都没有过错的，应该根据公平分担损失规则，由机动车一方与受害人分担损失。在确定无偿搭乘发生事故责任的承担时，既要考虑驾驶人的安全注意义务，又要考虑无偿搭乘属于好意施惠行为。一方面，驾驶人一旦同意他人无偿搭乘，作为驾驶人要对乘坐人员的人身安全尽到一般人应尽的安全保障义务，保证搭乘人的生命健康、财产安全；另一方面，无偿搭乘毕竟是出于好意，而且无偿搭载受害人未获得相应的利益，是一种善意行为。如果由其承担全部责任，势必打击其助人为乐的善举。所以，本条规定，无偿搭乘过程中，发生事故造成搭乘人损害，属于机动车一方责任的，应当由机动车一方承担责任，但应当减轻其赔偿责任。机动车一方没有责任的，机动车一方不承担责任。机动车使用人有故意或重大过失的，不减轻机动车一方的赔偿责任。

【对照适用】

本条是新规定。在适用本条时，应注意：如果无偿搭乘机动车时，有同行人员的，同行人员增加或提高事故风险，且该风险是导致损害后果的原因之一，同行人员也应承担相应的赔偿责任。乘车人在无偿搭乘过程中有扰乱驾驶人正常驾驶的行为，如在驾驶人驾驶过程中乱动方向盘等，导致驾驶人不能专心驾驶，发生交通事故的，应该免除机动车一方的责任。

第六章　医疗损害责任

第一千二百一十八条　患者在诊疗活动中受到损害，医疗机构或者其医务人员有过错的，由医疗机构承担赔偿责任。

【要义精解】

本条是关于医疗侵权责任构成及责任主体的规定。

所谓医疗侵权民事责任的构成，是指具备哪些条件才能构成行为人因侵权行为所承担的医疗损害责任。根据本条的规定，医疗损害责任的归责原则是过错责任原则，其构成要件如下。

一、行为主体是医疗机构及其医务人员

所谓医疗机构，是指按照《医疗机构管理条例》的规定取得《医疗机构执业许可证》的机构及个人诊所。所谓医务人员，是指按照有关医药卫生技术人员管理法律、法规的规定，依法取得执业资格的医药卫生专业技术人员，且他们必须在医疗机构执业。所以，专业医务人员需要取得执业医师资格或者执业助理医师资格，并注册在医疗、预防、保健机构中执业的人员。如果不是取得《医疗机构执业许可证》的机构和没有取得医药卫生专业技术人员执业资格的自然人所从事的医疗行为，造成患者人身损害的，则不构成医疗损害责任法律关系的主体，而属于非法行医，构成其他侵权责任法律关系的主体。

二、行为人主观上具有过错

医疗侵权责任的归责原则是过错责任原则，所以过错是医疗侵权责任的主观要件。需要强调的是，医疗机构不仅对其医务人员基于过失的医疗损害承担赔偿责任，而且要对其医务人员基于故意的医疗损害承担赔偿责任。在实践中，区别直接加害人（医务人员）的过失与故意对于确定医疗机构是否应当承担赔偿责任没有意义，但对于某些情况下确定赔偿的数额有一定参考意义。

医疗损害责任中如何认定医疗机构及其医务人员的过失问题，可以借鉴西方发达国家的先进经验，结合我国实际，应依据两个不同层次的判断标准：第一层次以是否违反医疗卫生管理法律、行政法规、部门规章和诊疗护理规范、常规为标准，依据现代侵权法中的“违法推定过失”规则，医疗机构及其医务人员有上述行为，则推定其行为具有过失。第二层次以合理的技能与注意为主要标准，而以地理范围的差异为辅助标准。所谓“以合理的技能与注意为主要标准”就是指如果没有发现医疗机构及其医务人员在医疗活动中违反医疗卫生管理法律、行政法规、部门规章和诊疗护理规范、常规的行为存在，则要依据事实判定医疗机构及其医务人员在对患者进行医疗活动时，是否已经尽到符合其相应专业要求的注意、学识及技能标准。所谓“以地理范围的差异为辅助标准”是鉴于我国现阶段各地发展不平衡的情况，在认定不同地域的医疗活动过失时，应以同地区或类似地区的医疗机构及其医务人员的技术设施、水平、经验为标准。

三、行为具有违法性

医疗机构及其医务人员行为的违法性是导致医疗损害责任发生的直接原因。它是指医方违反保护患者权益的法律规定，没有履行其法定义务，进而构成了对患者权利的侵害。医疗侵权行为的违法性主要表现在对患者的侵害上，这种侵害的违法性主要是医方在违反两大义务中发生的：一是医方违反其法定义务。我国的《医师法》《医疗机构管理条例》《医疗事故处理条例》等与医疗相关的法律、法规、部门规章，都规定了医方在诊疗护理过程中必须履行的义务。这些义务是强制性规范，医方如果违反这些规范即构成违法。医方违反其法定义务的行为还包括违反诊疗护理规章制度和技术操作规范、常规。二是医方违反医患双方的约定义务。医疗合同中的权利义务主要由法律、行政法规、部门规章等予以确定，也包括医患双方约定的合同条款。

四、损害必须发生在诊疗活动中

医疗损害要发生在医疗活动过程中，医疗活动是医疗侵权责任产生的前提。对于何为医疗活动，我国立法上并没有明确规定。我国有学者认为，诊疗活动是指医疗机构及其医务人员借助其医学知识、专业技术、仪器设备及药物等手段，为患者提供的紧急救治、检查、诊断、治疗、护理、保健、医疗美容以及为此服务的后勤和管理等维护患者生命健康所必需的活动的总和。[1] 判断“诊疗活动”，应该从医疗事故主体行为的时间、场所和性质特征几个方面把握。

五、造成了患者人身损害

按照现代侵权法的要求，侵权行为的成立，须以发生现实的损害为前提条件。有损害就有赔偿，无损害则无赔偿。损害赔偿请求权的发生以实际损害为成立条件。在这里，“造成患者人身损害”是指医疗机构及其医务人员造成了按《医疗事故处理条例》要求由原卫生部制定发布的《医疗事故分级标准（试行）》所规定的患者的人身损害的情形。2002 年的《医疗事故处理条例》取消了《医疗事故处理办法》中关于责任事故和技术事故的分类，其第 4 条将医疗事故人身损害的程度分为四级。自 2002 年 9 月 1 日施行的《医疗事故分级标准（试行）》对医疗事故的分级作出了具体规定。

损害是指医疗行为所造成的后果，既包括对受害人生命健康的损害（死亡、健康受到伤害），也包括对受害人的财产的损害。对于受害人的重大精神损害，应当列入损害后果，并给予民法上的救济。这既有利于保护受害人，也有利于促进医疗单位及其工作人员谨慎行医。

六、医疗侵权责任的因果关系

医疗侵权责任的因果关系，是指违法行为和损害后果之间的因果关系，是两个要件之间的引起与被引起的关系。英美法系国家对于因果关系有事实上的因果关系和法律上的因果关系之分，前者是指加害行为与损害之间的关系，后者是指某一加害行为是否符合某一特定的侵权诉因的要件问题。大陆法系侵权责任法一般只规定事实上的因果关系且主要采纳相当因果关系，所谓相当因果关系是指加害人必须对以他的不法行为为相当条件的损害负赔偿责任，但是对超出这一范围的损害后果不负民事责任。相当因果关系要求行为是损害发生的必要条件，并且具有极大增加损害后果发生的可能性。在医疗侵权责任中，很多属于多因一果，即损害后果的发生不但有医疗机构及其医务人员的不法行为的原因，还受到受害人自身健康状况、受害人自身过错等因素影响。那么，在确定医疗机构侵权责任时，应该根据各自的行为在损害中所占比例来确定，而不能由医疗机构承担全部的赔偿责任。

医疗侵权责任的承担主体只能是医疗机构。作为医务人员，其虽然是

---

[1] 王利明：《中国民法典学者建议稿及立法理由：侵权行为编》，法律出版社 2005 年版，第 265 页。

造成医疗损害的具体行为人，因为其是在执行职务的过程中致人损害，损害赔偿责任应该由其用人单位——医疗机构来承担，这是侵权法领域中对人的替代责任的具体表现。

【对照适用】

本条直接移植原《侵权责任法》第54条，二者没有差别。在适用本条时，要注意以下几点。

其一，应该注意医疗服务合同纠纷与医疗侵权纠纷的关系。医疗服务合同是指医方提供医疗服务与患者支付医疗费用的合同。在医疗侵权纠纷中，通常系以医方和患者之间成立了医疗服务合同为前提的。患者在接受医疗服务过程中，受到侵害的，按照《民法典》第186条的规定，属于违约责任和侵权责任的竞合，受害人可以选择其中一种请求权主张医疗机构承担责任。

其二，医疗机构邀请本单位以外的医务人员对患者进行诊疗，因受邀医务人员的过错造成患者损害的，由邀请医疗机构承担赔偿责任。

其三，两个以上医疗机构的诊疗行为造成患者同一损害，患者请求医疗机构承担赔偿责任的，应当区分不同情况，确定各医疗机构承担的赔偿责任是连带责任还是按份责任。

其四，被侵权人同时起诉两个以上医疗机构承担赔偿责任，人民法院经审理，受诉法院所在地的医疗机构依法不承担赔偿责任，其他医疗机构承担赔偿责任的，残疾赔偿金、死亡赔偿金的计算，按下列情形分别处理：一个医疗机构承担责任的，按照该医疗机构所在地的赔偿标准执行；两个以上医疗机构均承担责任的，可以按照其中赔偿标准较高的医疗机构所在地的标准执行。

第一千二百一十九条　医务人员在诊疗活动中应当向患者说明病情和医疗措施。需要实施手术、特殊检查、特殊治疗的，医务人员应当及时向患者具体说明医疗风险、替代医疗方案等情况，并取得其明确同意；不能或者不宜向患者说明的，应当向患者的近亲属说明，并取得其明确同意。

医务人员未尽到前款义务，造成患者损害的，医疗机构应当承担赔偿责任。

【要义精解】

本条是关于医务人员说明义务及患者知情同意权的规定。

一、医方的说明义务与患者的知情同意权

医疗机构说明义务的来源是患者享有的知情同意权。知情同意权是指患者所享有的知悉自己的病情、医疗措施、医疗风险、医疗费用和医方的基本情况、技术水平等医疗信息，并可以对医务人员所采取的医疗措施决定取舍的权利。知情同意权包括了解权、被告知权、选择权、拒绝权和同意权，是患者充分行使自主权的前提和基础。医疗行为作为一种具有侵袭性和高风险的特殊侵害行为，其合法性曾经颇受争议。在医患关系中，医方作为掌握各种医疗信息的知识技术权威，具有优势地位，而患方作为医疗后果的承受者由于缺乏医疗专业知识，处于弱势地位。知情同意权确立以后，逐渐被作为医疗行为正当化的主要依据，对分配医疗风险及平衡医患双方的利益起到了很大作用。所以，本条要求，医务人员在诊疗活动中应当向患者说明病情和医疗措施。需要实施手术、特殊检查、特殊治疗的，医务人员应当及时向患者具体说明医疗风险、替代医疗方案等情况，并取得其明确同意。

二、承担告知义务的主体及告知义务的内容

我国现行法律法规关于医疗机构的告知义务和患者的知情同意权的规定经历了一个逐渐发展的过程。根据《医疗机构管理条例》、《医师法》及《医疗事故处理条例》等法律法规的规定，告知义务的行为主体为“医疗机构及其医务人员”。根据《医师法》第25条的规定，医师在诊疗活动中应当向患者说明病情、医疗措施和其他需要告知的事项。需要实施手术、特殊检查、特殊治疗的，医师应当及时向患者具体说明医疗风险、替代医疗方案等情况，并取得其明确同意；不能或者不宜向患者说明的，应当向患者的近亲属说明，并取得其明确同意。根据2022年3月29日《国务院关于修改和废止部分行政法规的决定》，《医疗机构管理条例》完成第二次修订，其中第32条规定，医务人员在诊疗活动中应当向患者说明病情和医疗措施。需要实施手术、特殊检查、特殊治疗的，医务人员应当及时向患者具体说明医疗风险、替代医疗方案等情况，并取得其明确同意；不能或者不宜向患者说明的，应当向患者的近亲属说明，并取得其明确同意。因抢救生命垂危的患者等紧急情况，不能取得患者或者其近亲属意见的，经医疗机构负责人或者授权的负责人批准，可以立即实施相应的医疗措施。此条与2016年《医疗机构管理条例》第33条规定相比，作出了很大改进。同时，《医疗事故处理条例》第11条规定了患者的知情权及相对应的医疗机构的告知义务的范围。另外，在《医疗美容服务管理办法》第20条、《母婴保健法》第10条、《临床输血技术规范》第6条、《人类辅助生殖技术管理办法》第14条、《医疗机构要式管理办法》第19条也涉及了医疗机构的告知义务。

医务人员是否依法履行了说明义务，是判断医疗机构是否承担责任的重要标准之一。那么，如何判断医务人员履行了说明义务呢？我国现行法律法规及医疗实践没有提出明确的医务人员履行说明义务的标准。但是，美国在近几十年的司法实践中，通过判例主要形成了三种判断标准：第一种，理性医生的标准，即一位具有中等专业水平和责任心的医生在相同的情况下会向患者说明哪些内容；第二种，理性病人标准，即一位普通病人在相同的情况下会希望获知哪些内容；第三种，主观标准，即一位普通病人在当时的情况下需要被告知哪些内容才能作出合理的同意。一般来说，美国的法院会根据自己的倾向来选择上述三种标准中的一种作为衡量尺度，但第三种对医生的要求更为严格，采用者比较少。近几年，美国的法院对于第二种标准又有了进一步的发展，一些州的法院从根本上抛弃了用虚拟的理性病人来衡量具体某个病人对告知的期望，转而认为只要病人的要求是正当合理的，医生都应当给予说明，这无疑对维护病人的权益是十分有利的。[1] 我们认为，医疗具有很强的专业性，在判断医务人员说明义务的范围时必须考虑患者知情之后是否会同意继续进行治疗，而不能按照医疗机构自己确定的标准。所以，医务人员的说明义务应该以患者为中心，包括对病情、治疗措施、治疗内容、治疗过程、治疗失败的不利后果、副作用甚至治疗能够达到的预期等进行告知，在此基础上患者才能科学决定是否治疗，以及选择何种治疗方案等。需要实施手术、特殊检查、特殊治疗的，还应当包括向患者说明医疗风险、替代医疗方案等情况。所以综合来看，告知义务的内容主要包括：（1）医疗机构的医疗水平、设备技术状况等；（2）患者的病情；（3）医疗机构的诊断方案、治疗措施及可能产生的医疗风险；（4）患者需要支付的费用；（5）转医或转诊的告知义

〔1〕 王利海：《论患者的知情同意权》，载《郑州航空工业管理学院学报（社会科学版）》2007年第3期。

务。由于医疗机构未完全向患者明示告知术后风险，致使患者丧失选择手术与否的机会，并造成损害后果的，医疗机构应承担民事侵权责任。

根据本条的规定，医疗机构的医务人员负有说明义务，说明的对象是患者，不宜向患者说明的，例如患者所患疾病不能治愈或者有生命危险之虞的，为不增加患者的心理负担，不利于患者康复等，医务人员应当向患者的近亲属说明，并取得患者近亲属的书面同意。

三、侵犯患者知情同意权的赔偿责任

说明义务和取得患者书面同意的行为主体是医务人员。但是，医务人员未尽说明义务或未取得书面同意，造成患者损害的，医疗机构要承担民事赔偿责任。

【对照适用】

本条移植了原《侵权责任法》第55条的规定。在适用本条时，应注意对患者同意权的限制，尤其是基于公共利益的需要，强制患者接受治疗，从实践中来看，主要包括：（1）传染病病人接受强制治疗时的同意权。《传染病防治法》和《传染病防治法实施办法》等都赋予各级各类医疗保健机构对传染病防治行使强行治疗权。（2）精神障碍者接受强制治疗时的同意权问题。全国各地都有正常人被精神病院强制收治的报道，上海的陈立案、广州的何锦荣案、西安的纪术茂案、南京的吴翔案，这其中有平凡百姓、亿万富翁，甚至还有精神病专家，他们被送进精神病院，仅仅是因为与家人或单位领导有矛盾。正因为精神病学界对精神病本身的模糊认识与精神病强制收治的程序缺陷，有正常思维能力的受害人被当作精神病人强制住院，而且受害对象不分年龄、不分性别、不论职业、不论地位。它就像一把悬在头上的达摩克利斯剑，已经威胁到每个公民的人身自由。所以我国《精神卫生法》在2018年修正后，于第30条规定："精神障碍的住院治疗实行自愿原则。诊断结论、病情评估表明，就诊者为严重精神障碍患者并有下列情形之一的，应当对其实施住院治疗：（一）已经发生伤害自身的行为，或者有伤害自身的危险的；（二）已经发生危害他人安全的行为，或者有危害他人安全的危险的。"第31条规定："精神障碍患者有本法第三十条第二款第一项情形的，经其监护人同意，医疗机构应当对患者实施住院治疗；监护人不同意的，医疗机构不得对患者实施住院治疗。监护人应当对在家居住的患者做好看护管理。"第32条规定：

“精神障碍患者有本法第三十条第二款第二项情形，患者或者其监护人对需要住院治疗的诊断结论有异议，不同意对患者实施住院治疗的，可以要求再次诊断和鉴定。依照前款规定要求再次诊断的，应当自收到诊断结论之日起三日内向原医疗机构或者其他具有合法资质的医疗机构提出。承担再次诊断的医疗机构应当在接到再次诊断要求后指派二名初次诊断医师以外的精神科执业医师进行再次诊断，并及时出具再次诊断结论。承担再次诊断的执业医师应当到收治患者的医疗机构面见、询问患者，该医疗机构应当予以配合。对再次诊断结论有异议的，可以自主委托依法取得执业资质的鉴定机构进行精神障碍医学鉴定；医疗机构应当公示经公告的鉴定机构名单和联系方式。接受委托的鉴定机构应当指定本机构具有该鉴定事项执业资格的二名以上鉴定人共同进行鉴定，并及时出具鉴定报告。”

第一千二百二十条　因抢救生命垂危的患者等紧急情况，不能取得患者或者其近亲属意见的，经医疗机构负责人或者授权的负责人批准，可以立即实施相应的医疗措施。

【要义精解】

本条是关于医疗机构采取紧急医疗措施的规定。

根据《民法典》第1219条第1款的规定，需要实施手术、特殊检查、特殊治疗的，医务人员应当及时向患者具体说明医疗风险、替代医疗方案等情况，并取得其明确同意。所以，按照我国法律法规的规定，在进行有创伤的检查和有风险的治疗的时候，要如实向患者及其家属说明，由其选择是否采用该手段检查或治疗。其中，第一位的是患者本人签字，前提是患者本人具有完全民事行为能力；而对于昏迷、精神病等不具备完全民事行为能力的人，则要求其近亲属签字同意。如果没有取得患者或者其近亲属同意而医疗机构擅自开展手术、特殊检查和特殊治疗的，医疗机构要承担侵权责任。但医疗机构有救死扶伤的职业道德，如果无法取得患者和近亲属同意的，医疗机构难道就不承担救助职责了吗？显然不是。因此，原《侵权责任法》第56条规定：“因抢救生命垂危的患者等紧急情况，不能取得患者或者其近亲属意见的，经医疗机构负责人或者授权的负责人批准，可以立即实施相应的医疗措施。”我国《民法典》第1220条规定了医疗机构采取紧急医疗措施。

医疗机构紧急救治包含两个层面的义务：其一，对于生命垂危的病患，有得到紧急抢救、治疗的权利，这属于公民享有的医疗权的重要内容；其二，医疗机构有救死扶伤的义务，在公民生命垂危的时候，不能取得病人或者其近亲属同意的情况下，医疗机构也应对病患实施相应的救治措施。当然，笔者也从权利的角度观察医疗机构的紧急救助义务，在公民生命垂危的时候，没有取得公民本人或者近亲属同意的，从人道主义出发，医疗机构享有对病患的紧急医疗权。

本条的规定必须有严格的限制，否则医疗机构紧急救助的权利会被滥用，例如对于医疗机构而言，如果动辄以本条为依据，强制对一般病患实施医疗措施。或者病患因医疗机构没有采取紧急救助措施而要求医疗机构承担侵权责任。这对医患双方都非常不利。所以，法律明确赋予了医院在抢救危重病人时的一定空间，不再严守没有患者或其家属同意，坚决不予患者手术的死板条款，体现了医务工作者救死扶伤的人道主义精神，不管对于患者还是医院来说，都是一项人性化的举措。这种规定有效地避免了病人出现危急情况时，因无法取得患者或家属签字，医院又怕承担手术责任而延误抢救时机，白白牺牲患者生命的事情再度发生。医疗机构紧急救治义务的适用条件具体如下。

第一，因抢救生命垂危的患者等紧急情况。这是医疗机构实施紧急救治行为的前提条件。医疗机构的紧急救治义务具有法定性、紧急性、补充性、免责性四个特点。（1）法定性是指紧急救治义务是医疗机构承担法定义务，而非合同约定的义务，患者依法享有该权利，医疗机构不能以患者未缴纳医疗费用等拒绝对患者紧急救治；（2）紧急性是指医疗救治义务是以在病情危急，严重威胁患者生命时才适用；（3）补充性是指紧急救治义务是对患者及其近亲属知情同意权的补充，它是在没有取得患者及其近亲属同意的情况下才可以适用，具有补充患者同意权的功能；（4）免责性是指医疗机构实施的紧急救治行为对患者造成不良后果的，医疗机构应该免责，这是患者必须承担的容忍义务。

第二，不能取得患者或者其近亲属的意见。医疗机构实施救治行为，原则上要取得患者本人或者其近亲属的意见，医疗机构应当尊重其自主决定权。如果生命垂危患者或者近亲属的意见是不再采取医治措施，医疗机构是否应该尊重患者或者近亲属的意见？有的人认为，在患者、医疗机构和近亲属三角关系之间，不能过高地设定患者近亲属的主体地位和决定权，如果不能取得患者的意见，只能取得其近亲属的意见，医疗机构如何采取紧急救治义务应当有一定的判断余地，在患者近亲属的意见重大且明显地损害患者利益时，医疗机构应当拒绝接受患者近亲属的意见。从本条的字面含义来看，笔者认为，能够取得患者意见的，患者的意见具有决定性意义，医疗机构应当尊重患者意见。如果不能取得患者意见的，其近亲属的意见具有决定性意义，医疗机构也应当尊重，而不能从生命垂危病人的角度来判断是否接受近亲属的意见。因抢救生命垂危的患者等紧急情况且不能取得患者意见时，下列情形可以认定为不能取得患者近亲属意见：（1）近亲属不明的；（2）不能及时联系到近亲属的；（3）近亲属拒绝发表意见的；（4）近亲属达不成一致意见的；（5）法律、法规规定的其他情形。

第三，应该取得医疗机构负责人或者授权的负责人批准。因紧急救治义务影响甚大，所以医务人员实施紧急医疗措施的，应该取得医疗机构负责人或者授权的负责人的批准。

医务人员经医疗机构负责人或者授权的负责人批准立即实施相应医疗措施，患者因此请求医疗机构承担赔偿责任的，不予支持；医疗机构及其医务人员怠于实施相应医疗措施造成损害，患者请求医疗机构承担赔偿责任的，应予支持。

【对照适用】

本条直接移植原《侵权责任法》第56条。本条虽然没有规定医疗机构未履行紧急救治义务造成损害的责任承担问题，但是在《民法典》规定了紧急救治义务的情形，医疗机构在无法取得家属签字的情况下，该医疗机构的负责人或者授权的负责人可以从医疗专业角度判断决定是否对患者进行手术。如果仍采取消极不治疗的方式，导致损害结果发生的，则应当承担相应的法律责任。

在紧急情况下，医疗机构可以立即实施相应的医疗措施，这里的“可以”不能理解为不采取也可以，从医疗机构的紧急救治义务也是患者有权获得紧急救治的权利角度看，这里的“可以”应理解为应当。“立即”对应的是“生命垂危”病患，说明紧急救治的必要性和紧迫性，所以医疗机构要立即实施救治措施。救治措施必须与病患的实际情况相适应，即“相应”的医疗措施，采取何种医疗措施，应根据病患的具体情况确定。

第一千二百二十一条　医务人员在诊疗活动中未尽到与当时的医疗水平相应的诊疗义务，造成患者损害的，医疗机构应当承担赔偿责任。

【要义精解】

本条是关于医务人员诊疗义务达到的水平的规定。

“注意义务”（Duty of Care）是指行为人采取合理的注意而避免给他人的人身或财产造成损害的义务。[1] 注意义务萌芽于罗马法中所谓“善良家父”的行为义务，要求“善良家父”须具备一个足够的细心、谨慎和勤勉人的标准，后在大陆法系国家中被增加顾及他人在同样外部情况下所作行为的要求。[2] 有学者将注意义务分为一般注意义务和专家注意义务，从认知能力或注意义务意义上，专家应当具备“一般人所不能及之”认知能力或负担“一般人所不能及之”注意义务。[3] 违反专家注意义务的，要承担专家责任（Liability of Expert），专家责任是指具有特别知识和技能的专业人员从事专业活动中给他人造成的损失所应承担的民事责任。[4] 医生作为专家，其负担的注意义务属于专家注意义务，一方面，它是医生的最基本义务，要求医生在为患者提供医疗服务的过程中，积极履行其应尽的职责，对患者尽到最善良的谨慎和关心，从而保护患者的生命健康不受医疗容许性危险以外的侵害；另一方面，也是医疗责任的判断依据。医生具备专业医疗知识，医生承担的注意义务比一般注意义务要高，这种高度注意义务要求医生对患者尽到最善良的谨慎和关心，以避免患者遭受不应有的危险或损害的责任。[5]

民法理论上，关于注意义务的来源，主要有违法义务说、不符行为标准说和权利侵犯说。在此基础上，我国有学者对医生的注意义务的来源进行了专门研究，认为：“作为医疗过失判断标准的医生注意义务的来源应

〔1〕蒋云蔚：《走下神坛：专家民事责任基本问题研究》，法律出版社 2008 年版，第 66 页。

〔2〕屈茂辉：《论民法上的注意义务》，载《北方法学》2007 年第 1 期。

〔3〕姚军：《能力宣示及其注意义务与过失认定——医事法视角下医生专家注意义务的负担及其后果》，载《医学与法学》2017 年第 4 期。

〔4〕中国社会科学院法学研究所《法律辞典》编委会：《法律辞典》，法律出版社 2003 年版，第 1960 页。

〔5〕贾淑英、洪健：《论医生注意义务的来源》，载《中国卫生法制》2002 年第 4 期。

是一个相当广泛的法的范畴，应严格区别于职业道德意义上的医生注意义务的来源。如果毫无限制地将医生所有的职业道德规范要求都作为医生注意义务的来源，作为判断医疗过失的标准，恐怕会过于加重医生的责任负担，从长远看，是不利于患者的权益保护和医学科学的进步与发展的。而从我国目前临床医疗发展的实际状况和医务人员队伍的整体素质来看，广义的职业道德规范也不宜作为医生注意义务的来源。只有上升为法律规范的医生的职业道德规范，才能成为医生注意义务的来源。”[1]

医生执业的高度注意义务包括一般注意义务与特殊注意义务。一般注意义务有：(1) 患者求治，无正当理由不得拒绝救治义务。这是“救死扶伤”医学伦理的基本精神，也是现代社会为维护社会公共利益和保障基本人权而设定的“强制缔约”的法定义务。(2) 作出正确诊断义务。医生必须充分运用自己的医学知识和临床实践经验，对患者进行全面的问诊和必要的体检，对疾病作出正确或者基本正确的诊断。(3) 依据诊断结论和报告对患者提供及时、适当和必要治疗义务。包括：合理谨慎手术；根据患者病情正确使用药物；后续治疗和护理；等等。(4) 不得擅自单方终止治疗义务。即使患者要求终止治疗，也需要予以告知终止治疗的后果。特殊注意义务是指在内容上、名称上具有一定特殊性的注意义务，它主要包括告知和同意义务、保密义务、忠实义务等。告知和同意义务是指医生就患者病症的诊断结果、实施医疗行为的方案、可能存在的风险、是否实施该医疗行为可能产生的不同后果等，向患者或家属给予详细的说明并征得患者或家属同意的义务；保密义务是指医生对患者的诊疗记录（包括病历、各种检查发现和检验报告、诊断的疾病名称、治疗方法与治疗经过等），有为其保守秘密的义务；忠实义务是指医生从事医疗行为过程中，基于医生职业道德和人文关怀精神而产生的医学伦理义务。[2]

医生违反高度注意义务的判断标准主要有英美法系中的“合理医生标准”和日本的“医疗水准”两种学说。合理医生标准绝不等同于通常行业人员标准。英国法律中“合理医生标准”是指行使和声称拥有此种特殊技能的通常的熟练人员所应达到的标准。[3] 美国法律确定医生的高度注意义

〔1〕 贾淑英、洪健：《论医生注意义务的来源》，载《中国卫生法制》2002 年第 4 期。
〔2〕 陈协平：《论医生的高度注意义务》，载《佳木斯教育学院学报》2012 年第 10 期。
〔3〕 Bolam v. Friern Hospital Management Committee, 1957.

务的标准占支配地位的是以可接受的做法为准。所谓可接受的做法是该职业中合理的、有资格的执业者所期望的做法。日本的“医疗水准”是指医生在进行医疗诊断和救治时，其技术、注意程度、态度均应不低于具有一般医疗专业水准的医生于同一情况下所应遵循的标准。[1] 我国原《侵权责任法》第57条采取了“当时的医疗水平标准”，这是移植了日本的“医疗水准”说。所谓“当时”就是将对诊疗行为判断的审视基于行为发生时的医学知识，而非基于后来发展起来的知识去审视医生当时的行为，这种观点是科学的。[2]

【对照适用】

本条规定直接移植了原《侵权责任法》第57条。本条规定在适用中，需要注意医务人员的注意义务的水平，我国《民法典》沿用原《侵权责任法》的规定，采纳了与“当时的医疗水平相应的诊疗义务”的表述。在判断“当时的医疗水平”时需要结合我国当前的医疗体制，考虑紧急性因素、专门性因素、自由裁量因素、地域性因素等多种因素进行判断。紧急性因素包括时间上紧急和事项上紧急，医生在紧急抢救患者的过程中，没有太多的时间去思考，只能凭其医学知识和临床经验而采取相应治疗措施，即便这种临时措施同正常条件下相比有些不妥当，只要医生已尽其能力范围内的注意义务，医疗紧急性便可成为“最重要的缓和注意义务的条件”。[3] 专门性因素是指在判断高度注意义务标准时应当根据医生所属的专业领域进行考量，具体表现在法律对于相同领域的专科医生所要求的注意义务程度是相同的，是“其专业领域的通常技能”，对专科医生其自身领域的注意义务的标准应高于一般医生的注意标准。自由裁量因素是指医生在诊疗行为过程中对技术的运用会因各自的临床实践经验积累而有所差异，应当允许医生有一定程度的自由裁量权利，采取相应的治疗措施。地域性因素是指判定医生是否具有相应的注意能力时，应将地域性差别作为一个重要因素进行考量，尽量以经济发展水平和社会环境大致相当的地区的医疗专业水准为依据，但也应避免将这一标准绝对化。[4] 所以，对医疗

〔1〕肖赣蘋：《医疗侵权中医疗过失认定标准研究》，南昌大学2005年硕士学位论文，第14页。
〔2〕陈协平：《论医生的高度注意义务》，载《佳木斯教育学院学报》2012年第10期。
〔3〕刘作凌、刘学敏：《医疗事故认定与法律处理》，湖南人民出版社2003年版，第142—143页。
〔4〕陈协平：《论医生的高度注意义务》，载《佳木斯教育学院学报》2012年第10期。

机构及其医务人员的过错，应当依据法律、行政法规、规章以及其他有关诊疗规范进行认定，可以综合考虑患者病情的紧急程度、患者个体差异、当地的医疗水平、医疗机构与医务人员资质等因素。

第一千二百二十二条　患者在诊疗活动中受到损害，有下列情形之一的，推定医疗机构有过错：

（一）违反法律、行政法规、规章以及其他有关诊疗规范的规定；

（二）隐匿或者拒绝提供与纠纷有关的病历资料；

（三）遗失、伪造、篡改或者违法销毁病历资料。

【要义精解】

本条是关于医疗机构过错推定的规定。

我国《民法典》第1218条规定，患者在诊疗活动中受到损害，医疗机构或者其医务人员有过错的，由医疗机构承担赔偿责任。一般情况下，过错的举证责任是由受到损害的患者承担的。但是，医疗是专家行为，完全贯彻谁主张谁举证的举证规则，在有些情形下不利于受害者利益的保护。所以，本条规定了医疗机构的过错推定的三种情形。

一、违反法律、行政法规、规章以及其他有关诊疗规范的规定

医疗机构及其医务人员违反法律、行政法规、规章以及其他有关诊疗规范的规定，属于违反强行法的规定，属于违反法律义务的行为，应推定其主观上存在过错。但何为诊疗规范，我国立法上并无明确的解释。有学者认为，“诊疗规范”包括形式意义上的诊疗规范和实质意义上的诊疗规范两种含义。所谓“形式意义上的诊疗规范”，是指专门对诊疗活动进行指导和管理的规范性文件。[1] 所谓“实质意义上的诊疗规范”，是指法律、行政法规、规章等规定的诊疗活动方面的技术标准和操作规程。[2] 有学者认为，诊疗规范分为狭义和广义两种。所谓“狭义的诊疗规范”，即指《医疗机构管理条例实施细则》第88条所定义的“技术规范”，是指由国家卫生计生委、国家中医药管理局制定或者认可的与诊疗活动有关的技

〔1〕 王竹、舒栎宇：《医疗机构过错推定规则的理解与适用——以〈侵权责任法〉第58条及相关条文为中心》，载《医学与法学》2012年第2期。

〔2〕 王利明：《侵权责任法研究》（下卷），中国人民大学出版社2011年版，第406页。

术标准、操作规程等规范性文件。所谓“广义的诊疗规范”还指包括由全国性行业协（学）会针对本行业的特点而制定的各种标准、规程、规范、制度的总称。[1] 而《民法典》本条中的诊疗规范属于实质意义上的诊疗规范，不包括形式意义上的诊疗规范。诊疗活动包括诊疗和检查，诊疗规范包括诊疗规范和检查规范。

二、隐匿或者拒绝提供与纠纷有关的病历资料

病历是医务人员在医疗活动过程中形成的文字、符号、图表、影像、切片等资料。患者在医疗机构中接受诊疗护理的全过程，包括医务人员对患者进行体查、检验、诊断、治疗、护理的相关资料都以病历的形式记录，是医患双方在医患关系过程中最详细和最完整的记录。病历资料包括医疗机构保管的门诊病历、住院志、体温单、医嘱单、检验报告、医学影像检查资料、特殊检查（治疗）同意书、手术同意书、手术及麻醉记录、病理资料、护理记录、医疗费用、出院记录以及国务院卫生行政主管部门规定的其他病历资料。在医疗侵权诉讼中，病历资料的重要性表现在其既可证明医患之间诊疗关系的客观存在，又可证明整个医疗行为的客观过程。它是医方证明诊疗护理行为有无过失的重要证据。患者依法向人民法院申请医疗机构提交由其保管的与纠纷有关的病历资料等，医疗机构未在人民法院指定期限内提交的，人民法院可以推定医疗机构有过错，但是因不可抗力等客观原因无法提交的除外。

三、遗失、伪造、篡改或者违法销毁病历资料

医疗机构应妥善保管病历资料，并且不得伪造、篡改或者违法销毁病例资料。如果医疗机构遗失、伪造、篡改、违法销毁病历资料的，推定其主观上存在过错，应对其违法行为承担责任。根据我国《医师法》的规定，医师实施医疗、预防、保健措施，签署有关医学证明文件，必须亲自诊查、调查，并按照规定及时填写病历等医学文书，不得隐匿、伪造、篡改或者擅自销毁病历等医学文书及有关资料。隐匿、伪造、篡改或者擅自销毁病历等医学文书及有关资料的，由县级以上人民政府卫生健康主管部门责令改正，给予警告，没收违法所得，并处 1 万元以上 3 万元以下的罚款；情节严重的，责令暂停 6 个月以上 1 年以下执业活动直至吊销医师执业证书。

---

〔1〕 程啸：《侵权责任法》，法律出版社 2011 年版，第 446 页。

【对照适用】

本条源于原《侵权责任法》第58条："患者有损害，因下列情形之一的，推定医疗机构有过错：（一）违反法律、行政法规、规章以及其他有关诊疗规范的规定；（二）隐匿或者拒绝提供与纠纷有关的病历资料；（三）伪造、篡改或者销毁病历资料。"但是，与原《侵权责任法》相比，本条在第3项增加了"遗失"病历资料的，也推定其存在过错。在适用本条时，要注意医疗鉴定问题。我国《民法典》对此鉴定问题没有规定，但是根据《最高人民法院关于审理医疗损害责任纠纷案件适用法律若干问题的解释》的规定，当事人依法申请对医疗损害责任纠纷中的专门性问题进行鉴定的，人民法院应予准许。当事人未申请鉴定，人民法院对前款规定的专门性问题认为需要鉴定的，应当依职权委托鉴定。当事人申请医疗损害鉴定的，由双方当事人协商确定鉴定人。当事人就鉴定人无法达成一致意见，人民法院提出确定鉴定人的方法，当事人同意的，按照该方法确定；当事人不同意的，由人民法院指定。鉴定人应当从具备相应鉴定能力、符合鉴定要求的专家中确定。委托医疗损害鉴定的，当事人应当按照要求提交真实、完整、充分的鉴定材料。提交的鉴定材料不符合要求的，人民法院应当通知当事人更换或者补充相应材料。在委托鉴定前，人民法院应当组织当事人对鉴定材料进行质证。委托鉴定书应当有明确的鉴定事项和鉴定要求。鉴定人应当按照委托鉴定的事项和要求进行鉴定。下列专门性问题可以作为申请医疗损害鉴定的事项：（1）实施诊疗行为有无过错；（2）诊疗行为与损害后果之间是否存在因果关系以及原因力大小；（3）医疗机构是否尽到了说明义务、取得患者或者患者近亲属书面同意的义务；（4）医疗产品是否有缺陷、该缺陷与损害后果之间是否存在因果关系以及原因力的大小；（5）患者损伤残疾程度；（6）患者的护理期、休息期、营养期；（7）其他专门性问题。鉴定要求包括鉴定人的资质、鉴定人的组成、鉴定程序、鉴定意见、鉴定期限等。

鉴定意见可以按照导致患者损害的全部原因、主要原因、同等原因、次要原因、轻微原因或者与患者损害无因果关系，表述诊疗行为或者医疗产品等造成患者损害的原因力大小。鉴定意见应当经当事人质证。当事人申请鉴定人出庭作证，经人民法院审查同意，或者人民法院认为鉴定人有必要出庭的，应当通知鉴定人出庭作证。双方当事人同意鉴定人通过书面说明、视听传输技术或者视听资料等方式作证的，可以准许。鉴定人因健康原因、自然灾害等不可抗力或者其他正当理由不能按期出庭的，可以延期开庭；经人民法院许可，也可以通过书面说明、视听传输技术或者视听资料等方式作证。无法律规定理由，鉴定人拒绝出庭作证，当事人对鉴定意见又不认可的，对该鉴定意见不予采信。当事人申请通知一至二名具有医学专门知识的人出庭，对鉴定意见或者案件的其他专门性事实问题提出意见，人民法院准许的，应当通知具有医学专门知识的人出庭。具有医学专门知识的人提出的意见，视为当事人的陈述，经质证可以作为认定案件事实的根据。当事人自行委托鉴定人作出的医疗损害鉴定意见，其他当事人认可的，可予采信。当事人共同委托鉴定人作出的医疗损害鉴定意见，一方当事人不认可的，应当提出明确的异议内容和理由。经审查，有证据足以证明异议成立的，对鉴定意见不予采信；异议不成立的，应予采信。

第一千二百二十三条　因药品、消毒产品、医疗器械的缺陷，或者输入不合格的血液造成患者损害的，患者可以向药品上市许可持有人、生产者、血液提供机构请求赔偿，也可以向医疗机构请求赔偿。患者向医疗机构请求赔偿的，医疗机构赔偿后，有权向负有责任的药品上市许可持有人、生产者、血液提供机构追偿。

【要义精解】

本条是关于医疗产品（含血液）致害责任承担的规定。

一、药品、消毒产品和医疗器械缺陷致害责任

药品、消毒产品和医疗器械均属于产品，《民法典》关于产品致害责任的规定对药品、消毒产品和医疗器械侵权责任同样适用。按照《民法典》第1202条和第1203条的规定，因产品存在缺陷造成他人损害的，生产者应当承担侵权责任。因产品存在缺陷造成他人损害的，被侵权人可以向产品的生产者请求赔偿，也可以向产品的销售者请求赔偿。产品缺陷由生产者造成的，销售者赔偿后，有权向生产者追偿。所以，因药品、消毒产品和医疗器械缺陷造成损害的，患者可以向药品、消毒产品和医疗器械的生产者或者药品上市许可持有人要求赔偿，也可以向药品、消毒产品和医疗器械的销售者（通常是医疗机构）要求赔偿。在理解本条时，应重点把握以下几个关键概念。

第一，药品的概念。根据《药品管理法》第 2 条的规定，药品是指用于预防、治疗、诊断人的疾病，有目的地调节人的生理机能并规定有适应症或者功能主治、用法和用量的物质，包括中药、化学药和生物制品等。

第二，消毒产品。消毒是指用化学、物理、生物的方法杀灭或者消除环境中的病原微生物。根据《消毒管理办法》第 45 条的规定，消毒产品包括消毒剂、消毒器械（含生物指示物、化学指示物和灭菌物品包装物）、卫生用品和一次性使用医疗用品。从消毒产品与药品的区别的角度看，对消毒产品可以这样理解：在作用目的上，它是一种防病的产品，而不是治病或诊断疾病的产品；在作用机理上，它是一种用化学、物理、生物的方法消除病原微生物的产品，而不是用药理学或免疫学的方法预防疾病的产品；在作用对象上，它是针对环境中的病原微生物，而不是针对人的疾病的一种产品。

第三，医疗器械。医疗器械是指直接或者间接用于人体的仪器、设备、器具、体外诊断试剂及校准物、材料以及其他类似或者相关的物品，包括所需要的计算机软件。医疗器械作为医药行业的一个重要组成部分，对于消费者来说，医疗机构中医疗器械的配置情况是仅次于医师配备的用来评判医疗机构的标准。根据《医疗器械监督管理条例》的规定，国家对医疗器械按照风险程度实行分类管理。第一类是风险程度低，实行常规管理可以保证其安全、有效的医疗器械。第二类是具有中度风险，需要严格控制管理以保证其安全、有效的医疗器械。第三类是具有较高风险，需要采取特别措施严格控制管理以保证其安全、有效的医疗器械。第一类医疗器械实行产品备案管理，第二类、第三类医疗器械实行产品注册管理。

第四，药品上市许可持有人。2019 年《药品管理法》进行了修订，第 6 条明确规定："国家对药品管理实行药品上市许可持有人制度。药品上市许可持有人依法对药品研制、生产、经营、使用全过程中药品的安全性、有效性和质量可控性负责。"药品上市许可持有人（Marketing Authorization Holder，MAH），通常指拥有药品技术的药品研发机构、科研人员、药品生产企业等主体，通过提出药品上市许可申请并获得药品上市许可批件，并对药品质量在其整个生命周期内承担主要责任的人。根据自身状况，上市许可持有人可以自行生产，也可以委托其他生产企业进行生产，如果委托其他企业生产药品，上市许可持有人仍要依法对药品的安全性、有效性和质量可控性负责。所以药品上市许可持有人和生产许可持有人可以是同一主体，也可以是两个相互独立的主体。正因为药品上市许可持有人和生产者可能不是同一个主体，所以，《民法典》第1223条中规定，药品上市许可持有人、生产者要承担侵权责任。

药品上市许可持有人制度是我国最近几年在借鉴英美发达国家药品管理成功经验基础上实施的新制度。20世纪80年代以来，我国实行药品注册制度，也是药品唯一的上市许可模式。在该模式下，实行上市许可与生产许可“捆绑制”的管理模式，也就是说，药品上市许可（药品批准文号）只颁发给具有《药品生产许可证》的生产企业，药品研发机构、科研人员则不具备独立获取药品上市许可的资质。在市场经济秩序尚未建立、社会研发创新能力有限、企业以仿制药生产为主的情况下，以药品生产为基础进行注册和监管尚有其一定的合理性。但是，随着我国市场经济体制逐步完善，医药产业创新研发能力不断发展，人民群众对安全、有效和可及药品的需求不断增长的情况下，这种“捆绑制”注册管理的弊端日益凸显，已成为制约我国药品行业进一步发展的因素之一。为探索和推进我国药品审评审批体制改革创新，更好地满足人民群众日益增长的健康需求，第十二届全国人民代表大会常务委员会第十七次会议授权国务院在北京、天津、河北、上海、江苏、浙江、福建、山东、广东、四川等10省（市）开展药品上市许可持有人制度试点。2016年6月6日，《药品上市许可持有人制度试点方案》（以下简称《方案》）正式出台。该方案体现了药品注册管理制度向上市许可持有人制度转变的核心理念，即鼓励新药创制，促进产业升级，优化资源配置，落实主体责任。

第五，医疗机构。医疗机构是指依据《医疗机构管理条例》和《医疗机构管理条例实施细则》的规定，经登记取得《医疗机构执业许可证》的机构，包括从事疾病诊断、治疗活动的医院、卫生院、疗养院、门诊部、诊所、卫生所（室）以及急救站等。医疗机构的类别：（1）综合医院、中医医院、中西医结合医院、民族医院、专科医院、康复医院；（2）妇幼保健院、妇幼保健计划生育服务中心；（3）社区卫生服务中心、社区卫生服务站；（4）中心卫生院、乡（镇）卫生院、街道卫生院；（5）疗养院；（6）综合门诊部、专科门诊部、中医门诊部、中西医结合门诊部、民族医门诊部；（7）诊所、中医诊所、民族医诊所、卫生所、医务室、卫生保健所、卫生站；（8）村卫生室（所）；（9）急救中心、急救站；（10）临床检验中心；（11）专科疾病防治院、专科疾病防治所、专科疾病防治站；（12）护理院、护理站；（13）医学检验实验室、病理诊断中心、医学影像诊断中心、血液透析中心、安宁疗护中心；（14）其他诊疗机构。

二、输入不合格的血液造成患者损害的赔偿责任

根据本条的规定，输入不合格的血液造成患者损害的，患者可以向血液提供机构请求赔偿，也可以向医疗机构请求赔偿。患者向医疗机构请求赔偿的，医疗机构赔偿后，有权向血液提供机构追偿。

《血站管理办法》第65条中规定："血液，是指全血、血液成分和特殊血液成分。"全血是指包含所有血液成分的血液，临床输血使用的主要是全血。而对全血中的一些成分进行分离、提取、加工等技术处理，则可形成血液制品。《血液制品管理条例》第45条中规定："血液制品，是特指各种人血浆蛋白制品。"目前市场上主要的血液制品有人血白蛋白、静脉注射用人免疫球蛋白、人胎盘血白蛋白、组织胺人免疫球蛋白、肌注人免疫球蛋白、特异性免疫球蛋白、狂犬病免疫球蛋白、乙型肝炎免疫球蛋白、破伤风免疫球蛋白、人纤维蛋白原、人凝血酶原复合物、人凝血因子VIII、抗人淋巴细胞免疫球蛋白等。

虽然我国大部分学者认为，血液属于产品，但从《民法典》本条的规定来看，我国将输入不合格的血液造成患者损害的，独立于药品、消毒产品和医疗器械范围之外，显然是没有将血液作为产品，至少是没有作为典型的产品来对待。那么，输血造成损害的，采取何种归责原则呢？西班牙立法认为，血液、药品和食品都是最容易产生风险的领域，所以要求上述领域的生产者和销售者承担无过错责任更符合法律的价值追求。法国和德国在分别经历了"输血丑闻案"和"沙利窦迈药害事故"以后，痛定思痛，要求血液提供者必须承担无过错责任，即使血液的缺陷按照进入市场时的科技水平无法发现时也是如此。美国则认为，要求血液提供机构承担严格责任是不恰当的，血液提供机构承担过错责任。

在我国，有学者认为，对"输入不合格血液"的规制可看出，关于输入不合格血液适用严格责任原则。[1]笔者认为，我国立法上要求"不合格的血液"造成损害的，医疗机构要承担赔偿责任，而不论医疗机构是否有过错。从本条的规定来看，血液使用了不合格的概念，而不合格显然与缺

〔1〕马家忠等：《血液的法律属性及其侵权责任归责原则刍议——兼论〈侵权责任法〉中"不合格血液"问题》，载《医学与哲学（A）》2013年第1期。

陷不同，它是对血液质量的评判。有人认为，将“不合格”解释为一切造成患者输血损害的情形，是注定的宿命。[1] 这种看法对保护受害者的利益是非常必要的。

我国学者在研究不合格血液造成损害的责任时，多将血液制品与血液并列，将其作为同一法律地位来处理。笔者认为，血液制品和血液不同，从《血液制品管理条例》的规定来看，生产不合格的血液制品是按照劣药、假药来管理的。[2]

【对照适用】

本条来自原《侵权责任法》第59条，但是与第59条相比，本条有以下几点修订：其一，将“消毒药剂”修改为“消毒产品”，产品的范围比药剂的范围更广泛。其二，扩大了责任主体，将“药品上市许可持有人”也作为责任主体。在适用本条时，应该注意以下几点。

第一，惩罚性赔偿问题。按照《药品管理法》第144条第3款的规定，生产假药、劣药或者明知是假药、劣药仍然销售、使用的，受害人或者其近亲属除请求赔偿损失外，还可以请求支付价款10倍或者损失3倍的赔偿金；增加赔偿的金额不足1000元的，为1000元。《最高人民法院关于审理医疗损害责任纠纷案件适用法律若干问题的解释》也规定，医疗产品的生产者、销售者、药品上市许可持有人明知医疗产品存在缺陷仍然生产、销售，造成患者死亡或者健康严重损害，被侵权人可以请求生产者、销售者、药品上市许可持有人赔偿损失及2倍以下惩罚性赔偿。

第二，药品经营企业的赔偿责任。药品属于商品，药店等药品经营企业的药品给用药者造成损害的，受害者可以要求药品经营企业赔偿。因药

---

〔1〕 焦艳玲：《血液致害侵权责任的再思考——以〈侵权责任法〉第59条为中心》，载《河北法学》2019年第5期。

〔2〕《血液制品管理条例》第38条规定：“血液制品生产单位有下列行为之一的，由省级以上人民政府卫生行政部门依照药品管理法及其实施办法等有关规定，按照生产假药、劣药予以处罚；构成犯罪的，对负有直接责任的主管人员和其他直接责任人员依法追究刑事责任：（一）使用无《单采血浆许可证》的单采血浆站或者未与其签订质量责任书的单采血浆站及其他任何单位供应的原料血浆的，或者非法采集原料血浆的；（二）投料生产前未对原料血浆进行复检的，或者使用没有产品批准文号或者未经国家药品生物制品检定机构逐批检定合格的体外诊断试剂进行复检的，或者将检测不合格的原料血浆投入生产的；（三）擅自更改生产工艺和质量标准的，或者将检验不合格的产品出厂的；（四）与他人共用产品批准文号的。”

品质量问题受到损害的，受害人可以向药品上市许可持有人、药品生产企业请求赔偿损失，也可以向药品经营企业、医疗机构请求赔偿损失。接到受害人赔偿请求的，应当实行首负责任制，先行赔付；先行赔付后，可以依法追偿。

第三，缺陷医疗产品与医疗机构的过错诊疗行为共同造成患者同一损害，患者可以请求医疗机构与医疗产品的生产者或者销售者承担连带责任。医疗机构或者医疗产品的生产者、销售者承担赔偿责任后，向其他责任主体追偿的，应当根据诊疗行为与缺陷医疗产品造成患者损害的原因力大小确定相应的数额。输入不合格血液与医疗机构的过错诊疗行为共同造成患者同一损害的，也适用上述规则。

第一千二百二十四条　患者在诊疗活动中受到损害，有下列情形之一的，医疗机构不承担赔偿责任：

（一）患者或者其近亲属不配合医疗机构进行符合诊疗规范的诊疗；

（二）医务人员在抢救生命垂危的患者等紧急情况下已经尽到合理诊疗义务；

（三）限于当时的医疗水平难以诊疗。

前款第一项情形中，医疗机构或者其医务人员也有过错的，应当承担相应的赔偿责任。

【要义精解】

本条是关于医疗机构免责事由的规定。

医疗机构对患者的损害承担过错责任，医疗机构没有过错的，原则上不承担责任。这样规定的原因在于，很多情形下医疗机构和医务人员对患者实施诊疗活动具有一定的探索性和不确定性，所以各国民法对医疗机构免责事由多作出明确规定，我国《民法典》也不例外。从本条的规定来看，医疗机构免责事由主要包括以下几点。

一、患者或者其近亲属不配合医疗机构进行符合诊疗规范的诊疗

医患关系是建立在相互信赖基础之上的，医疗行为的实施只有靠医患双方互相配合才能达到其效果和目的。因此，医师在整个医疗活动中无法离开患者的密切配合，如要求患者在医师问诊时对病情、病史作出正确详细的回答，在治疗活动中患者在用药、检查、保养等方面遵从医嘱。医务人员对患者的诊疗护理，必须得到患者及其家属的配合。在诊疗护理过程中，如果是由于患者及其家属的原因延误治疗，出现人身损害后果，说明受害患者一方在主观上具有过错。按照过错责任原则，如果损害后果完全是由于患者及其家属不配合造成的，证明医疗机构对损害的发生没有过错，应免除医疗机构的赔偿责任。如果患者或者其近亲属不配合医疗机构进行符合诊疗规范的诊疗，医疗机构或者其医务人员也有过错的，应当承担相应的赔偿责任。

二、医务人员在抢救生命垂危的患者等紧急情况下已经尽到合理诊疗义务

紧急情况下的医师享有积极治疗的权利，紧急情况是患者出现危重病情需要立即实施治疗的情况，对于危急患者，医疗机构具有收诊的义务，同时有权采取紧急措施加以处置。医师有权根据自己的专业知识和技能，对患者采取必要的医疗行为，以维护患者的生命健康。

医疗机构及其医务人员为挽救垂危病人的生命，在采取其他措施都不能达到此目的时，不得不冒一定的风险损害患者一个较小的利益，以保护其较大利益免受损害。在患者生命垂危时，抢救行为具有急迫性，医务人员很难作出全面的、非常准确的判断。因此，在这种情况下，为了抢救患者的生命而采取的紧急医疗措施所造成的不良后果，不应当构成医疗损害责任。但是实施抢救行为必须具备以下条件：第一，必须是情况紧急，患者存在生命危险，这种危险是客观存在的、迫在眉睫的；第二，紧急医疗措施的采取是迫不得已的，即采取其他治疗措施都不能使病人脱离危险时，才能实施抢救行为；第三，采取紧急医疗措施而造成患者损害，不能超过必要的限度。如果在紧急救助时，明显存在对患者来说可能更好的救助措施，但医务人员没有采取更好的救助措施而采取紧急医疗措施给患者造成不应有的损害的，医疗机构应当对患者的损害后果承担相应的责任。

三、限于当时的医疗水平难以诊疗

由于疾病的复杂性，不同的人的体质的差异等，人们对很多疾病的发生原理尚未认识，现代医学科学的诊疗技术不可能包治百病。在实践中，由于患者病情异常或者体质特殊而发生医疗意外的情形也不少见。所以，本条规定，限于当时的医疗水平难以诊疗的，医疗机构不承担赔偿责任。

根据“当时”的医疗水平而不是现在的医疗水平来评判，“当时”是指在实施诊疗活动时的医疗水平，并非指损害发生的时间，也非指受害人要求赔偿的时间。

所谓医疗意外事件，是指由于患者病情异常或患者体质特殊而发生难以预料和防范的不良后果。其具有两个基本特征：一是患者死亡、残疾或功能障碍等不良后果发生在医疗活动中；二是对不良后果的发生，医务人员是难以预料和防范的，即在发生医疗意外之前，医疗机构及其医务人员已经尽到了所有的合理的注意义务，履行了相应的医疗手续和适当的医疗处置，依然无法发现所采取的医疗措施可能会给患者造成损害，而是由于他们不能抗拒或不能预见的原因引起的。

例如，患者唐某因与家人赌气而口服“百草枯”除草剂中毒，后被送往某医院救治。医院经诊断为有机磷中毒。医院给予其清水洗胃、输液、抗感染、保护胃黏膜等治疗。次日上午，患者出现颈部变粗、皮下气肿。转入特护病房用呼吸机辅助呼吸，但患者的病情进一步加重，终因抢救无效死亡。本案中患者服毒自杀是致其死亡的直接原因。服药的剂量、服毒时间的长短、服毒药物的毒性及患者的体质，都可能对其能否避免死亡存在重要的影响。医院在接诊后进行积极抢救，但是限于当时的医疗水平难以诊治，医院不存在过错，因此不承担医疗损害责任。

但医疗机构要根据本项的规定免责，必须证明：第一，在现有的医学科学技术条件下，发生的不良后果是无法预料的；第二，在现有的医学科学技术条件下，发生的不良后果是不能防范的。

【对照适用】

本条来自原《侵权责任法》第 60 条的规定。在适用本条时，必须注意《医疗事故处理条例》第 33 条关于不属于医疗事故的范围的规定。根据第 33 条的规定：“有下列情形之一的，不属于医疗事故：（一）在紧急情况下为抢救垂危患者生命而采取紧急医学措施造成不良后果的；（二）在医疗活动中由于患者病情异常或者患者体质特殊而发生医疗意外的；（三）在现有医学科学技术条件下，发生无法预料或者不能防范的不良后果的；（四）无过错输血感染造成不良后果的；（五）因患方原因延误诊疗导致不良后果的；（六）因不可抗力造成不良后果的。”笔者认为，《医疗事故处理条例》第 33 条第 1、2、3、5 项的表述与《民法典》本条第 1—3 项仅在表述方式上不同，但是《医疗事故处理条例》第33条第4、6项规定的免责事由，在本条中并没有明确。

第一，不可抗力是医疗机构的免责事由。《民法典》第180条第1款规定，因不可抗力不能履行民事义务的，不承担民事责任。法律另有规定的，依照其规定。本条的规定同样适用于医疗损害责任。因此，在诊疗活动中发生不可抗力的情形导致患者损害的，医疗机构可以免除责任。

第二，无过错输血感染造成的不良后果也属于免责事由。从我国《民法典》的规定来看，医疗致害责任采取过错责任，无过错输血感染造成不良后果的，医疗机构不承担赔偿责任。但是，如果医疗机构给患者输入不合格的血液造成损害的，则要承担责任。

第一千二百二十五条　医疗机构及其医务人员应当按照规定填写并妥善保管住院志、医嘱单、检验报告、手术及麻醉记录、病理资料、护理记录等病历资料。

患者要求查阅、复制前款规定的病历资料的，医疗机构应当及时提供。

【要义精解】

本条是关于医疗机构保管病历资料和患者查阅、复制病历资料权利的规定。

一、医疗机构具有妥善保管病历资料的义务

（一）病历资料的概念和范围

病历，是指医务人员在医疗活动过程中形成的文字、符号、图表、影像、切片等资料的总和，包括门（急）诊病历和住院病历。病历资料是对患者的疾病发生、发展情况和医务人员对患者的疾病诊断、检查和治疗情况的客观记录。

病历资料主要包括体温单、医嘱单、入院记录、病程记录、术前讨论记录、手术同意书、麻醉同意书、麻醉术前访视记录、手术安全核查记录、手术清点记录、麻醉记录、手术记录、麻醉术后访视记录、术后病程记录、病重（病危）患者护理记录、出院记录、死亡记录、输血治疗知情同意书、特殊检查（特殊治疗）同意书、会诊记录、病危（重）通知书、病理资料、辅助检查报告单、医学影像检查资料。

（二）医疗机构及其医务人员应当按照规定填写病历资料

医疗机构应当按照国务院卫生行政部门规定的要求，书写并妥善保管病历资料。因抢救急危患者，未能及时书写病历的，有关医务人员应当在抢救结束后6小时内据实补记，并加以注明。原卫生部要求从2010年3月1日起，在全国各医疗机构施行修订完善后的《病历书写基本规范》，于2002年颁布的《病历书写基本规范（试行）》同时废止。《病历书写基本规范》，对医疗机构的病历书写行为制定了基本标准，保护患者权益，以提高病历质量，保障医疗质量和安全。防止医患双方发生误解、争执，提出了明确要求。

（三）医疗机构及其医务人员应按照规定保管病历资料

病历资料是一种重要的书证，在医患之间就患者的诊断和治疗问题发生争议时，病历资料对于认定医疗机构是否存在医疗过失起着其他证据难以替代的证明作用。因此，医疗机构遗失、伪造、篡改或者违法销毁病历资料，可推定其存在医疗过失，给患者造成损害的，令其承担赔偿责任。所以，医疗机构及其医务人员应当按照规定妥善保管病历资料。

2013年11月20日，国家卫生计生委、国家中医药管理局印发《医疗机构病历管理规定（2013年版）》，该规定分总则、病历的建立、病历的保管、病历的借阅与复制、病历的封存与启封、病历的保存、附则7章32条，自2014年1月1日起施行。医疗机构应当建立病历管理制度，设置专门部门或者配备专（兼）职人员，具体负责本机构病历和病案的保存与管理工作。在医疗机构建有门（急）诊病历档案的，其门（急）诊病历由医疗机构负责保管；没有在医疗机构建立门（急）诊病历档案的，其门（急）诊病历由患者负责保管。

医疗机构可以采用符合档案管理要求的缩微技术等对纸质病历进行处理后保存。门（急）诊病历由医疗机构保管的，保存时间自患者最后一次就诊之日起不少于15年；住院病历保存时间自患者最后一次住院出院之日起不少于30年。医疗机构变更名称时，所保管的病历应当由变更后医疗机构继续保管。医疗机构撤销后，所保管的病历可以由省级卫生计生行政部门、中医药管理部门或者省级卫生计生行政部门、中医药管理部门指定的机构按照规定妥善保管。

医疗机构应当严格病历管理，严禁任何人涂改、伪造、隐匿、销毁、抢夺、窃取病历。

二、患者查阅、复制病例资料的权利

患者有权复印或者复制其门诊病历、住院志、体温单、医嘱单、化验单（检验报告）、医学影像检查资料、特殊检查同意书、手术同意书、手术及麻醉记录单、病理资料、护理记录以及国务院卫生行政部门规定的其他病历资料。患者依照规定要求复印或者复制病历资料的，医疗机构应当提供复印或者复制服务并在复印或者复制的病历资料上加盖证明印记。复印或者复制病历资料时，应当有患者在场。

《医疗机构病历管理规定（2013 年版）》第四章对病历的借阅与复制进行了详细规定。患者本人或者其委托代理人、死亡患者法定继承人或者其代理人有权向医疗机构申请复制或者查阅病历资料，医疗机构依规定提供病历复制或者查阅服务。医疗机构应当指定部门或者专（兼）职人员负责受理复制病历资料的申请。受理申请时，应当要求申请人提供有关证明材料，并对申请材料的形式进行审核。（1）申请人为患者本人的，应当提供其有效身份证明；（2）申请人为患者代理人的，应当提供患者及其代理人的有效身份证明，以及代理人与患者代理关系的法定证明材料和授权委托书；（3）申请人为死亡患者法定继承人的，应当提供患者死亡证明、死亡患者法定继承人的有效身份证明，死亡患者与法定继承人关系的法定证明材料；（4）申请人为死亡患者法定继承人代理人的，应当提供患者死亡证明、死亡患者法定继承人及其代理人的有效身份证明，死亡患者与法定继承人关系的法定证明材料，代理人与法定继承人代理关系的法定证明材料及授权委托书。

医疗机构可以为申请人复制门（急）诊病历和住院病历中的体温单、医嘱单、住院志（入院记录）、手术同意书、麻醉同意书、麻醉记录、手术记录、病重（病危）患者护理记录、出院记录、输血治疗知情同意书、特殊检查（特殊治疗）同意书、病理报告、检验报告等辅助检查报告单、医学影像检查资料等病历资料。

按照《病历书写基本规范》和《中医病历书写基本规范》的要求，病历尚未完成，申请人要求复制病历时，可以对已完成病历先行复制，在医务人员按照规定完成病历后，再对新完成部分进行复制。

医疗机构受理复制病历资料申请后，由指定部门或者专（兼）职人员通知病案管理部门或专（兼）职人员，在规定时间内将需要复制的病历资料送至指定地点，并在申请人在场的情况下复制；复制的病历资料经申请人和医疗机构双方确认无误后，加盖医疗机构证明印记。

医疗机构应患者的要求，为其复印或者复制病历资料，可以按照规定收取工本费。具体收费标准由省、自治区、直辖市人民政府价格主管部门会同同级卫生行政部门规定。

按照《医疗事故处理条例》第56条的规定，医疗机构没有正当理由，拒绝为患者提供复印或者复制病历资料服务的，由卫生行政部门责令改正；情节严重的，对负有责任的主管人员和其他直接责任人员依法给予行政处分或者纪律处分。当然，从权利的角度来看，如果医疗机构没有正当理由拒绝为患者等提供查阅、复制病历资料的，患者可以权利受到侵害为由，向人民法院提起诉讼。

【对照适用】

本条是对原《侵权责任法》第61条的移植。在适用本条时，应该注意患者查阅、复制权利的限制行使问题。2009年修正后的《执业医师法》第26条规定："医师应当如实向患者或者其家属介绍病情，但应注意避免对患者产生不利后果。医师进行实验性临床医疗，应当经医院批准并征得患者本人或者其家属同意。"《民法典》第1219条第1款也规定："医务人员在诊疗活动中应当向患者说明病情和医疗措施。需要实施手术、特殊检查、特殊治疗的，医务人员应当及时向患者具体说明医疗风险、替代医疗方案等情况，并取得其明确同意；不能或者不宜向患者说明的，应当向患者的近亲属说明，并取得其明确同意。"而病历资料是关于患者患病情况、治疗情况等形成的资料，其中有些内容不能或者不宜被患者知情。为了防止对患者产生"不利后果"，我国《医疗机构病历管理规定（2013年版）》规定，医疗机构及其医务人员有正当理由时，可以拒绝患者查阅、复制病历资料。但在适用时，应该注意以下三点。

第一，仅当病历资料所包含的信息可能严重伤害患者身体或精神健康时，医疗机构才能援用例外规定。如果提供病历资料可能仅仅使得患者感到不安或担忧，尚不足以排除患者查阅病历资料的权利。

第二，如果提供某些病历资料会给患者造成不利后果，而不能将其扩展到全部病历资料，不能以此拒绝提供其他病历资料。

第三，病历资料中包含的对患者"不利后果"的内容，医疗机构不能拒绝患者近亲属查阅、复制病历资料的权利。

第一千二百二十六条　医疗机构及其医务人员应当对患者的隐私和个人信息保密。泄露患者的隐私和个人信息，或者未经患者同意公开其病历资料的，应当承担侵权责任。

【要义精解】

本条是关于保护患者隐私和个人信息的规定。

一、医疗机构及其医务人员侵犯患者的隐私权的，应当承担侵权责任

根据《民法典》第1032条第2款的规定，隐私是自然人的私人生活安宁和不愿为他人知晓的私密空间、私密活动、私密信息。隐私权是指自然人享有的对其私人生活安宁和不愿为他人知晓的私密空间、私密活动、私密信息进行支配的一种人格权。自然人享有隐私权。任何组织或者个人不得以刺探、侵扰、泄露、公开等方式侵害他人的隐私权。本条虽然使用了“泄露”患者隐私的表述，但是实践中，医疗机构及其医务人员侵犯患者隐私权的情形不能仅局限于泄露个人隐私，还应包括：(1) 超出知情范围刺探患者的隐私；(2) 故意泄露、公开传播或者直接侵扰患者的隐私；(3) 非诊疗职责需要而知悉患者隐私；(4) 直接侵入患者身体侵犯隐私；(5) 医方擅自组织医学院实习生观摩对患者的诊疗过程；(6) 未经患者同意公开其病历资料及有关资料中涉及私密信息的内容。

二、医疗机构及其医务人员侵犯患者的隐私权的，应当承担侵权责任

根据《民法典》第1034条的规定，个人信息是以电子或者其他方式记录的能够单独或者与其他信息结合识别特定自然人的各种信息，包括自然人的姓名、出生日期、身份证件号码、生物识别信息、住址、电话号码、电子邮箱地址、行踪信息等。自然人的个人信息受法律保护。个人信息中的私密信息，同时适用隐私权保护的有关规定。

医疗机构及其医务人员为患者提供诊治过程中，需要采集个人信息，例如姓名、出生日期、身份证号码、生物识别信息、年龄、家庭住址、电话号码等。而患者所患疾病、身体健康状况等则属于个人的私密信息。医疗机构及其医务人员对其在诊疗活动过程中得知的患者隐私和个人信息，必须采取保护措施。泄露患者的隐私和个人信息的，应该按照《民法典》关于隐私权和个人信息保护的规定，承担侵权责任。

医疗机构及其医务人员不得泄露、篡改其收集、存储的患者个人信息，未经患者同意，不得向他人非法提供个人信息，但是经过加工无法识别特定个人且不能复原的除外。医疗机构及其医务人员应当采取技术措施和其他必要措施，确保其收集、存储的个人信息安全，防止信息泄露、篡改、丢失，发生或者可能发生个人信息泄露、篡改、丢失的，应当及时采取补救措施，依照规定告知患者并向有关主管部门报告。

患者发现医疗机构及其医务人员违反法律、行政法规的规定或者双方的约定收集、处理其个人信息的，有权请求其及时删除。

医疗机构及其医务人员泄露患者的个人信息的，应当承担侵权责任。当然，如果医疗机构及其医务人员借诊疗名义，非法收集个人信息的，或者泄露、篡改、丢失的，也应当承担相应的法律责任。

三、医疗机构及其医务人员未经患者同意公开其病历资料的，应当承担侵权责任

医疗机构及其医务人员应当妥善保管病历资料，任何人不得随意涂改病历，严禁伪造、隐匿、销毁、抢夺、窃取病历。根据《民法典》本条的规定，未经患者同意的，医疗机构及其医务人员不得公开其病历资料，否则要承担责任。但因病例记载内容丰富，其中不乏极具教学及科研价值的典型案例，如果一味强调病历资料的隐私性，必将对医疗、教学、研究等造成极大的障碍。所以，《医疗机构病历管理规定（2013 年版）》第 6 条规定：“医疗机构及其医务人员应当严格保护患者隐私，禁止以非医疗、教学、研究目的泄露患者的病历资料。”笔者认为，本条是关于病历资料合理利用的规定，虽然为了医疗、教学、研究的目的，可以使用病历资料，但使用病历资料时，要注意对患者隐私权和个人信息的保护，二者并不矛盾，不能以医疗、教学、科研之名，泄露患者的病历资料。《医疗机构病历管理规定（2013 年版）》第 6 条“禁止以非医疗、教学、研究目的泄露患者的病历资料”的规定，与《民法典》本条的规定相抵触，也不利于患者隐私权和个人信息的保护，属于无效规定。

【对照适用】

本条是在对原《侵权责任法》第 62 条修订的基础上形成的，与第 62 条的规定相比，本条增加了医疗机构及其医务人员对“患者个人信息保密的义务以及侵权责任”的规定。该规定顺应了对个人信息保护的时代发展要求，具有重要意义。在适用本条时，应该注意对患者隐私权限制的问题。患者的隐私权需要保护，但是在下列情形下，需要对患者隐私权进行以下限制。

第一，为了社会公共利益的需要。传染病、职业病以及一些可能涉及刑事犯罪的伤病情等特殊情形下，医疗机构及其医务人员不应当以保护患者隐私的名义帮助患者隐瞒相关疾病。例如我国《传染病防治法》规定，任何人发现传染病人或者疑似传染病人时，都应当及时报告，不得隐瞒或者授意他人隐瞒。所以，为公共利益需要，公开患者病情，并不构成侵权。当然，为公共利益的考虑，虽然可以限制患者隐私权，但公开患者隐私时，应当严格按照法定程序进行。例如《传染病防治法》规定，医务人员未经县以上政府卫生部门批准，不得将就诊的淋病、梅毒、麻风、艾滋病病人和艾滋病病原携带者及家属的姓名、住址和个人病史公开。公开患者隐私的，应当采取尽可能的措施，例如隐去患者姓名等方式，尽可能采取一些技术手段防止对患者隐私权的侵害。

第二，为保护第三者的利益对患者隐私权进行限制。患者的隐私权属于患者本人的私事，但有时患者的个人疾病会对与患者密切联系的第三者的利益有影响。例如，我国原《婚姻法》规定，患有禁止结婚的疾病的，如果患者不向第三者披露，对第三者的利益造成损害，这时患者应当向对方告知，而不能以隐私权为由拒不告知。

第三，为了患者的利益而对患者隐私权进行限制。例如，患者所患疾病能够治愈，如果不采取治疗措施，将给患者造成不可挽回的损失，如果患者本人拒绝治疗，医疗机构及其医务人员应告知其近亲属患者患病状况，在其近亲属的配合下共同医治患者。

第一千二百二十七条　医疗机构及其医务人员不得违反诊疗规范实施不必要的检查。

【要义精解】

本条是关于过度医疗检查侵权行为的规定。

美国纽约长岛著名医生史密斯（Lawrence Smith）指出：“过度检查和医疗，是美国医学最严重的危机。”[1] “过度医疗检查”常被称为“过度

〔1〕张田勘：《过度检查之忧》，载《南方周末》2012年6月21日，第E25版。

检查”，是指医疗机构及其医护人员在医疗活动中，违反诊疗规范，实施了超过患者实际需求的医疗检查服务，造成患者人身伤害及财产损失的行为。医务人员对患者采取过度诊疗行为，其动因有二：一是设法逃避医疗损害责任，此与20世纪90年代以来医患关系紧张有关；二是为了获得经济利益。医院往往有所规定，医生可以从所诊治患者的各种检查费用中获得一定比例的提成。

从本条的规定来看，过度医疗检查是指违反诊疗规范实施的不必要的检查，主要有两种情形：其一，本来不需要进行的检查检查了；其二，本来可以采用简单诊疗技术检查，却采用复杂、成本高的诊疗技术检查。但是，也有人认为，这里的过度医疗检查还包括过度治疗，表现为：一是使用不合理的高价药；二是手术过度耗材。开大处方、滥用昂贵药、不必要甚至重复地检查成为过度诊疗侵权行为的主要形式。笔者认为，本条的过度医疗检查是指“过度检查”，而不宜将其扩大到过度治疗。原因在于：过度医疗非常难以判断，即使所患疾病相同，因患者个体差异以及医生学识背景、医疗手段等不同，医疗的措施也就不同。且从本条的规定来看，并没有关于过度医疗检查法律责任的规定。

区分过度医疗检查和适度医疗检查，相对客观的标准就是是否符合诊疗规范。诊疗规范是判断诊疗机构是否实施过度诊疗的标尺。何为诊疗规范呢？其是指卫生部（已撤销）、国家中医药管理局、总后卫生部（已变更）三个部门联合委托中华医学会，由其各医学分会制定了相关的学科《临床诊疗指南》和《临床技术操作规范》。由于现在各项临床诊疗技术的不断发展，针对某类疾病的诊疗技术规范已不能再运用于临床诊断。中华医学各分会也制定了大量的指南、专家意见、指导原则等。如今，这些专业技术诊疗规范在临床实践中发挥了一定了规范性作用，但是卫生行政部门并没有明确将其作为诊疗规范。同时，许多地方的卫生局及当地的医学会也制定了一些指南、专家意见、指导原则等，在当地发挥了相应的规范作用。同样，这些规范也没有被确认为诊疗规范。在此看来，我国还没有确立诊疗规范，不过这些作为医疗惯例，可以当作规范予以处理。[1]

《民法典》虽然对过度医疗检查本身并没有法律责任的规定，但是，

---

〔1〕 杜悦宁：《过度医疗检查致害的民事责任》，西南政法大学2013年硕士学位论文，第2页。

过度医疗检查通常会产生两个后果：其一，患者承担了更多的诊疗费用；其二，造成患者人身损害。过度检查没有致害，那么向医方主张违约责任，可要求医方作出损害赔偿、支付违约金或退回不必要的检查费用。过度医疗检查造成患者人身损害的，应按照《民法典》第 1218 条的规定，由医疗机构承担侵权责任。

【对照适用】

从本条的规定来看，没有关于过度医疗检查法律责任的规定。但是，过度医疗检查通常会产生两个后果：其一，患者承担了更多的诊疗费用；其二，过度医疗检查造成患者人身损害。过度检查没有致害，那么向医方主张违约责任，可要求医方作出损害赔偿、支付违约金或退回不必要的检查费用。过度医疗检查造成患者人身损害的，应按照《民法典》第1218 条的规定，由医疗机构承担侵权责任。

第一千二百二十八条　医疗机构及其医务人员的合法权益受法律保护。

干扰医疗秩序，妨碍医务人员工作、生活，侵害医务人员合法权益的，应当依法承担法律责任。

【要义精解】

本条是关于保护医疗机构及其医务人员的合法权益的规定。

医患矛盾是当前社会关注的热点问题，近年来因医疗纠纷而产生的杀医伤医明显增多，“医闹”“伤医”等事件已经严重干扰了正常的医疗秩序，对医务人员的生命财产安全、工作和生活安宁造成很大影响。在这种情况下，《民法典》不仅要对正常发生的患者与医疗机构之间的权利义务关系进行调整，还应对可能发生的医患矛盾尤其是医务人员的合法权益受到侵害的社会现象加以规范，保护医务人员的合法权益，这也符合原《侵权责任法》“预防和制裁侵权行为”的立法目的。干扰医疗秩序，妨碍医务人员工作、生活，侵害医务人员合法权益的，应当依法承担法律责任，这里的“法律责任”既包括民事赔偿责任，还包括行政责任和刑事责任。

【对照适用】

2015年《刑法修正案（九）》已正式将“医闹”入刑；2016年，国家卫生计生委、中央综治办、公安部和司法部印发了《关于进一步做好维护医疗秩序工作的通知》；2019年12月，《基本医疗卫生与健康促进法》经十三届全国人大常委会第十五次会议表决通过。

第七章　环境污染和生态破坏责任

在原《侵权责任法》中，这一部分被称为环境污染责任，在新修订的《民法典》中增加了生态破坏责任的规定，将生态破坏责任与环境污染责任并列，共同构成了广义上环境责任的组成部分。

第一千二百二十九条　因环境污染、破坏生态造成他人损害的，侵权人应当承担侵权责任。

【要义精解】

本条是关于环境污染、生态破坏侵权责任的一般性规定。

环境，是指人类生存所依赖的客观自然环境的总和。按照《环境保护法》第 2 条的规定，环境是指“影响人类生存和发展的各种天然的和经过人工改造的自然因素的总体，包括大气、水、海洋、土地、矿藏、森林、草原、湿地、野生生物、自然遗迹、人文遗迹、自然保护区、风景名胜区、城市和乡村等”。生态，是指一切生物生活的整体状态，以及人类与环境之间环环相扣的关系。民法调整的环境污染，主要是指由于人类行为导致自然环境混入对人或其他生物的有毒有害物质，从而影响人类健康和生产生活，影响生物生存和发展的现象。民法调整的破坏生态是指人类行为导致的生态系统损害，由此而产生的环境结构和功能的变化，以及生物整体生存状态受损的状态。环境污染与生态破坏在现代社会中日益成为影响人类生存发展的重要阻碍因素，因此在《民法典》中以专章的形式对于环境污染与生态破坏的侵权责任进行规定。

首先，本条是作为环境污染、破坏生态损害赔偿一般规定存在的，其规定因污染环境、破坏生态造成损害的，侵权人应当承担侵权责任。本条的调整范围为环境污染与生态破坏侵权行为。环境污染侵权的具体形式既包括水污染、大气污染、噪声污染等传统的污染形式，还包括光污染、辐射污染等新型的污染形式。换言之，因污染者的行为污染环境造成损害的，污染者应当承担侵权责任。生态破坏主要是指人类行为对于生态系统所带来的消极影响，包括水土流失、沙漠化、荒漠化、森林锐减、土地退化、生物多样性的减少，此外还有湖泊的富营养化、地下水漏斗、地面下沉等。原《民法通则》第 124 条就已经规定了有关环境污染侵权赔偿的制度："违反国家保护环境防止污染的规定，污染环境造成他人损害的，应当依法承担民事责任。"我国在保护环境、防止生态破坏方面制定了一系列法律，如《环境保护法》《海洋环境保护法》《水污染防治法》《大气污染防治法》《固体废物污染环境防治法》《放射性污染防治法》等。这一系列法律形成环境保护的法律体系，其中也规定了一些污染环境致人损害的侵权法规范。依据这些法律，因污染环境、生态破坏造成损害的，除法律明确规定的不承担责任的情形外，都属环境污染侵权行为，行为人应当对受害人承担赔偿损失等民事责任。

其次，本条规定了环境污染与生态破坏侵权责任的规则原则为无过错责任。依照无过错责任原则，在受害人有损害、侵权人的行为与损害有因果关系的情况下，不论侵权人有无过错，都应对其行为造成的损害承担侵权责任。对于环境侵权采取无过错原则主要有以下几个原因：首先，环境污染与生态破坏成为我国发展中的一个严重问题。我国处于高度工业化发展的时期，在这一阶段重工业比重高，污染风险相对较高，生态破坏的压力也比较大。我国有些企业大量开发和利用资源，以获取利润，同时为节省处理成本大量排污，造成他人人身、财产和公共环境的损害。无过错责任原则有利于追究侵权人的责任，促使其积极治理污染，预防和减少污染，保护环境，救济受害人。其次，在环境污染领域采纳无过错责任是在现代社会基于举证能力不对等而采取的对于一般普通民众进行保护的规则。在现代社会中环境污染与生态破坏往往是基于大规模的产业化生产造成的，而其损害的群体往往是一些并不具有专业知识的一般民众。对于受害人基于举证能力的欠缺，其很难证明是由于加害人的过错导致的环境污染与生态破坏。因此，只有实行无过错责任原则才能更好地保护受害人的利益。

值得注意的是，从侵权纠纷角度研究环境污染责任，根据不同的侵权类型，是否应当适用不同的归责原则的问题。对于环境侵权可以区分针对特定主体的环境侵权与针对不特定主体的环境侵权，所谓针对特定主体的环境侵权主要是指特定主体之间产生的环境侵权的行为，如在深夜播放音乐产生的噪声污染，抑或是在小区公共区域堆放垃圾产生的空气污染。对于此类环境侵权，其损害的是特定主体的利益。而针对不特定主体的环境侵权行为往往是基于工业生产或者其他活动针对环境的整体性损害，因此其所损害的为相应环境领域内不特定主体的利益。从比较法角度来看，针对特定主体的环境侵权一般采取过错责任原则，而针对不特定主体的环境侵权才采取无过错责任原则。我国法律上并未明确采取此二者的区分，但在针对特定主体的环境侵权时应当优先适用《民法典》第294条之规定："不动产权利人不得违反国家规定弃置固体废物，排放大气污染物、水污染物、土壤污染物、噪声、光辐射、电磁辐射等有害物质。"

【对照适用】

在民法典侵权责任编中对于生态破坏的规定是在民法典编撰过程中新增加的内容。原《民法通则》、原《侵权责任法》中仅仅规定了环境污染责任，但在现实中存在某些行为并非造成了环境的污染，也即环境本身并没有产生毒害化的后果，而是由于诸如过度开采等行为导致生态环境的整体恶化，如非法采伐林地植被导致生物多样性系统的破坏。对于这一类的侵权行为，难以将其涵盖在环境污染责任之中，因此在《民法典》编纂时，特意增加了有关生态破坏侵权责任的规定。

我国之前的立法中一直坚持对环境污染采取无过错责任原则。原《民法通则》第124条规定："违反国家保护环境防止污染的规定，污染环境造成他人损害的，应当依法承担民事责任。"《海洋环境保护法》第89条第1款规定："造成海洋环境污染损害的责任者，应当排除危害，并赔偿损失；完全由于第三者的故意或者过失，造成海洋环境污染损害的，由第三者排除危害，并承担赔偿责任。"《水污染防治法》第96条第1款规定："因水污染受到损害的当事人，有权要求排污方排除危害和赔偿损失。"《放射性污染防治法》第59条规定："因放射性污染造成他人损害的，应当依法承担民事责任。"《最高人民法院关于审理环境侵权责任纠纷案件适用法律若干问题的解释》第1条第1款也规定："因污染环境造成他人损害，不论侵权人有无过错，侵权人应当承担侵权责任。侵权人以排污符合国家或者地方污染物排放标准为由主张不承担责任的，人民法院不予支持。"民法典侵权责任编中规定环境污染与生态破坏责任采用无过错责任的归责原则与此前这些法律、司法解释的规定是一致的。

第一千二百三十条　因污染环境、破坏生态发生纠纷，行为人应当就法律规定的不承担责任或者减轻责任的情形及其行为与损害之间不存在因果关系承担举证责任。

【要义精解】

本条是关于污染环境、破坏生态侵权案件举证责任分配的规定。

本条有两层含义，第一层含义是对于因污染环境、破坏生态纠纷行为人就法律规定的不承担责任或减轻责任的情形承担举证责任；第二层含义是因污染环境、破坏生态纠纷行为人就其行为与损害之间不存在因果关系承担举证责任。虽然这一规范的两层含义在同一条文中进行规定，但其所蕴含的法理精神与立法价值判定是不同的，简单来说，第一层含义是对于举证责任的正常规定，第二层含义则是对于举证责任倒置的规定。

本条对于因污染环境、破坏生态纠纷行为人就其行为与损害之间不存在因果关系承担举证责任的规定则为举证责任倒置的规定。通过举证责任倒置，减轻了原告的举证责任，加重了被告也即行为人的举证责任，通过这种方式实现了在环境污染、生态破坏纠纷领域的利益平衡。

所谓举证责任倒置，是指在法律规定的一些特殊情形下，将通常应由提出事实主张的当事人所负担的举证责任分配给对方，由对方对否定该事实承担举证责任，如果该方当事人不能就此举证证明，则推定事实主张成立的一种举证责任分配制度。它是举证责任分配的一种特殊表现形式，是相对于一般举证责任分配规则的正常分配结果而言的。其实质便是免除本应由原告承担的举证责任，而就待证事实的反面事实，由被告承担举证责任。将污染行为与损害之间的因果关系的举证义务加于污染者，有利于保护受害人的合法权益。

按照环境污染与生态破坏责任的构成要件，构成环境污染与生态破坏侵权需要行为人有污染环境、破坏生态的行为，受害人有损害，行为人的行为与受害人的损害之间有因果关系。因果关系是构成侵权责任判定中的一个必要环节，只有存在因果关系，受害人才能要求侵权人承担环境污染与生态破坏侵权责任：一般的侵权关系中，加害行为与损害结果之间往往具有即时性的特点，因果关系的判断上相对容易。因此，侵权人的行为与受害人的损害之间的因果关系由受害人证明。但在环境污染与生态破坏责任的因果关系认定中，由该种侵权的特殊性所决定，由行为人承担其行为与损害之间不存在因果关系的倒置举证责任。

第一，环境污染与生态破坏损害一般具有长期性、潜伏性、持续性、广泛性的特点。[1] 有的环境污染损害地域广泛，污染源与损害结果地距离很远，有的损害结果往往不是即时完成的，而是日积月累慢慢形成的，所以即使产生损害，往往时过境迁，证据灭失，很难判断损害事实是否由某侵权行为造成，使因果关系的证明非常困难。

第二，环境污染与生态破坏造成损害的过程具有复杂性，损害并非总是由污染物直接作用人身和财产造成的，往往是污染物与各环境要素或者其他要素相互之间发生物理、化学、生物的反应，经过迁移、扩散、转化、代谢等一系列中间环节后才起作用。甚至有的时候污染物本身是不会致害的，但和其他因素一起作用就产生了损害，使因果关系表现得十分隐蔽和不紧密，认定十分困难。

第三，有的环境污染与生态破坏侵权涉及一系列的物理、化学、生物、地理、医学等专业知识甚至一些高科技知识，要证明行为与损害事实之间的因果关系，必须具备相关的专门科学技术知识和仪器设备，这些知识、技术和仪器并非平常人所能具备。甚至在一些时候，在目前的科学技术条件下，一些环境污染损害的因果关系还无法认定。

第四，在确定因果关系时，多因一果的现象经常出现，如数家工厂向同一河流排污，河水被污染致使饮用该河水的居民感染疾病，在这种情况下，受害人很难或根本无法证明谁是致害人，证明因果关系更困难。

正因为环境污染侵权的这些特殊性，导致环境污染与生态破坏的因果关系链条十分复杂，所以要证明这些因果关系链条就更为复杂，由受害人承担因果关系的举证责任有非常大的难度。如果坚持在环境侵权中按照一般侵权行为的规范，仍要求有严密的因果关系的证明，适用由受害人举证的严密的逻辑推论和判断去论证因果关系，并按通常的诉讼程序去查证，在无法证明因果关系的情况下，受害人就要承担无法举证的不利益，受害人的损害就得不到救济，无异于剥夺了受害人的请求权。为了减轻环境侵权受害人的举证负担，更迅速地救济受害人，举证责任转移或倒置制度便

---

[1] 程啸：《侵权责任法》（第二版），法律出版社2015年版，第578页。

应运而生。经过长期的探索与实践，在环境侵权中因果关系举证责任的转移或倒置已成为各国环境法上的通则，在对受害者的保护方面起到了积极作用。

因此，本条规定，因环境污染发生纠纷，污染者应当就法律规定的不承担责任或者减轻责任的情形及其行为与损害之间不存在因果关系承担举证责任，规定了环境污染侵权因果关系的举证责任倒置，由污染者就行为与损害之间的因果关系承担举证义务。污染者必须提出反证，证明其行为与损害之间没有因果关系，才能不承担侵权责任，否则依据本条规定，其应承担环境污染的侵权责任。

【对照适用】

从比较法上看，许多国家对环境污染与生态破坏责任中因果关系也采取举证责任倒置的规定。美国密歇根州的《环境保护法》第203条规定："当原告在诉讼中初步证明被告的行为已经或者可能损害或毁坏空气、水体或公共托管的其他自然资源时，被告可提出相反的证据来反驳这一初步证明。"《德国环境责任法》第6条第1款规定："根据特定案件的事实，倘若某设备可能导致相应损害之发生，应推定损害是由该设备所致。特定案件中导致损害的可能性，应根据该设备的操作程序、使用的装置、使用和排放物质的种类及浓度、气象状况、损害发生的时间和地点、损害的情形及特定案件中所有导致或不导致损害发生的因素加以确定。"[1]

比较法上对于环境污染责任不承担责任或者减轻责任的情形也有规定，其中，不可抗力、受害人过错和第三方责任是国外立法例中最多见的规定。《德国环境责任法》第4条规定："以损害系因不可抗力引起的为限，不存在赔偿的义务。"《德国水利法》第22条第2款规定："因制造、加工、贮藏、堆积、运送或毁弃物品，从其设备向水体投放物质，致损害于他人者，设备营运人就所生损害负赔偿责任。如果损失由暴力引起，则没有赔偿义务。"《日本大气污染防治法》第25条第3款规定："关于第二十五条第一款规定的损害的发生，与天灾及其他不可抗力联系在一起时，法院在对损害赔偿责任与赔偿额的认定上，应该斟酌这一情况。"《日本水污染防治法》第20条第2款规定："第十九条第一款规定的损害的发生，

〔1〕 程啸：《侵权责任法》（第二版），法律出版社2015年版，第579页。

如果是天灾及其他不可抗力等多种原因造成的，则法院在认定损害赔偿责任和赔偿金额时，可以斟酌这一情况。”《荷兰民法典》债法总则编第178条规定：“具有下列情形之一的，不发生本编第一百七十五条、第一百七十六条或者第一百七十七条（注：《荷兰民法典》这三条分别规定的是危险责任、垃圾场经营者污染责任及采矿工作物的经营者责任）规定的责任：a. 损害因武装冲突、内战、叛乱、国内骚乱、暴动或者兵变所致；b. 损害因意外的、不可避免的和不可克服的自然事件所致，但是，在本编第一百七十七条第一款所称的情形下引发的地下自然力除外；c. 损害仅因执行公共机关发布的命令或者强制性法规所致；d. 损害仅因为受害人自身的利益而合理地置受害人于遭受损害的危险之下而使用本编第一百七十五条所称的物质所致；e. 损害仅因具有故意的第三人的作为或不作为所致，但以不违背本编第一百七十条和第一百七十一条的规定为限；f. 在由故意造成妨害、污染或者其他后果的人承担责任的情形下，不存在根据前节规定产生的有关妨害、污染或者其他后果的责任。”《美国综合环境反应、赔偿和责任法》第七部分（b）款规定：“如果某人能证明泄漏某种有害物质及由此造成的损失是由于以下原因引起的，则不承担本条（a）款的责任：（1）不可抗力；（2）战争；（3）损害仅因第三方的过失引起，并且第三方同该人（被告）之间不存在雇佣或者代理关系，不存在任何直接或者间接的合同关系，同时，被告必须能够证明他不仅对于该有害物质的性质以及所有相关的因素都已尽到谨慎的注意义务，并且对能够合理预见到的第三方过失都已采取谨慎的预防措施；（4）任何以上原因的组合。”《加拿大环境保护法》第205条第2款规定：“依据第一款规定的个人责任并不依靠过失或疏忽的证据，但是如果财产所有人确定环境事件有如下情形，则依据该款的规定不承担责任：1. 因战争、敌对或叛乱行为所导致，或者因一种异常的、不可避免且不可克服的自然现象所导致；2. 完全是由故意引起损害的第三方的作为或不作为引起的；3. 完全是由于政府公共部门或者公共管理机关的疏忽或其他错误行为引起的。”

一些国际公约对环境污染不承担责任或者减轻责任的情形也有规定。《欧盟关于预防和补救环境损害的环境责任指令》第4条规定：“该指令不调整由以下情况导致的环境损害或者紧急的环境威胁：（a）武装冲突，敌对行动，内战或者骚乱；（b）不可避免和不可抑制的自然现象。该指令不适用于由建立欧洲原子能共同体条约所调整的活动导致的核风险或者环境损害或者紧急的环境损害。”《关于核损害的民事责任的维也纳公约》第4条第3款规定：“（一）依本公约的规定，管理人对直接由武装冲突、敌对行动、内战或者暴动等行为引起的核事件所造成的核损害一律不承担责任；（二）管理人对由于特大自然灾害直接引起的核事件所造成的核损害不负责任，除非装置国的法律有相反的规定。”《国际油污损害民事责任公约》第3条第2款规定：“船舶所有人如能证实损害系属于以下情况，即对之不负责任：（1）由于战争行为、敌对行动、内战或者武装暴动，或者特殊的、不可避免的和不可抗拒的自然现象所引起的损害；（2）完全由于第三者有意造成损害的行为或者怠慢所引起的损害；（3）完全是由于负责灯塔或其他助航设备的政府或其他主管当局在执行其职责时，疏忽或其他过失行为所造成的损害。”《关于危险废弃物越境转移及其处置所造成损害的责任和赔偿问题议定书》第4条第5款规定：“如果本条第1和第2款中所述之人证明损害系由以下原因之一所致，则该人便不应对之负任何赔偿责任：（a）武装冲突、敌对行动、内战或叛乱行为；（b）罕见、不可避免、不可预见和无法抵御的自然现象；（c）完全系因遵守损害发生所在国的国家公共当局的强制性措施或；（d）完全由于第三者的蓄意不当行为，包括遭受损害者的不当行为。”

第一千二百三十一条　两个以上侵权人污染环境、破坏生态的，承担责任的大小，根据污染物的种类、浓度、排放量，破坏生态的方式、范围、程度，以及行为对损害后果所起的作用等因素确定。

【要义精解】

本条是关于两个以上行为人造成环境污染与生态破坏责任的规定。

在一定的时间、空间里，环境容量是有限的，多个侵权人共同排污的行为共同造成了环境的污染与生态的破坏，进而给受害人造成损害。在这种情况下，多个侵权人之间对受害人如何承担责任，污染者之间的责任大小如何确定是本条所规范的内容。

一、两个以上侵权人在无意思联络的情况下造成损害

本条所规范的环境污染侵权行为有以下要件：一是侵权主体为多数，有两个或者两个以上的污染者；二是污染者存在无意思联络的侵权行为，即污染者都有污染环境的行为，但其行为之间没有意思联络；三是数个侵权行为与损害有总体上的因果关系，并不是单个侵权行为与损害之间有因果关系；四是造成了同一损害。本条规定的两个以上污染者污染环境，污染者之间不存在污染环境的意思联络。现实中的环境污染共同侵权，从各行为人的角度考察，在污染者彼此实施侵权行为之前，一般没有主观上的意思联络。如果污染者之间有意思联络，则不是本条调整的范围，应考虑适用《民法典》第1168条“二人以上共同实施侵权行为，造成他人损害的，应当承担连带责任”的规定，构成有意思联络的共同侵权，污染者承担连带责任。

二、关于判断污染者责任大小的依据

在确定两个以上污染者污染环境、破坏生态的，如果均应当承担责任，如何判断污染者承担责任的份额，其责任大小应根据什么因素确定？本条规定，污染者承担责任的大小，根据污染物的种类、浓度、排放量，破坏生态的方式、范围、程度以及行为对损害后果所起的作用等因素确定。污染者承担责任大小的依据主要是污染者的行为在导致损害的结果中所占的原因力的比例。环境污染中原因力的确定比较复杂，具体到确定责任大小，应考虑污染者排放污染物的种类、排放量等因素。排放污染物的种类是指导致损害结果的污染物的种类，如一家企业既排放A有害物质又排放B有害物质，在确定致害污染物只是A有害物质的情况下，只考虑A有害物质的排放来确定。排放量的概念是排放污染物总量乘以排放浓度，如一家企业排放污水10吨，浓度是0.1%，另一家企业排放污水5吨，浓度是0.2%，排放量的计算是排放污水总量乘以排放浓度，并非单指排放污水总量。在确定责任大小时还应考虑排放地距离、排放持续时间、污染物的致害程度，破坏生态的方式、范围、程度等因素。

【对照适用】

本条并非对于两个以上行为人造成环境污染、生态破坏所承担责任的类型进行规定，行为人究竟承担连带责任还是按份责任并非本条予以规定，本条仅仅是规定两个以上侵权人之间责任的划分。因此，本条在适用过程中的难点在于其与《民法典》第1171条、第1172条之间的关系。第1171条规定：“二人以上分别实施侵权行为造成同一损害，每个人的侵权行为都足以造成全部损害的，行为人承担连带责任。”第1172条规定：“二人以上分别实施侵权行为造成同一损害，能够确定责任大小的，各自承担相应的责任；难以确定责任大小的，平均承担责任。”解决途径在于基于案件具体情况予以类型化以确定适用的具体规范。对于环境污染与生态破坏侵权案件，造成损害的多种因素可能源于同一主体，但更多情况其是于不同主体而造成，在这种情况下就应当区分多种因素与损害结果之间因果关系的具体类型。第一种类型为共同因果关系，也即多种因素结合在一起共同构成损害发生的后果，任何一个因素单独发生并不足以产生损害后果，但是多种因素结合在一起导致损害的产生。第二种类型为竞合的因果关系，即任何一个因素都足以产生损害的全部后果，但是却结合在一起共同造成同一损害。还有一种类型被称为累积的因果关系，也即共同构成损害的诸种因素中某一种单独发生即可产生全部损害后果，但是其他一些因素并不具备产生全部损害的能力。例如，A 与 B 造纸厂共同排污造成 C 养殖户的损失，A 规模较大，其所排放的污水足以造成 C 的全部损失，而 B 的规模较小，其仅能造成 C 的部分损失，但事实却是由于 A 与 B 共同排污造成 C 的损失。[1] 对于多人侵权造成环境污染、生态破坏，如果为竞合的因果关系，则不应当适用本条，而应当依据第 1171 条的规定由共同侵权人承担连带责任。如果为共同因果关系，则应当考虑适用第 1172 条的规定。如果为累积的因果关系，对于足以造成全部损害的行为人应当考虑适用第 1171 条的规定与其他侵权人承担连带责任，而对于只造成部分损害的行为人，应当考虑适用本条与第 1172 条的规定，在承担按份责任的基础上确定其应当承担额责任范围。

一些国家也对两个以上污染者污染环境如何承担责任作出了规定。如《德国水利法》第 22 条第 1 款规定：“向水体（包括河流、湖泊、沿海和地下水）投放或导人物质，或者变更水体原来的物理、化学或生物性质，致损害他人者，就其所生损害负赔偿责任。如果是多人使水域产生影响，那他们作为整体负债人而承担责任。”在日本，对依据《日本大气污染防治法》等的无过错责任适用共同不法行为的情形，根据排放量、排放浓度，认为行为人对于损害的发生应负责任明显很小时，日本法院可以对这一情况加以考虑，免除或减轻此行为人的责任。这种情形下，该行为人须向法院提交自己事业场所的排放量、排放浓度的记录。《日本大气污染防治法》第 25 条第 2 款规定：“对于由两个以上的事业者向大气中排放有害

---

〔1〕 程啸：《侵权责任法》（第二版），法律出版社 2015 年版，第 583-584 页。

健康的物质而引起的该损害赔偿责任，适用民法第七百一十九条第一款的规定（共同不法行为）的情形下，当认为事业者对于该损害的造成应负责任明显很小时，裁判所在决定该事业者的损害赔偿金额时可以对这一情况加以考虑。”《日本水污染防治法》第19条第1款也有类似规定。

第一千二百三十二条　侵权人违反法律规定故意污染环境、破坏生态造成严重后果的，被侵权人有权请求相应的惩罚性赔偿。

【要义精解】

本条是关于环境侵权、生态破坏惩罚性赔偿制度的规定。

对于侵权人故意违反国家规定，造成损害的，一般补偿性损害赔偿不足以产生足够的威慑力，对于被害人的补偿往往也是有限的，不足以改善我国现有环境污染与生态破坏状况，因此对于惩罚性赔偿制度的引入被认为有助于进一步实现环境治理领域的改善。对于本条所要明确的第一个问题在于惩罚性赔偿的构成要件。该条规定首先要符合故意这一主观要件，所谓故意指行为人明知其行为会产生侵害环境、破坏生态的后果仍然实施该行为。比如说，某工厂明知其排放污水的下游有养鱼场仍然超标排放污水的行为。与故意相对的为过失，也即行为人可以意识到自身行为会产生他人权益受损的后果，但却未意识到而实施了该行为。比如说，某工厂具备进行污水处理的条件与设施，但是由于具体操作人员操作失误，导致将未充分处理的污水进行了排放。对于惩罚性赔偿其主观要件局限于故意，主观过失不能构成惩罚性赔偿。

本条在客观上要求具有违反国家规定与造成严重后果两层要件。首先，必须以违反国家规定作为构成惩罚性赔偿的前提，这意味着损害性赔偿相对于一般环境污染、生态破坏侵权其构成要件要严格许多。依据《最高人民法院关于审理环境侵权责任纠纷案件适用法律若干问题的解释》第1条第2款的规定，对于一般环境污染、生态破坏侵权“侵权人以排污符合国家或者地方污染物排放标准为由主张不承担责任的，人民法院不予支持”。但对于惩罚性赔偿，只需要证明行为人的行为不违反国家规定即可作为免责事由。这一规定在一定程度上忽略了惩罚性赔偿对于行为人主观恶意的惩治。如果行为人明知在某一领域国家标准具有不完备性，即使按照国家标准进行排放仍然会造成环境污染与生态破坏，但对于这种行为却无法请求惩罚性赔偿。其次，行为人的行为必须造成严重后果。所谓严重后果为我国惩罚性赔偿的一贯要求。在原《侵权责任法》第 47 条首次规定惩罚性赔偿时即要求“造成他人死亡或者健康严重损害”，在《消费者权益保护法》中也为“造成消费者或者其他受害人死亡或者健康严重损害的”。最后，必须造成严重后果也是请求惩罚性赔偿的前提。所谓严重后果意味着必须损害达到相当严重的程度，可以表现为环境污染、生态破坏的范围广，也可以是由于损害的程度较高，修复成本较高。

【对照适用】

本条在适用过程中仍然存在一定的不确定性。原《侵权责任法》第 47 条在侵权法领域规定了惩罚性赔偿，但是对于惩罚性赔偿的具体金额却没有作出规定，因此在实践过程中对于惩罚性赔偿的尺度掌握完全依赖于法官在个案中的裁判。本条虽然对于惩罚性赔偿的构成要件与适用情形进行了规定，但是并未规定惩罚性赔偿的具体金额。因此，在裁判过程中需要法官结合个案具体的危害程度、对环境的污染程度、生态的可修复性等因素综合进行考量。

第一千二百三十三条　因第三人的过错污染环境、破坏生态的，被侵权人可以向侵权人请求赔偿，也可以向第三人请求赔偿。侵权人赔偿后，有权向第三人追偿。

【要义精解】

本条是关于因第三人的过错造成污染环境、破坏生态责任的规定。

第三人的过错，是指除侵权行为人与被侵权人之外的第三人，对被侵权人损害的发生具有过错，此种过错包括故意和过失。本条规定的是如果污染环境造成损害是由于第三人的过错引起的，责任如何承担的问题。这种情况须具备以下两个条件：首先，第三人是指被侵权人和侵权行为人之外的第三人，第三人与受害者和侵权行为人之间不存在法律上的代理关系或雇佣关系等。其次，第三人和侵权行为人之间不存在意思联络。如果第三人与侵权行为人有意思联络，则第三人与行为人构成共同侵权，不属于本条规范。本条规定，因第三人的过错污染环境、破坏生态造成损害的，被侵权人可以向行为人请求赔偿，也可以向第三人请求赔偿。污染者赔偿后，有权向第三人追偿。

【对照适用】

我国现有的环境保护法律中对因第三人的过错污染环境、破坏生态造成损害如何承担责任也有规定。如《水污染防治法》第96条第4款规定："水污染损害是由第三人造成的，排污方承担赔偿责任后，有权向第三人追偿。"《海洋环境保护法》第89条第1款规定："造成海洋环境污染损害的责任者，应当排除危害，并赔偿损失；完全由于第三者的故意或者过失，造成海洋环境污染损害的，由第三者排除危害，并承担赔偿责任。"

一些国家的环境法律中对因第三人的过错污染环境造成损害的情况也有规定。《荷兰民法典》第178条规定："具有下列情形之一的，不承担本编第一百七十五条、第一百七十六条或者第一百七十七条规定的责任：……e. 损害仅因具有故意的第三人的作为或不作为所致，但以不违背本编第一百七十条和第一百七十一条的规定为限。"《美国综合环境反应、赔偿和责任法》第七部分（b）款规定："如果某人能证明泄漏某种有害物质及由此造成的损失是由于以下原因引起的，则不承担本条（a）款的责任：(1) 不可抗力；(2) 战争；(3) 损害仅因第三方的过失引起，并且第三方同该人（被告）之间不存在雇佣或者代理关系，不存在任何直接或者间接的合同关系，同时，被告必须能够证明他不仅对于该有害物质的性质以及所有相关的因素都已尽到谨慎的注意义务，并且对能够合理预见到的第三方过失都已采取谨慎的预防措施；(4) 任何以上原因的组合。"《加拿大环境保护法》第205条第2款规定："环境事件完全是由故意引起损害的第三方的作为或不作为引起的，免除侵害人的赔偿责任。"

第一千二百三十四条　违反国家规定造成生态环境损害，生态环境能够修复的，国家规定的机关或者法律规定的组织有权请求侵权人在合理期限内承担修复责任。侵权人在期限内未修复的，国家规定的机关或者法律规定的组织可以自行或者委托他人进行修复，所需费用由侵权人负担。

【要义精解】

本条是关于生态环境损害承担修复责任的规定。

生态环境损害作为对于生态环境的整体性损害，其所带来的损失不仅仅是传统侵权法中的财产损失与人身伤害，还包含对于生态环境的整体损害。生态环境损害侵权责任的承担也不同于传统侵权责任中的损害赔偿等形式，更为重要的是使侵权人能够实际承担对于其所破坏的生态环境予以修复。本条所包含的第一层含义为请求修复生态环境请求权的行使条件。对于生态环境损害予以修复并非是绝对的，而是基于生态环境污染的具体情形予以确定，只有能够予以修复的，才能主张请求修复生态环境。本条第二层含义为请求生态环境修复请求权的主体。按照侵权法的一般原理，对于具体侵权救济方式的请求权为普遍适用的，任何受到侵害的个体均有权请求侵权人承担侵权责任，并不需要对于主体进行特别规定。但是，对于生态环境损害请求权的主体却予以了特别限定，仅仅限于国家规定的机关或者法律规定的组织。其原因在于生态环境修复请求权本身具有公益性质，应由具有特殊职责的机关或者法律规定的特殊组织来行使请求权。本条第三层含义为对于未履行修复义务的法律后果。如果侵权人按照国家规定的机关或者有关组织的请求履行了修复义务，生态环境恢复到被污染破坏之前的状态，则侵权人已经履行了其义务。如果侵权人不履行相应义务，由有关机关与组织自行或委托他人修复，由侵权人承担相应费用。

【对照适用】

本条在适用时的关键问题在于确定何种机关与组织有权请求生态环境修复责任。《民事诉讼法》第 58 条第 1 款规定："对污染环境、侵害众多消费者合法权益等损害社会公共利益的行为，法律规定的机关和有关组织可以向人民法院提起诉讼。"有权提起生态环境修复责任的国家机关为检察机关。具体规范性依据有《全国人民代表大会常务委员会关于授权最高人民检察院在部分地区开展公益诉讼试点工作的决定》规定的"授权最高人民检察院在生态环境和资源保护、国有资产保护、国有土地使用权出让、食品药品安全等领域开展提起公益诉讼试点"，以及《检察官法》第 7 条规定的"检察官的职责：……（三）开展公益诉讼工作……"。

第一千二百三十五条　违反国家规定造成生态环境损害的，国家规定的机关或者法律规定的组织有权请求侵权人赔偿下列损失和费用：

（一）生态环境受到损害至修复完成期间服务功能丧失导致的损失；

（二）生态环境功能永久性损害造成的损失；

（三）生态环境损害调查、鉴定评估等费用；

（四）清除污染、修复生态环境费用；

（五）防止损害的发生和扩大所支出的合理费用。

【要义精解】

本条是关于环境生态损害具体费用的内容。

基于环境公益诉讼所产生的损害赔偿请求权其目的并非对于损害个人予以偿付，而是将该赔偿用于尽可能弥补生态环境所受损害，因此该请求权的主体同《民法典》第1234条一样限定为国家规定的机关或法律规定的组织。具体可以请求的损失与费用进行了详细的列举：（1）生态环境修复期间服务功能丧失导致的损失；（2）生态环境功能永久性损害造成的损失；（3）生态环境损害调查、鉴定评估等费用；（4）清除污染、修复生态环境费用；（5）防止损害的发生和扩大所支出的合理费用。

【对照适用】

本条款看似规定明确具体，但在适用之时仍有若干需要斟酌之处。第一，服务功能丧失所导致的损失如何量化？生态环境所带来的利益是全面的、整体的，甚至不仅仅局限于人类。比如，由于生态的破坏对于某种珍贵动植物的生存栖息带来危害。当生态环境服务功能丧失时，这些损失如何量化？这需要法官在具体案件中，依据现有科技水平维系原有生态环境所需的费用予以确定。如某企业对于水资源进行污染导致附近居民无法正常饮用自来水，则服务功能丧失所导致的损失即为居民所需购买清洁饮用水所需费用。第二，生态环境功能永久性损害的损失如何量化？如果某行为对于生态环境造成了不可逆的永久性破坏，那么对于这些破坏是无法通过支付金钱予以弥补的。因此，所谓永久性损害的损失即为维系相关利益主体相应环境生态利益所需费用。如某企业对于某居民区造成了永久性损害，导致该区域不再适宜人类居住，则永久性损害所造成的损失应当包括该居民区居民搬迁所需的费用以及处于该区域其他相关主体为维系环境利益所需的费用。

第八章　高度危险责任

第一千二百三十六条　从事高度危险作业造成他人损害的，应当承担侵权责任。

【要义精解】

本条是关于高度危险责任的一般规定。

高度危险责任的出现源于19世纪，随着工业革命带来的社会化大生产的迅速发展和科学技术的不断进步，伴随着种种诸如铁路、机械、炸药等广泛应用于生产、生活中，造成他人人身、财产损害的事件时有发生。一方面，人们为了提高社会生产力以发展经济和提高物质生活水平，追求高效、快捷，必然借助这些具有高度危险性的作业；另一方面，由于高度危险作业本身具有对人身和财产的巨大潜在危险性，即使作业者尽最大的注意和谨慎，也不能完全避免侵害的发生。这对当时的立法带来了挑战，如果固守传统的过错责任，从事危险活动者往往会以没有过失为借口，使受害人难以甚至无法获得财产上的赔偿。在这种情况下，最早普鲁士在1838年通过了《普鲁士铁路企业法》。该法规定铁路公司所运输的人及物，或者因转运之事故对他人人身和财物造成损害，应当承担赔偿责任。容易致人损害的企业的企业主即使没有任何过失，也不得以无过失为由请求免除赔偿。后来，该规定扩大适用于包括铁路公司在内的一切容易致人损害（从事高度危险作业）的企业。通常认为这是首次确立高度危险作业无过错赔偿责任原则的法律规定。[1]

在我国高度危险责任仅限于民法典侵权责任编第八章中的内容，从第八章内容来看，这里讲的“高度危险作业”，包括使用民用核设施、高速

---

〔1〕［德］埃尔温·多伊奇、［德］汉斯-于尔根·阿伦斯：《德国侵权法——侵权行为、损害赔偿及痛苦抚慰金》（第5版），叶名怡、温大军译，中国人民大学出版社2016年版，第172页。

轨道运输工具和从事高压、高空、地下采掘等高度危险活动，也包括占有、使用易燃、易爆、剧毒和放射性等高度危险物的行为。有些国家将动物责任、机动车责任、能源生产和传输、产品责任等都纳入危险责任的范围之中。[1] 由于我国侵权法中对于动物责任、机动车责任等内容进行了专章规定，与高度危险责任处于并列的位置，因此我国的危险责任的范畴一般仅指第八章中所列举的内容。但从本条表述来看，其所使用的表述为抽象概括式的表述"从事高度危险作业"，这一概念具有显著的开放性。从文义解释的角度包括一切对周围环境产生高度危险的作业形式。因此，在发生新型高度危险责任之时存在适用本条的可能性。

除第八章所列举的具体高度危险作业的情形外，还有哪些行为可以属于高度危险作业？在理论和司法实践中，一般认为，构成高度危险作业应具备以下条件：第一，作业本身具有高度的危险性。也就是说，危险性变为现实损害的概率很大，超过了一般人正常的防范意识，或者说超过了在一般条件下人们可以避免或者躲避的危险。第二，高度危险作业即使采取安全措施并尽到了相当的注意也无法避免损害。日常生活中，任何一种活动都可能对周围人们的财产或人身产生一定的危险性，但高度危险作业则具有不完全受人控制或者难以控制的危害性。

本条包括对于高度危险作业造成他人损害的，应当承担无过错责任的规定。所谓无过错责任指只要是从事高度危险作业造成他人人身、财产损害，无论作业人是否有过错，均应当承担侵权责任。高度危险责任采用无过错责任，是大部分国家的普遍做法。我国在制定原《民法通则》时，也将高度危险责任规定为无过错责任。其后根据原《民法通则》制定的《铁路法》、《电力法》和《民用航空法》等单行法确认了有关高度危险作业的无过错责任。原《侵权责任法》制定时也延续了无过错责任的规定。在司法实践和学术研究中，也普遍接受高度危险作业应当实行无过错责任。

本条规定，从事高度危险作业造成他人损害的，应当承担侵权责任。这里的"侵权责任"不应当狭义地理解为损害赔偿责任。由于高度危险作业一旦造成损害，可能对周围环境带来很大的危害，因此，作业人不仅在事后应向受害人进行损害赔偿，而且在事发时就应当积极采取停止侵害、

---

〔1〕［德］埃尔温·多伊奇、［德］汉斯-于尔根·阿伦斯：《德国侵权法——侵权行为、损害赔偿及痛苦抚慰金》（第5版），叶名怡、温大军译，中国人民大学出版社2016年版，第173页。

消除危险等措施并积极救助受害人，因此，笔者在这里强调的是“侵权责任”而不是仅要求高度危险作业人承担赔偿责任。

【对照适用】

如何通过法律规定高度危险责任，各国做法并不统一。有些国家和地区，如德国、瑞士、法国、日本和我国澳门特别行政区等通过单行法或者民法典个别条款对某些特定高度危险行为进行规范，如德国只是在《德国道路交通安全法》《德国环境责任法》《德国航空交通法》等法律中对有关具体的危险作业作出规定。这种模式的原因在于：“立法者必须通过法律的形式引入危险责任……司法实践也拒绝将现有的危险责任进行类推适用……之所以要严格限制危险责任的适用，是因为即使在工业社会，危险责任也是被当作过错责任的例外情况。”[1] 但在有些国家和地区采取了对高度危险责任进行一般性规定的立法模式，如意大利、荷兰、俄罗斯、越南、蒙古国、埃塞俄比亚和我国台湾地区等。我国台湾地区“民法”中规定，经营一定事业或从事其他工作或活动之人，其工作或活动之性质或其使用之工具或方法有生损害于他人之危险者，对他人之损害应负赔偿责任。但损害非由于其工作或活动或其使用之工具或方法所致，或于防止损害之发生已尽相当之注意者，不在此限。《荷兰民法典》则明确规定“特别严重危险性（物质）”是指按照《荷兰环境有害物质法》规定的标准和方法认定的具有爆炸、氧化、可燃、高度可燃或特别可燃、有毒或剧毒的物质。而有些国家仅仅是对于高度危险责任进行列举加兜底规定。如俄罗斯、越南、荷兰和埃塞俄比亚。虽然列举内容不尽相同，但一般包括：(1) 高压电（或输电系统）；(2) 易燃物；(3) 易爆物（或爆炸物）；(4) 剧毒物；(5) 放射性物质（或原子能）。除此之外，《俄罗斯民法典》将交通工具、机械和建筑行为作为危险源；《越南民法典》将交通工具、运行中的机械、武器和凶猛的动物作为危险源；埃塞俄比亚还将改变地势的行为作为危险源。在《美国侵权法重述之二》《欧洲侵权法基本原则（草案）》这两部示范法中，则采取了另外的一种模式，即对高度危险行为不采取列举和下定义的方式界定，而是明确规定了认定高度危险行为需要

---

〔1〕［德］埃尔温·多伊奇、［德］汉斯-于尔根·阿伦斯：《德国侵权法——侵权行为、损害赔偿及痛苦抚慰金》（第5版），叶名怡、温大军译，中国人民大学出版社2016年版，第175页。

考虑的几个因素，确认某个行为是否属于高度危险，由法院根据这几个因素进行判断。如《美国侵权法重述之二》第520条规定了确定异常危险行为的六种因素：(1) 该行为的危险程度；(2) 该行为导致损害的概率；(3) 损害是否难以避免；(4) 该行为是否具有普遍性；(5) 进行该行为的场所是否适当；(6) 该行为的社会价值。《欧洲侵权法基本原则（草案）》第5条规定了构成异常危险的活动的两个条件：(1) 即使在从事活动过程中采取所有防护措施，该活动仍造成可预见的和极高的风险。(2) 该活动并非通常作业。并要考虑该种行为造成损害的严重性和可能性以及造成实际损害的风险性。

面对这些不同立法模式的选择，我国从原《民法通则》时代起就一直沿用一般条款对于高度危险责任进行概括性规定的模式。原《民法通则》第123条规定，从事高空、高压、易燃、易爆、剧毒、放射性、高速运输工具等对周围环境有高度危险的作业造成他人损害的，应当承担民事责任；如果能够证明损害是由受害人故意造成的，不承担民事责任。这条规定，一是通过列举“高空、高压、易燃、易爆、剧毒、放射性、高速运输工具”这七种常见的高度危险作业形式，同时也在其后加上“等对周围环境有高度危险的作业”来界定高度危险作业的范围。二是规定了高度危险作业实行的是无过错原则，并规定损害是由受害人故意造成的，高度危险作业人可以不承担责任。原《民法通则》第123条作为高度危险责任的一般规定，为其后制定有关涉及高度危险责任的单行法和司法实践发挥了积极的指导作用。原《侵权责任法》第69条规定，从事高度危险作业造成他人损害的，应当承担侵权责任。这一规定为《民法典》所承继。

本条适用的一个关键问题在于无过错责任抗辩的事由。原《民法通则》第123条规定，损害是因受害人故意造成的，高度危险作业人不承担责任。但在其后制定的《铁路法》《电力法》《民用航空法》等单行法时，根据不同行业中不同的现实情况，对作业人不承担责任或者减轻责任都作出具体的规定，如《铁路法》第58条规定，因铁路行车事故及其他铁路运营事故造成人员伤亡的，铁路运输企业应当承担赔偿责任；如果人身伤亡是因不可抗力或者受害人自身原因造成的，铁路运输企业不承担赔偿责任。违章通过平交道口或者人行过道，或者在铁路线路上行走、坐卧造成的人身伤亡，属于受害人自身的原因造成的人身伤亡。又如，《电力法》第60条规定，电力运行事故由下列原因之一造成的，电力企业不承担赔偿责任：（1）不可抗力；（2）用户自身的过错。《民用航空法》第124条规定，因发生在民用航空器上或者在旅客上、下民用航空器过程中的事件，造成旅客人身伤亡的，承运人应当承担责任；但是，旅客的人身伤亡完全是由于旅客本人的健康状况造成的，承运人不承担责任。

第一千二百三十七条　民用核设施或者运入运出核设施的核材料发生核事故造成他人损害的，民用核设施的营运单位应当承担侵权责任；但是，能够证明损害是因战争、武装冲突、暴乱等情形或者受害人故意造成的，不承担责任。

【要义精解】

本条是关于民用核设施致害责任的规定。

核科学技术的发展和核能的和平利用是20世纪人类最伟大的成就之一。一般情况下，核能是一种安全、经济、清洁的能源，但是一旦发生泄漏，产生的损害确是极其严重的。历史上著名的苏联切尔诺贝利核事故警示我们，尽管核电站发生严重事故的频度极低，但是，由于其后果极为严重，因此，核设施与核材料属于典型的高度危险责任的类型。按照放射性污染防治法的规定，核设施是指核动力厂（核电厂、核热电厂、核供汽供热厂等）和其他反应堆（研究堆、实验堆、临界装置等），核燃料生产、加工、贮存和后处理设施，放射性废物的处理和处置设施等。核设施包括民用核设施和军用核设施，本条规定的是民用核设施。核材料主要是指用于反应堆的各部分的材料。核事故是指在核设施（如核电站）内发生了意外情况，造成放射性物质外泄，致使工作人员和公众受超过或相当于规定限值的照射。同时包括在运入运出核设施的核材料过程中发生事故的情形。

本条规定承担责任的主体是民用核设施的经营者，也就是所谓民用核设施的营运者。按照2007年《国务院关于核事故损害赔偿责任问题的批复》的规定，民用核设施的营运单位应当对核事故造成的人身伤亡、财产损失或者环境受到的损害承担赔偿责任。中华人民共和国境内依法取得法人资格，营运核电站、民用研究堆、民用工程实验反应堆的单位或者从事民用核燃料生产、运输和乏燃料贮存、运输、后处理且拥有核设施的单位，为该核电站或者核设施的营运者。因民用核设施的设计人、建筑人的过错，导致该民用核设施发生核事故造成他人人身、财产损害的，按照2007年国务院批复的规定，也应当由该民用核设施的经营者向受害人承担责任，然后由经营者依照合同的约定，向设计人或者施工人等责任人追偿。

民用核设施发生核事故的致害责任，实行无过错原则，按照本条规定，只有在能够证明损害是因战争、武装冲突、暴乱等情形或者受害人故意造成的可以不承担责任。

本条规定，民用核设施的经营者应当承担侵权责任。这里的“侵权责任”不仅仅是损害赔偿责任。由于发生核事故，可能对周围环境带来很大的危害，因此，民用核设施的经营者不仅在事后向受害人进行损害赔偿，而且在事发时就应当积极采取停止侵害、消除危险等措施并开展积极救助受害人。在损害赔偿责任上，由于核事故造成的危害面比较广，为了兼顾核工业的正常发展和保护受害人的权益，国际通行做法是通过立法规定民用核设施的赔偿限额。如2007年国务院批复的规定，核电站的营运者对一次核事故所造成的核事故损害的最高赔偿额为3亿元人民币。核事故损害的应赔总额超过规定的最高赔偿额的，国家提供最高限额为8亿元人民币的财政补偿。

【对照适用】

我国一直十分重视核安全管理，不仅制定了放射性污染防治法、民用核设施安全监督管理条例、核电厂核事故应急管理条例等一系列法律、法规，还加入了《核安全公约》，全面履行公约所要求的核安全义务。总的说来，我国已经建立起一套比较完善的核安全管理法律体系，但关于核设施发生核事故的民事责任，在法律层面上规定得较为原则，如《放射性污染防治法》第59条规定：“因放射性污染造成他人损害的，应当依法承担民事责任。”而原《民法通则》第123条也是对从事高空、高压、易燃、易爆、剧毒、放射性和高速运输工具等高度危险作业责任作出了一般性规定。2007年，国务院针对核事故损害赔偿责任，向国家原子能机构作出《国务院关于核事故损害赔偿责任问题的批复》，该批复根据国际通行做法，对核损害赔偿责任的主体、归责原则、赔偿限额等问题作出了规定。该批复规定：“营运者应当对核事故造成的人身伤亡、财产损失或者环境受到的损害承担赔偿责任。营运者以外的其他人不承担赔偿责任。”在原《侵权责任法》中吸纳了这一规则：“民用核设施发生核事故造成他人损害的，民用核设施的经营者应当承担侵权责任，但能够证明损害是因战争等情形或者受害人故意造成的，不承担责任。”在《民法典》中将原《侵权责任法》中规定的战争等情形进行了更为详细的列举，具体新增了武装冲突、暴乱等情形。

第一千二百三十八条　民用航空器造成他人损害的，民用航空器的经营者应当承担侵权责任；但是，能够证明损害是因受害人故意造成的，不承担责任。

【要义精解】

本条是关于民用航空器致害责任的规定。

随着技术的发展和管理的不断完善，航空运输在现代社会生活中扮演着日益重要的角色。航空运输的安全性远远高于铁路、水路运输，更高于公路运输。但是，随着航空运输的迅速发展，客货航班将不断增加，造成人员伤亡的空难也时有发生。航空运输具有特殊性，飞机一旦发生事故常常会造成较大规模的人员伤亡和巨大的财产损失，并造成很大的社会影响甚至政治影响，因此，民用航空器由于其具有的天然危险性被纳入高度危险责任之中。航空器主要包括固定翼飞机、滑翔机、直升机、无人机等飞机，此外，热气球、飞艇也属于航空器。一般认为，火箭是借助燃料所产生的反作用力，运动方式和空气无直接关系，因而不属于航空器。此外，本条仅限于民用航空器，而火箭远远未投入民用的序列。民用航空器是指除用于执行军事、海关、警察飞行任务外的航空器。民用航空器主要用途有两个方面：一是专门从事运送旅客、行李、邮件或者货物的运输飞行；二是通用航空，包括从事工业、农业、林业、渔业和建筑业的作业飞行，以及医疗卫生、抢险救灾、气象探测、海洋监测、科学实验、教育训练、文化教育等方面的飞行活动。

这里的“经营者”主要包括从事运输旅客、货物运输的承运人和从事通用航空的民用航空器使用人，从事旅客、货物运输的承运人主要是公共航空运输企业。公共运输企业运送旅客的，应当出具客票，客票是航空旅客运输合同订立和运输合同条件的初步证据。公共运输企业运送货物的，应当与托运人订立合同，接受托运人出具的航空货运单，航空货运单是航空货物运输合同订立和运输条件以及承运人接受货物的初步证据。公共运输企业应当按照约定将旅客、货物及时送到目的地。从事通用航空的民用航空器的使用人，在组织实施作业飞行时，应当采取有效措施，保证飞行安全，保护环境和生态平衡，防止对环境、居民、作物或者牲畜等造成损害。

民用航空器造成他人损害的，包括两种情形：一种情形是，民用航空器在从事旅客、货物运输过程中，对所载运的旅客、货物造成的损害。按照《民用航空法》的规定，在从事公共运输航空中，因发生在民用航空器上或者在旅客上、下民用航空器过程中的事件，造成的旅客人身伤亡和其随身携带物品毁灭、遗失或者损坏的，承运人应当依法承担侵权责任。对托运的行李、货物而言，因发生在航空运输期间的事件，造成货物毁灭、遗失或者损坏的，承运人应当依法承担侵权责任。另一种情形是，民用航空器对地面第三人的人身、财产造成的损害。具体说来，就是飞行中的民用航空器或者从飞行中的民用航空器上落下的人或者物，造成地面（包括水面）上的人身伤亡和财产损害。这里的“飞行中”，是指自民用航空器为实际起飞而使用动力时起至着陆冲程终了时止；就轻于空气的民用航空器而言，“飞行中”是指自其离开地面时起至其重新着地时止。

民用航空器作为一种高速运输工具，《民用航空法》规定了民用航空器的经营者应当承担无过错责任，这与国际公约和世界上通行做法是一致的。本条也坚持这个原则：民用航空器造成他人损害的，民用航空器的经营者应当承担侵权责任。关于不承担责任的情形，根据本条规定，能够证明损害是因受害人故意造成的，民用航空器经营者不承担责任；即使是因为自然原因引起的不可抗力事件，造成他人损害的，民用航空器的经营者也要承担责任。当然，《民用航空法》针对不同情况，规定了较为详细的不承担责任和减轻责任情形：如旅客的人身伤亡完全是由于其本人的健康状况造成的，承运人不承担责任。因货物本身的自然属性、质量或者缺陷造成的货物毁损，承运人不承担责任。在旅客、行李运输中，承运人能够证明损失是由旅客过错造成的，可以相应免除或者减轻承运人的赔偿责任，因武装冲突直接造成的飞行中民用航空器对地面第三人损害的，民用航空器经营者不承担责任。

【对照适用】

我国最早处理民用航空器致害责任的法律依据是原《民法通则》第123条，其中规定使用高速运输工具造成他人损害的，应当承担民事责任，如果能够证明损害是由受害人故意造成的，则不承担民事责任。根据该规定，民用航空器作为一种高速运输工具，如果造成他人损害的，除能够证明损害是受害人故意造成的外，民用航空器的经营者应当承担无过错责任。1995年我国颁布了《民用航空法》，该法结合我国的实际情况和国际通行做法，对民用航空器造成乘客人身、财产损害和对地面第三人损害的民事责任作出具体规定。考虑到民用航空器高速、高空带来的高风险，原《侵权责任法》在原《民法通则》和《民用航空法》的基础上，对民用航空器致害责任作出了原则性规定。在《民法典》中承继了侵权责任法的相关规定。

第一千二百三十九条　占有或者使用易燃、易爆、剧毒、高放射性、强腐蚀性、高致病性等高度危险物造成他人损害的，占有人或者使用人应当承担侵权责任；但是，能够证明损害是因受害人故意或者不可抗力造成的，不承担责任。被侵权人对损害的发生有重大过失的，可以减轻占有人或者使用人的责任。

【要义精解】

本条是关于易燃、易爆、剧毒、放射性、强腐蚀性等高度危险物致害责任的规定。

本条规范的行为是对高度危险物的占有或者使用，承担责任的主体是占有人和使用人。在高度危险责任中，由于其归责的基础在于危险的存在，责任的承担者原则上是控制或者应当控制该危险的人，因此应当由占有人和使用人来承担责任。这里的“占有”和“使用”包括生产、储存、运输高度危险品以及将高度危险品作为原料或者工具进行生产等行为。因此，高度危险物的占有人和使用人必须采取可靠的安全措施，避免高度危险物造成他人损害。如《放射性污染防治法》明确规定，放射性同位素应当单独存放，不得与易燃、易爆、腐蚀性物品等一起存放，其贮存场所应当采取有效的防火、防盗、防射线泄漏的安全防护措施。《危险化学品安全管理条例》也明确要求，生产、储存危险化学品的单位，应当根据其生产、储存的危险化学品的种类和危险特性，在作业场所设置相应的监测、监控、通风、防晒、调温、防火、灭火、防爆、泄压、防毒、中和、防潮、防雷、防静电、防腐、防泄漏以及防护围堤或者隔离操作等安全设施、设备，并按照国家标准、行业标准和国家有关规定对安全设施、设备进行经常性维护、保养，保证安全设施、设备的正常使用。

占有人或者使用人承担无过错责任。只要是易燃、易爆、剧毒、放射性等高度危险物造成他人人身、财产损害的，占有人或者使用人应当承担侵权责任。这里的“侵权责任”并不限于赔偿损失，而且应当包括在事故发生后，占有人或者使用人应当迅速采取有效措施，如组织抢救，防止事故扩大，减少人员伤亡和财产损失等。

本条规定，能够证明损害是因受害人故意或者不可抗力造成的，占有人或者使用人不承担责任。被侵权人对损害的发生有重大过失的，可以减轻占有人或者使用人的责任。原《民法通则》第123条规定的高度危险责任，仅在受害人故意造成损害的情况下免责，本条针对高度危险物的情况，增加规定了不可抗力不承担责任的情形。不可抗力是指不能预见、不能避免并不能克服的客观情况。

【对照适用】

本条的规定最初源于原《民法通则》第123条。原《民法通则》把高空、高压、高速运输工具与易燃、易爆、剧毒、放射性等高度危险物都作为典型的高度危险作业形式规定了高度危险责任的一般原则。实际上，不同的高度危险作业其危险程度是不同的，在具体不承担责任和减轻责任的情形上是有区别的。此外，近年来，烟花爆竹爆炸、矿山瓦斯爆炸、危险化学品泄漏等高度危险物品致人伤亡的重大事故时有发生，因此，有必要对高度危险品致人损害责任作单独规定。本条在原《民法通则》规定的基础上，结合实践经验，规定因易燃、易爆、剧毒、放射性等高度危险物造成他人损害责任应当承担无过错责任根据其危险性特点，明确限定了其不承担责任和减轻责任情形。

民用核设施如果发生核事故损害，波及的范围广，损害后果极其严重，因此责任更为严格，不论受害人有无过失，过失程度如何，民用核设施的经营者都不能减轻责任。相比之下，高度危险物发生损害的危险程度一般逊于民用核设施，因此，在高度危险物占有人或者使用人已经尽到注意义务的前提和受害人有重大过失的情况下，可以减轻占有人或者使用人的赔偿责任，也是合理的。毕竟高度危险物的危险性很高，一旦造成损害，对其周围的环境和人民群众人身、财产安全影响也很大。因此，本条将减轻责任的情形，严格限定在受害人的"重大过失"，受害人有一般过失的，不能减轻占有人或者使用人的赔偿责任。对于"重大过失"的界定，应当在实践中根据占有人或者使用人是否已经尽到注意义务、受害人行为方式、因果关系等因素作具体判断。

第一千二百四十条　从事高空、高压、地下挖掘活动或者使用高速轨道运输工具造成他人损害的，经营者应当承担侵权责任；但是，能够证明损害是因受害人故意或者不可抗力造成的，不承担责任。被侵权人对损害的发生有重大过失的，可以减轻经营者的责任。

【要义精解】

本条是关于从事高空、高压、地下挖掘活动或者使用高速轨道运输工具致害责任的规定。

高空作业又称为高处作业，根据高处作业的标准规定，凡距坠落高度基准面2米及其以上，有可能坠落的在高处进行的作业，称为高处作业。坠落基准面是指从作业位置到最低坠落着落点的水平面，坠落高度（又称作业高度）是指从作业位置到坠落基准面的垂直距离。高处作业分为一级、二级、三级和特级。作业高度在2米以上低于5米时，为一级高处作业；作业高度在5米以上低于15米时，为二级高处作业；作业高度在15米以上低于30米时，为三级高处作业；作业高度在30米以上时，为特级高处作业。如果是高空缆车造成他人损害的，则应属于高空作业，适用本条规定。

"高压"是指较高的压强。在日常生活中，一般居民用电的电压单相是220伏，三相是380伏。对人体而言，无论是380伏，还是220伏，都不是安全电压，都可以致人伤亡。但是人体接触220伏或者380伏的电，都有自救的可能，而1000伏及其以上的电压等级的电，对人体会有严重的伤害，人体没有自救的可能。

地下挖掘就是在地表下一定深度进行挖掘的行为。现代城市化进程导致人类对于空间的需求日益增加，近年来，因地下施工、采矿造成的损害日益增多。城市隧道（主要是地铁工程及各类市政地下工程）施工往往处于建筑物、道路和地下管线等设施的密集区，从而导致城市隧道建设中经常出现塌陷事件，造成他人伤害。

高速轨道运输工具就是以较高速度沿着固定轨道行驶的车辆。通常来说包括铁路、地铁、轻轨、磁悬浮、有轨电车等。高速轨道运输工具由于其本身特点具有危险性。其危险性首先源于较高的速度，我国高铁速度可以达到250—300千米/小时。地铁速度虽然相对高铁并不快，但因为地铁列车本身重量大、体积大，产生的动能也非常大，如果与车外人员发生撞击，也会造成伤亡。高速轨道运输工具的另一个危险性源于其具有的不可避让性。因为高速轨道运输工具只能在固定的轨道上运行，如果在前方轨道上出现人员或者其他物体，列车无法避让，即使紧急制动，也会因为高速和本身的重量大而向前滑行一段距离。据测算，时速160千米的列车急刹车的制动距离是1.8千米，而时速350千米的列车急刹车的制动距离是5千米。因此，高速轨道运输工具对近距离内轨道上出现的人员和车辆或者其他物品，将无法避免地产生严重碰撞损害。正因为这种高速性和不可避让性，使用高速轨道运输工具便会产生高度危险性。

根据本条规定，只有能够证明损害是因受害人故意或者不可抗力造成的，经营者才不承担责任。对于受害人的行为造成损害的情形有多种，本条区分故意和过失行为作不同处理。如果损害是因为受害人的故意行为，比如卧轨自杀或者故意触电引起的，这种情况下经营者不承担责任。如果受害人的人身伤亡仅仅是因为其自身过失造成的，如受害人违章通过平交道口，或者违章在铁路线路上行走、坐卧造成，或者错误接触了高压电线等情形造成自身损害的，经营企业仍然要承担责任，但可以基于受害人的过错减轻责任。

【对照适用】

原《民法通则》第123条对高度危险作业致害责任的一般原则作出了规定，并列举了高空、高压、易燃、易爆、剧毒、放射性和高速运输工具这几种高度危险作业。本章根据危险程度不同，对不同的高度危险作业进行区分，分别作出规定，其中《民法典》第1239条对易燃、易爆、剧毒、放射性等高度危险物造成他人损害的责任作出了规定。由于高空、高压活动的危险程度比高度危险物的危险程度低一些，因此，在本条中对高空、高压作业致人损害责任作出规定。同时，在第六章和本章第1238条分别对机动车交通事故责任和民用航空器致害责任作出规定，因此，本条将运输工具限定在“高速轨道运输工具”。另外，针对现实中时常发生的因煤矿挖掘和地下施工建设造成地表坍塌造成他人伤害事故，有的部门提出，地下采矿、挖掘活动也是属于高度危险作业，应当在本法中作出明确规定，因此，在本条的调整范围中明确规定了“地下挖掘活动”。由于从事高空、高压、地下挖掘活动、使用高速轨道运输工具，同使用民用核设施、民用航空器和占有、使用易燃、易爆、剧毒、放射性等高度危险物相比，危险性并无不同，因此，在不承担责任与减轻责任的情形上，应当与本章规定的其他高度危险作业并无区别。被侵权人对损害的发生有“重大过失”的情况下，可以减轻经营者的赔偿责任。

第一千二百四十一条　遗失、抛弃高度危险物造成他人损害的，由所有人承担侵权责任。所有人将高度危险物交由他人管理的，由管理人承担侵权责任；所有人有过错的，与管理人承担连带责任。

【要义精解】

本条是关于遗失、抛弃高度危险物造成他人损害的侵权责任的规定。

本条共包含三层意思。

第一，遗失、抛弃高度危险物造成他人损害的，由所有人承担侵权责任。按照有关高度危险物的生产、储存和处置的安全规范，所有人应当采取必要的安全措施保管或者处置其所有的高度危险物。如果违反有关规定抛弃或者遗失高度危险物造成他人损害的，就应当承担侵权责任。所有人的责任既包括对受害人的赔偿，也包括应当积极采取补救措施，防止损害扩大。如果遗失高度危险物的，应当立即组织力量追查寻找遗失的高度危险物，采取一切可能的警示措施，同时还要立即报告有关主管部门并配合采取应急措施。由于高度危险物本身的危险特性，所有人责任为无过错责任。根据法律解释的基本原理，考虑到遗失、抛弃高度危险物，其所有人往往是违反有关安全规范，本身过错更为严重，当然应当采取无过错责任。

第二，所有人将高度危险物交由他人管理的，由管理人承担侵权责任。现实中，所有人根据生产、经营需要，将其所有的高度危险物交由他人管理。如所有人可能不具备大量储存高度危险物的条件，将生产所需的高度危险物交由符合条件的储存单位保管。管理人是指根据所有人的委托，对高度危险物进行占有并进行管理的单位，如专业的危险化学品仓储公司、危险化学品运输公司等。高度危险物的管理人应当具有相应的资质，并应当按照国家有关安全规范，妥善管理他人所交付的高度危险物。如果因为管理不善，遗失、抛弃高度危险物的，管理人应当承担侵权责任。

第三，所有人有过错的，与管理人承担连带责任。所有人将高度危险物交由他人管理的，应当选择有相应资质的管理单位，并履行相应的注意义务。如告知管理人高度危险物的名称、性质、数量、危害、应急措施等情况。如果所有人未选择符合资质的管理人，或者未履行告知义务，所有人即有过错。被侵权人可以要求所有人承担侵权责任，或者要求管理人承担侵权责任，也可以要求所有人和管理人共同承担侵权责任。在对内关系上，所有人和管理人根据各自的责任大小确定各自的赔偿数额；难以确定的，平均承担赔偿责任。支付超出自己赔偿数额的连带责任人，有权向其他连带责任人追偿。

【对照适用】

本条在适用时的一个焦点问题在于如何证明某项特定的高度危险物属于为特定主体所遗失、抛弃的。作为对于高度危险物具有保管义务的主体，其对于高度危险物有很高的注意义务，这种义务构成了相当的成本。国家对高度危险物品的生产和储存实行统一规划、合理布局和严格控制，并对高度危险物生产、储存和处理制定了严格的规范。高度危险物的所有人或者管理人应当严格按照有关安全生产规范，对其占有、使用的高度危险物进行储存或者处理。如果其决定抛弃或者遗失某种危险品之时，当占有表征丧失之后，如何来证明该特定危险品属于该主体，构成了原告举证义务的重要内容。特别是如果特定危险品已经产生了损害，如果要求高度危险品的所有权人或者管理人承担，其一般不会主动承认该特定危险品与其存在关联。因此在司法实践中，高度危险品的归属问题会构成特定案件争议的焦点问题，在这种情况下应当综合考量相关证据，恰当地运用举证责任的分配。

第一千二百四十二条　非法占有高度危险物造成他人损害的，由非法占有人承担侵权责任。所有人、管理人不能证明对防止非法占有尽到高度注意义务的，与非法占有人承担连带责任。

【要义精解】

本条是关于非法占有高度危险物造成他人损害的侵权责任的规定。

本条有两层含义：第一层含义是对于非法占有高度危险物造成他人损害的，由非法占有人承担侵权责任。所谓非法占有，是指明知自己无权占有，而通过非法手段将他人的物品占为己有。现实中，盗窃、抢劫、抢夺都是非法占有的主要形式。按照高度危险物致害责任原理，一般由实际控制人承担侵权责任。在高度危险物被非法占有的情况下，高度危险物已经脱离所有人或者管理人的实际占有，由非法占有人实际控制，所有人于管理人丧失了管理高度危险品的能力，对于高度危险品所产生的风险不应当继续承担责任。因此，应当由非法占有人承担侵权责任。非法占有高度危险物造成他人损害的，非法占有人承担无过错责任。

第二层含义是对于所有人、管理人与非法占有人的连带责任的规定。按照有关高度危险物安全规范，所有人或者管理人对其占有的高度危险物要尽到高度注意义务。国家对高度危险物品的生产和储存实行统一规划、合理布局和严格控制，并对高度危险物的生产、储存和处理制定了严格的规范。高度危险物的所有人或者管理人应当严格按照有关安全生产规范，对其占有、使用的高度危险物进行储存或者处理：（1）生产、储存、使用高度危险物的，应当根据高度危险物的种类、特性，在车间、库房等作业场所设置相应的监测、通风、防晒、调温、防火、灭火、防爆、泄压、防毒、消毒、中和、防潮、防雷、防静电、防腐、防渗漏、防护围堤或者隔离操作等安全设施、设备，并按照国家标准和国家有关规定进行维护、保养，保证符合安全运行要求。（2）高度危险物必须储存在专用仓库、专用场地或者专用储存室内，储存方式、方法与储存数量必须符合国家标准或者国家有关规定，并由专人管理。高度危险物出入库，必须进行核查登记。库存高度危险物应当定期检查。剧毒化学品以及储存数量构成重大危险源的其他高度危险物必须在专用仓库内单独存放，实行双人收发、双人保管制度。（3）剧毒化学品的生产、储存和使用单位，应当对剧毒化学品的产量、流向、储存量和用途如实记录，并采取必要的安全防范措施，防止剧毒化学品被盗、丢失或者误售、误用。（4）生产、储存、使用剧毒化学品的单位，应当对本单位的生产、储存装置作定期的安全评价。如果所有人或者管理人未尽到高度注意义务，一旦导致高度危险物被非法占有，将对社会产生巨大危害。因此，即使存在非法占有人介入的情形时，也不应当完全免除所有人与管理人的责任，以防止所有人与管理人以非法占有人介入为由不履行自己的注意义务。如果所有人、管理人不能证明对防止他人非法占有尽到高度注意义务的，与非法占有人承担连带责任。这里可以区分若干种情形，如果是所有人自己占有高度危险物的，由所有人与非法占有人承担连带责任。如果所有人将高度危险物交由他人管理的，则由管理人与非法占有人承担连带责任。如果所有人和管理人都有过错的，所有人、管理人和非法占有人一起承担连带责任。

第一千二百四十三条　未经许可进入高度危险活动区域或者高度危险物存放区域受到损害，管理人能够证明已经采取足够安全措施并尽到充分警示义务的，可以减轻或者不承担责任。

【要义精解】

本条是关于未经许可进入高度危险活动区域或者高度危险物存放区域致害责任如何承担的规定。

本条文有两层含义，第一层含义是对于未经许可进入高度危险活动区域或者高度危险物存放区域受到损害的责任承担。原则上，未经许可进入高度危险区域或者高度危险物存放区域受到损害应当由区域管理人承担责任。对于高度危险活动区域与高度危险物存放区域，虽然这一类高度危险活动是静态的，不像高度危险作业活动一样对周围环境实施了积极、主动的危险。但其危险性是客观存在的，由于这种客观存在的风险而带来的可能损害，原则上应当由管理人承担责任，此为高度危险责任之应有含义。但如果这种危险性与受害人的积极行动存在联系，那么是否应当适用无过错责任就应当仔细甄别了。这也是本条第二层含义所包含的内容。如果被害人主动进入高度危险活动区域或者高度危险物存放区域而受到损害，原则上基于特定区域具有的高度危险性，也应当由管理人承担责任。但是如果管理人已经采取安全措施并且尽到警示义务的，应当允许其就采取足够安全措施并尽到充分警示义务进行抗辩，从而减轻或者不承担责任。按照一般常理来推断，高度危险活动区域或者高度危险物存放区域都同社会大众的活动场所相隔绝。如果在管理人已经采取安全措施并且尽到警示义务的情况下，受害人未经许可进入该高度危险区域这一行为本身就说明受害人对于损害的发生具有过错。因此，在此种情况下赋予管理人抗辩事由是恰当且必要的。

第一千二百四十四条　承担高度危险责任，法律规定赔偿限额的，依照其规定，但是行为人有故意或者重大过失的除外。

【要义精解】

本条是关于高度危险责任赔偿限额的规定。

本条第一层含义为高度危险责任应当受法定赔偿限额的限制。高度危险责任属于无过错责任，不论行为人对损害的发生是否具有过错，高度危险责任人都必须对损害承担责任，除非法律另有规定。但是，从行业的发展和权利义务平衡的角度来看，法律必须考虑在这种严格责任的前提下，有相应责任限额的规定，这也是许多国家在高度危险责任立法上的一致态度。我国现行法律对于高度危险责任赔偿限额问题也有比较明确的规定，对此，如果法律对不同类型的高度危险责任有赔偿限额规定的，要依照其规定。对于本章所规定的诸种高度危险责任的类型，有相应的法律对其赔偿限额进行规定。

本条的第二层含义是行为人具有故意或者重大过失的情况下，其责任承担不受法律规定限额的限制。本条之所以规定高度危险责任应当受法律规定赔偿限额限制，其理由在于高度危险责任作为严格责任的典范，对于行为人赋予了极大的责任，即使行为人尽到了注意义务，只要不存在不可抗力或者其他法律上的抗辩理由，其仍然应当承担高度危险责任。因此，对于损害赔偿的范围有必要予以适当的限制，以避免行为人承担不合理的过高损失。但如果行为人对于损害的发生存在故意或者重大过失的情形，再对于其损害赔偿予以限制显然违背了立法的理由。

【对照适用】

本条适用时必须参考法律对于赔偿限额的规定，这些规定散见于各种法律之中。

民用航空器致人损害的赔偿限额。《民用航空法》第128条第1款规定，国内航空运输承运人的赔偿责任限额由国务院民用航空主管部门制定，报国务院批准后公布执行。该条第2款规定，旅客或者托运人在交运托运行李或者货物时，特别声明在目的地点交付时的利益，并在必要时支付附加费的，除承运人证明旅客或者托运人声明的金额高于托运行李或者货物在目的地点交付时的实际利益外，承运人应当在声明金额范围内承担责任；本法第129条的其他规定，除赔偿责任限额外，适用于国内航空运输。第129条规定，国际航空运输承运人的赔偿责任限额按照下列规定执行：(1) 对每名旅客的赔偿责任限额为16600计算单位；但是，旅客可以同承运人书面约定高于本项规定的赔偿责任限额。(2) 对托运行李或者货物的赔偿责任限额，每公斤为17计算单位。旅客或者托运人在交运托运行李或者货物时，特别声明在目的地点交付时的利益，并在必要时支付附加费的，除承运人证明旅客或者托运人声明的金额高于托运行李或者货物在目的地点交付时的实际利益外，承运人应当在声明金额范围内承担责任。托运行李或者货物的一部分或者托运行李、货物中的任何物件毁灭、遗失、损坏或者延误的，用以确定承运人赔偿责任限额的重量，仅为该一包件或者数包件的总重量；但是，因托运行李或者货物的一部分或者托运行李、货物中的任何物件的毁灭、遗失、损坏或者延误，影响同一份行李票或者同一份航空货运单所列其他包件的价值的，确定承运人的赔偿责任限额时，此种包件的总重量也应当考虑在内。(3) 对每名旅客随身携带的物品的赔偿责任限额为332计算单位。第130条规定，任何旨在免除本法规定的承运人责任或者降低本法规定的赔偿责任限额的条款，均属无效；但是，此种条款的无效，不影响整个航空运输合同的效力。第132条规定，经证明，航空运输中的损失是由于承运人或者其受雇人、代理人的故意或者明知可能造成损失而轻率地作为或者不作为造成的，承运人无权援用本法第128条、第129条有关赔偿责任限制的规定；证明承运人的受雇人、代理人有此种作为或者不作为的，还应当证明该受雇人、代理人是在受雇、代理范围内行事。关于民用航空器致人损害赔偿责任限额，相关的规范性文件还有《国内航空运输承运人赔偿责任限额规定》。该规定第3条明确规定，国内航空运输承运人（以下简称承运人）应当在下列规定的赔偿责任限额内按照实际损害承担赔偿责任，但是《民用航空法》另有规定的除外：(1) 对每名旅客的赔偿责任限额为人民币40万元；(2) 对每名旅客随身携带物品的赔偿责任限额为人民币3000元；（3）对旅客托运的行李和对运输的货物的赔偿责任限额，为每公斤人民币100元。第4条明确，本规定第3条所确定的赔偿责任限额的调整，由国务院民用航空主管部门制定，报国务院批准后公布执行。第5条规定，旅客自行向保险公司投保航空旅客人身意外保险的，此项保险金额的给付，不免除或者减少承运人应当承担的赔偿责任。该规定制定于2006年，其规定的损害赔偿数额显然与我国现有的经济发展水平不再适应，应当尽快根据现有的经济发展水平与人民收入水平制定符合现阶段的国情的规则。

火车等高速运输工具致人损害的赔偿限额。根据2007年公布的《铁路交通事故应急救援和调查处理条例》第33条规定，事故造成铁路旅客人身伤亡和自带行李损失的，铁路运输企业对每名铁路旅客人身伤亡的赔偿责任限额为人民币15万元，对每名铁路旅客自带行李损失的赔偿责任限额为人民币2000元。铁路运输企业与铁路旅客可以书面约定高于前款规定的赔偿责任限额。在《侵权责任法》通过之后国务院通过修订本条例删除了该规定，因此现阶段对于铁路事故造成的损害并无限额的规定。

民用核设施发生核事故致人损害的赔偿限额。《国务院关于核事故损害赔偿责任问题的批复》第7条规定，核电站的营运者和乏燃料贮存、运输、后处理的营运者，对一次核事故所造成的核事故损害的最高赔偿额为3亿元人民币；其他营运者对一次核事故所造成的核事故损害的最高赔偿额为1亿元人民币。核事故损害的应赔总额超过规定的最高赔偿额的，国家提供最高限额为8亿元人民币的财政补偿。对非常核事故造成的核事故损害赔偿，需要国家增加财政补偿金额的由国务院评估后决定。第8项规定，营运者应当做出适当的财务保证安排，以确保发生核事故损害时能够及时、有效的履行核事故损害赔偿责任。在核电站运行之前或者乏燃料贮存、运输、后处理之前，营运者必须购买足以履行其责任限额的保险。

第九章　饲养动物损害责任

第一千二百四十五条　饲养的动物造成他人损害的，动物饲养人或者管理人应当承担侵权责任；但是，能够证明损害是因被侵权人故意或者重大过失造成的，可以不承担或者减轻责任。

【要义精解】

本条是关于饲养的动物致人损害的一般规定。

饲养动物致人损害是一种特殊的侵权形式，其特殊性在于它是一种间接侵权引发的直接责任，其加害行为是人的行为与动物的行为的复合。人的行为是指人对动物的所有、占有、饲养或者管理。动物的行为是直接的加害行为。这两种行为相结合，才能构成侵权行为。一般民法理论认为，动物致害属于广义严格责任的一种类型。在德国与日本，动物致损责任被纳入广义的高度危险责任的范围之中，但在我国作为与高度危险责任并列的责任类型而独立存在。动物致人损害的构成要件是：须为饲养的动物；须有动物的加害行为；须有造成他人损害的事实；须有动物加害行为与损害之间的因果关系。

本条的第一层含义是对于动物致损适用严格责任的规定。任何动物，基于其非理性的特征决定了都不同程度地存在致人损害的危险。由于动物的饲养人或者管理人对动物负有管束的义务，因而也就必须对动物所具有的危险性负责，保证其动物不至于造成他人损害。而一旦这种危险性造成损害，动物的饲养人或者管理人就应承担相应责任，除具有法定的抗辩事由外，不能免责。对动物饲养人或者管理人的责任承担进行特别规定的原因，在于动物具有令人难以估量的行为和因此对他人的生命、健康和财产造成的危险。因此，动物饲养人或者管理人必须对所有由于这种动物的难以估量而发生的损害承担严格责任。

本条的第二层含义是本条的调整范围仅限于“饲养的动物”。何谓

“饲养的动物”？有人认为，不管是什么性质的动物，只要是人工饲养的动物都包括在内。例如，饲养的家畜家禽，饲养的野生动物，公园里饲养的猴子、老虎、豹子、毒蛇等。有人认为，饲养的动物既应包括以食用、谋利为目的的，也应包括以观赏为目的的。有人认为，只要属于在人的控制下，主要依靠人为供给食物生存的动物，都应包括在这个范围内。各国对此的规定也不尽一致，大陆法系的德国、法国、意大利、日本等国对“动物”的范围是宽泛的理解，而美国不仅包括“放牧牲畜”，也包括“家养动物”和野兽。普遍认为，“饲养的动物”应同时具备：为特定的人所有或者占有；饲养人或者管理人对动物具有适当程度的控制力；依动物自身的特性，有可能对他人或者财产造成损害；该动物为家畜、家禽、宠物或者驯养的野兽、爬行类动物等。因此，饲养的动物必须是能够为人所占有或者控制的动物。

本条所谓“饲养的动物”的具体情形仍有若干问题需要解释。首先，对于自然保护区或者野生动物保护区的野兽，虽然可能为人们在一定程度上所饲养或者管理，如定期投放食物或者为其生存和繁殖提供了适宜的条件和环境，但人们对它的控制力较低，在此种情况下由饲养人或者管理人承担责任有失公平。因此，野生动物不能列入本法所说“饲养的动物”。其次，对于在动物园饲养的动物，虽然它们也在特定管理者的控制之下，为人所饲养，但是由于《民法典》第1248条对于动物园动物致害进行了专门规定，因此基于特别法优于一般法的适用规则，将动物园动物排除于本条所谓“饲养的动物”以外。最后，关于微生物与细菌是否属于饲养动物的问题。本书在编写之时，恰逢“新冠肺炎”肆虐全球之时，如细菌与病毒之类是否属于“饲养的动物”呢？在德国学理中将其视为动物。“微生物和细菌，当它们被饲养时，也就是在实验室中培养或者保持活性时，也属于动物。通过这种方式，与动物解除的特殊危险形式，即制造和保有微生物，被规定了必要的危险责任。”[1] 日本学者也有类似的看法。日本学者在谈论动物致损责任时认为：“对于细菌或者病毒是否进入本条所说的动物的范围，学说存在分歧。一说认为在细菌或者病毒造成损害的场合，应根据《日本民法典》第709条而非本条追究其保管人的责任。但

---

〔1〕［德］埃尔温·多伊奇、［德］汉斯-于尔根·阿伦斯：《德国侵权法——侵权行为、损害赔偿及痛苦抚慰金》（第5版），叶名怡、温大军译，中国人民大学出版社2016年版，第177页。

是，如果认为本条是着眼于动物具有的危险性并转换已尽到相当注意的举证责任的话，从细菌和病毒具有的危险性来看，保管中的细菌或者病毒造成损害时，应该认可本条责任。"[1] 但考虑在本条将规定限于“饲养的动物”，所谓饲养指的是投喂食物即可使动物生存的状态。但对于细菌、病毒等特殊生物，往往不仅仅要提供相应的能量供其生存，还要维持特定的生存环境，因此与典型的“饲养的动物”存在差别。因此，应当将其纳入本编第八章高度危险责任的调整范围。

本条的第三层含义是将动物的饲养人或者管理人规定为责任主体。动物的饲养人是指动物的所有人，即对动物享有占有、使用、收益、处分权的人；动物的管理人是指实际控制和管束动物的人，管理人对动物不享有所有权，而只是根据某种法律关系直接占有和控制动物。在实际生活中，动物的饲养人与管理人有时为同一人，有时则为不同人。动物的饲养人与管理人为同一人时，也就是由动物的所有人自己占有和管束动物，在这种情况下，赔偿主体是很清楚的。当动物的饲养人与管理人为不同人时，管束动物的义务由饲养人转移给管理人，这时的赔偿主体应为管理人。至于管理人是有偿管理还是无偿管理，是长期管理还是临时管理，在所不问。当管理人基于某些特定原因将占有人转移时，新的占有人取代原有管理人具备管理人的地位，比如说某马匹的管理人将该马匹托运，在托运期间产生了损害，该损害应当由委托承运人承担。

本条的第四层含义是对于抗辩事由的确定，也即被侵权人故意或者重大过失可以构成抗辩事由。饲养动物致人损害的民事责任的抗辩事由，是指动物的饲养人或者管理人依法用以减轻或者免除其承担民事责任的事由或者理由。动物致害虽然具有其高度危险性而原则上由所有人或管理人承担责任，但并非动物的饲养人或者管理人需要对其饲养或者管理的动物造成的一切损害都要承担赔偿责任。本条规定，因被侵权人自己故意或者重大过失造成损害的，动物的饲养人或者管理人可以不承担或者减轻责任。可以说，动物饲养人或者管理人可以免责或者减轻的事由是证明损害是因为被侵权人自己的故意或者重大过失造成的。

在动物致害中，有时被侵权人故意或者重大过失应该是诱发动物致害

---

[1] [日] 吉村良一：《日本侵权行为法》（第4版），张挺译，中国人民大学出版社2013年版，第172页。

的直接原因，是引起损害的全部或者主要原因。也就是说，被侵权人致害，是因自己挑逗、刺激等诱发动物的行为直接造成的，如果被侵权人的行为不足以诱发动物损害，其过失只是引起损害的部分原因或者次要原因，则不能认为被侵权人在该损害中存在故意或者重大过失。例如，甲明知乙有一条性情暴躁的狗且经常咬人，但甲必须从乙的家门路过，当甲路过乙的门口时，乙的狗突然蹿出来把甲咬伤。此案中就不得认定甲明知乙的狗有咬人的恶习、有危险的存在、疏于防范，因此而认为甲是有重大过失的。因为甲的行为本身不能直接诱发动物损害，与动物损害没有必然的因果关系，因此，动物饲养人或者管理人就不能认为被侵权人有重大过失而减轻或者不承担责任。相反，如果甲明知该狗具有很强的攻击性，但却故意挑逗该狗，最终导致被咬伤，在此情形下所有人或者管理人可以基于本条进行抗辩，可以不承担或者减轻责任。

本条的第五层含义是对于抗辩事由应当实行举证责任导致的规定。本条规定，饲养的动物造成他人损害的，动物饲养人或者管理人应当承担侵权责任，但能够证明损害是因被侵权人故意或者重大过失造成的，动物饲养人或者管理人可以不承担或者减轻责任，表明了本条适用举证责任倒置。也即应当由动物饲养人或管理人对于受害人存在故意或者重大过失承担举证责任。原则上，在诉讼中举证责任通常是"谁主张，谁举证"。但在有些特殊的侵权案件中，如果还适用这一原则，就会使被侵权人很难或者无法完成举证责任，这种举证上的困难，必然使原告主张的事实得不到法庭的确认，最终导致被侵权人的合法权益得不到应有的法律保护，从而不能保证对案件处理的公正性和平等性，侵权人方面却可以因此而逃避赔偿责任。这种状况显然不公平，违背了法律公平正义的宗旨。本条适用举证责任的倒置，对保护被侵权人有重要作用。

【对照适用】

动物致害责任从人类出现法律开始一直是法律中的重要内容，无论是《汉谟拉比法典》还是罗马法中对于动物致害都有相应的规则。在现代民法中，普遍承认动物致害责任应当适用严格责任。法国民法规定，动物的所有人或者使用人在使用期间，对动物所造成的损害，不问该动物是否在其管束下，或者在走失或者逃脱时所造成的损害，均应负赔偿责任。在具体适用上，法国民法理论对动物致害责任最初倾向于采取过错责任原则，后期才逐渐改为无过错责任原则。在英美法系国家，法律将动物致害责任作为无过错责任对待，即无论动物的占有人有无过失，只要其产生了损害后果，那么，动物的占有人或者管理人必须承担责任。《德国民法典》对于动物持有人责任基于一般动物或是家畜进行了区分处理。《德国民法典》第833条规定，因动物致人死亡，或人之身体或健康受侵害，或物受损毁者，动物持有人对被害人负赔偿因此所生之义务。损害系由家畜所致，而该家畜系供其持有人职业上、营业活动或生计上之需要，且持有人于管束动物已尽交易上必要之注意，或纵加以注意仍将发生损害者，不生赔偿义务。

在我国，原《民法通则》实施以前，司法实践中是按照过错责任原则处理的。例如，1981年1月22日《最高人民法院关于李桂英诉孙桂清鸡啄眼赔偿一案的函复》中指出，李桂英带领自己的3岁男孩外出，应认识到对小孩负有看护之责。李桂英抛开孩子，自己与他人路旁闲聊，造成孩子被鸡啄伤右眼，这是李桂英作为母亲的过失，与养鸡者（孙桂英）无直接关系。因此，判决孙桂英负担医药费是没有法律根据的。这一司法解释肯定了动物致害责任是一种过错责任。我国原《侵权责任法》第78条规定，饲养的动物造成他人损害的，动物饲养人或者管理人应当承担侵权责任。《民法典》制定过程中继承了原《侵权责任法》的相关规定。这一规定的目的就是要促使动物饲养人或者管理人能够认真、负责地担负起全面的注意、防范义务，以保护公众的安全。

第一千二百四十六条　违反管理规定，未对动物采取安全措施造成他人损害的，动物饲养人或者管理人应当承担侵权责任；但是，能够证明损害是因被侵权人故意造成的，可以减轻责任。

【要义精解】

本条规定了未对动物采取安全措施造成他人损害的责任承担。

本条第一层含义是对于动物饲养人或管理人违反管理规定未对动物采取安全措施造成损害应当承担严格责任的规定。对于动物饲养人或者管理人在本法第1245条已经规定由其承担严格责任。根据法律解释的基本方法，如果动物饲养人或者管理人违反管理规定，当然也应当以严格责任承担责任。

本条第二层含义是对饲养人与管理人在违反管理规定未采取安全措施

造成他人伤害情形下抗辩事由的限制。根据本法第1245条动物饲养人或管理人可以以受害人故意或者重大过失为由减轻或者免除责任。但如果饲养人或者管理人违反管理规定，未采取安全措施，即使被侵权人存在重大过失，也不能进行抗辩，哪怕是被侵权人故意造成损害，按照本条规定也不能免除责任，只能减轻责任。因此，本条是对于动物饲养人或管理人在违反管理规定，未采取安全措施情况下责任的严格限制。

【对照适用】

本条适用时的关键问题在于判定动物饲养人或者管理人是否违反管理规定，未对动物采取安全措施。目前，全国已有北京、天津、上海、河北、山东、辽宁等20多个省、自治区、直辖市以及石家庄、长春等近70个城市颁布了养犬管理的地方性法规和规章。养犬管理规定是一部协调养犬者与非养犬者、养犬者与社会公共利益之间关系的法规。各地的养犬管理规定不仅对人们普遍关注的养犬收费、携犬乘梯、养犬遛犬范围、管理处罚等问题作出了规定，最主要的是对于饲养人的行为进行了规范，例如：(1) 携犬出户时，应当对犬束犬链，由成年人牵领，并应当避让老年人、残疾人、孕妇和儿童；携犬乘坐电梯的，应当避开乘坐电梯的高峰时间，并为犬戴嘴套，或者将犬装入犬袋、犬笼。(2) 在重点管理区内，禁止饲养烈性犬及成年体高超过35—48厘米的大型犬种，如獒犬、猎狐犬、澳洲牧羊犬、松狮犬、斑点狗等。(3) 主要区域和道路禁止遛犬。饲养人不得携犬进入市场、商店、商业街区、饭店、公园、公共绿地、学校、医院、展览馆、影剧院、体育场馆、社区公共健身场所、游乐场、候车室等公共场所；不得携犬乘坐除小型出租汽车以外的公共交通工具；携犬乘坐小型出租汽车时，应征得驾驶员的同意，并为犬戴嘴套，或将犬装入犬袋、犬笼或者怀抱。除此之外，养犬规定还对犬伤人后的救济措施作出了规定：(1) 犬伤害他人的，养犬人应当立即将被伤者送到医疗机构诊治，并先行垫付医疗费用。因养犬人或者第三人过错，致使犬伤害他人的，养犬人或者第三人应当负担被伤害人的全部医疗费用，并依法赔偿被伤害人其他损失。(2) 对在禁养区内养犬的或者在重点管理区内饲养烈性犬、大型犬的，由公安机关没收其犬，并可对单位处1万元罚款，对个人处5000元罚款。对在禁遛区遛犬、携犬进入公共场所或者携犬乘坐交通工具的；违反规定携犬出户或者乘坐小型出租汽车、电梯等上述行为之一的，由公安机关予以警告，并可对单位处2000元以下罚款，对个人处500元以下罚款；情节严重的，没收其犬，吊销养犬登记证。

美国、德国、日本和新加坡等国的大部分地区都要求狗主人为他们的宠物狗办理许可证，许可证章（狗牌）必须牢固地缚在狗的颈圈上。许可证主要有两个方面的作用：第一，表示狗是健康的，已经注射过狂犬病疫苗，不会对周围的人造成健康上的威胁；第二，记录了主人的情况，当狗走失的时候，相关人员可以通过它顺利找到狗的主人。美国的法律规定，不管是什么狗，只要长着嘴巴还有4条腿，就必须给它在脖子上套一个链子。美国人常说，买一只狗，就是买了很多责任。新加坡规定，在公共场所，狗主人必须给宠物犬系上皮带，巨型犬除系上皮带外还要戴上口套。

德国很多城市和州都规定，养狗人必须为狗上类似于机动车的强制保险，用于赔付因狗造成的损失。一旦狗肇事，小至咬坏衣服，大到引发交通事故，甚至造成他人伤亡，保险公司应先行赔付。鉴于德国养狗人的责任越来越大，德国养狗人协会建议养狗人为狗上更高的保险，不低于500万欧元赔偿额。通常养狗人每年为狗缴75欧元至270欧元保险费。如柏林规定，养狗人要为狗上不低于100万欧元赔偿额的保险。具有危险性的狗还要多付30%以上的保费。另外，除了警用、导盲犬等服务功能的狗，养狗人要交狗税，在柏林养第一只狗每年交税为120欧元，养第二只狗则要再交180欧元，不许再养更多的狗。在新加坡，如果违反规定，农粮与兽医局有权扣押犬只，并对狗主人处以最高500新元的罚款或者吊销养狗许可证。此外，如果狗过度吠叫造成滋扰，或者导致他人受伤，或者狗主人唆使狗攻击他人，或者狗弄污了环境，狗主人都会依法受到罚款、吊销或者无法更新养狗许可证的惩处。此外，如果狗主人有遗弃狗等的行为，也要依法受到惩处。

第一千二百四十七条　禁止饲养的烈性犬等危险动物造成他人损害的，动物饲养人或者管理人应当承担侵权责任。

【要义精解】

本条是关于对禁止饲养的烈性犬等危险动物致人损害的责任规定。

本条的立法背景是基于现实生活中对于烈性犬等危险动物的饲养所具有的危害性。生活中，在人多且空间狭小的居民小区常会见到狗的主人带着大型犬、烈性犬悠闲自在地在公共场地遛犬，有的甚至不拴狗链、不戴嘴套，给周围的居民尤其是对老人及小孩带来恐惧，同时烈性犬咬人、伤人事件时有发生。伴随着社会多元化的发展，对于宠物的理解也日益宽泛，一些原先不会被认为是宠物的危险动物，如蟒蛇、鳄鱼等也出现在宠物的范畴之内。动物饲养人总是认为自己的狗或宠物最听话、很温顺，不会咬人。据了解，即使是平时从未暴露出进攻人倾向的动物，也可能会在突然之间野性发作。狗是否温顺只是相对而言，比如獒犬对主人很温顺，但是对生人就很凶狠。饲养动物人或者管理人的过失，会对他人造成无法弥补的伤害。

本条的第一层含义是将本条适用范围限定在禁止饲养的烈性犬。需要注意的是，这里对于禁止饲养之前并没有“法律”二字，因此从文义解释的角度来看其范围可以大于法律所规定的范围。究其原因，我国对于烈性犬类的管理很多以地方规范性文件的形式予以规定。各地对禁止饲养的烈性犬或者大型犬的品种规定不等，大致在 18—40 种，如阿富汗猎犬、阿根廷杜高犬、阿根廷犬、比利时牧羊犬、藏獒犬、德国牧羊犬、俄罗斯高加索犬、雪达猎犬。除对烈性犬的品种有禁止饲养的规定外，对大型犬的体高也作出了限制性规定。例如，北京市养犬条例规定，禁止饲养成年体高超过 35 厘米的大型犬种；苏州市养犬管理条例规定，大型犬的标准是成年犬肩高 61 厘米。还有地方规定限高 48 厘米。对于不同地区在适用本规则时，应当参照本区域相应地方规范性文件。原则上大中型，具有比较高的攻击性的犬类可以认定为烈性犬。

本条的第二层含义是对于烈性犬饲养人或管理人严格责任的规定。为确保群众人身安全，本条对动物伤人的侵权行为作出了非常严格的规定，只要违反管理规定饲养了烈性犬等危险动物，并造成他人损害的，动物饲养人或者管理人就应当承担侵权责任。即使被侵害人对于损害的发生存在过失的情况下也不例外。在烈性犬潜伏种种危险的情况下，让它的饲养人或者管理人承担更加严格的责任是对社会、对公众负责的态度。本条规定了如此严格的责任就是引导爱犬的人认识到自己的社会责任和法律责任，为动物、为自己、为他人着想，不要违反规定饲养烈性犬等危险动物。

【对照适用】

烈性犬的范围应当进行明确的限制。对于是否属于烈性犬应当考虑具体区域民众生活习惯与传统文化的差异，具体情况应当按照地方相应规定来判断。在某些地区被列为烈性犬的，但在另外的区域未必会被认定为烈性犬。如藏獒在内地大部分地区都会被列为禁止饲养的烈性犬，但在藏区基于其文化传统与区域特点，仍然会允许饲养。

导盲犬原则上不属于烈性犬。全球每年发生狗伤人案件500多万件，但没有一起因导盲犬伤人的案件。导盲犬作为一种特殊的工作犬，必须要具备非常严格的条件，不仅要性情温和，喜欢与人在一起，不具有任何攻击性，不会对他人安全产生威胁，更为重要的是对狗的品种和血统的要求极为苛刻，只有“黄金猎犬”和“拉布拉多犬”等少数犬种才适合作为导盲犬，而且培训的成功率只有30%。在许多国家和地区，免费使用导盲犬是盲人享有的一项社会福利。对盲人使用导盲犬的权利，至少有30多个国家通过立法予以保障。盲人可以携带导盲犬出入所有公共场所和乘坐各种公共交通工具。拒绝盲人携带导盲犬出入者，要承担法律责任。

第一千二百四十八条　动物园的动物造成他人损害的，动物园应当承担侵权责任；但是，能够证明尽到管理职责的，不承担侵权责任。

【要义精解】

本条是关于动物园的动物致人损害的责任承担的规定。

首先该条的调整范围限于动物园的动物，何谓动物园？根据原城乡建设部颁布的《城市动物园管理规定》来看，该部门规章中动物园包括“综合性动物园（水族馆）、专类性动物园、野生动物园、城市公园的动物展区、珍稀濒危动物饲养繁殖研究场所”。该规定对于判定动物园的范围有借鉴意义。

对于动物园的动物造成损害应当承担严格责任，此为当然解释之必然结论，但动物园在何等情况下进行抗辩则是一个需要进行立法价值判断的问题。有人认为，作为一个公共场所，动物园应承担比较严格的责任，其原因在于：既然动物园收取了门票，就有义务承担更重的责任。无论在建设规模上，还是在人力、物力的投入上，都应该比一般动物饲养人的要求高。但如果给动物园设定过高的责任，会在一定程度上纵容违反游览注意事项的行为出现。尤其结合我国现阶段发生的一些不遵守动物园游览规则而产生的案例，给动物园设定以过高的义务不利于游客自觉遵守游览的相关规则。因此本条规定，动物园的动物造成他人损害的，动物园应当承担侵权责任，但能够证明尽到管理职责的，不承担责任。也就是说，如果动物园能够证明兽舍设施、设备没有瑕疵、有明显的警示牌，管理人员对游客挑逗、投打动物或者擅自翻越栏杆靠近动物等行为进行了劝阻，尽到了管理职责，那么动物园就可以不承担侵权责任。

此外需要注意的是，对于注意义务的证明责任由动物园承担，也即动物园需要证明自己已经尽到了注意义务才能够免责，如果动物园无法证明自身已经尽到注意义务，其仍然要承担侵权责任。

【对照适用】

本条在适用过程中需要对于动物园动物的范围进行明确。野生动物是否属于动物园动物？应当区分自然环境中野生动物与野生动物保护区中的野生动物进行分别讨论。对于自然环境中的野生动物，随着生态环境极大改善，野生动物保护力度的加强，已绝迹多年的野生动物又频频出现在人们的视野中，但随之而来的是野生动物侵犯人身财产案件的出现。对于野生动物伤害人身及损毁财产的，国家虽然不是侵权人，但要承担起赔偿或者补偿的责任。《野生动物保护法》第19条第1款第1句规定，因保护本法规定保护的野生动物，造成人员伤亡、农作物或者其他财产损失的，由当地人民政府给予补偿。实践中很多地方性法规对此都有规定。如《陕西省重点保护陆生野生动物造成人身财产损害补偿办法》规定，在本省行政区域内，国家和省重点保护陆生野生动物造成人身伤害或者财产损失的，受害人有依照本办法取得政府补偿的权利；造成人身伤害的，有得到政府医疗救治的权利。办法还规定，重点保护野生动物造成人身伤害且符合有关规定的，当地乡镇人民政府应当立即组织抢救。经抢救后需要继续治疗或住院治疗的，应到县级人民政府指定的医疗机构治疗。抢救治疗费用由县级人民政府林业行政主管部门核实报销。同时规定，人身伤害医疗救治费和人身财产损害补偿费列入各级财政预算，由各级财政按照财政管理体制分级负担。重点保护野生动物造成人身伤害的医疗救治费和损害补偿费省级财政负担80%，设区市、县级财政各负担10%；造成农作物、经济林木、家畜损害的，损害补偿费省级财政负担20%，设区市、县级财政各负担40%。实践中对受到损害的单位和个人已经有了相关的救济措施。因此，不应将其纳入本条的调整范围中。对于野生动物保护区的野生动物，虽然在其特定范围内国家有关机构为野生动物的繁衍生息提供了相应的保护，但是这种条件的提供与动物园中通过管理人员直接支配动物毕竟是不同的，因此不应当将此二者等同起来，对于野生动物自然保护区里的动物仍然不应当适用本条规定。

第一千二百四十九条　遗弃、逃逸的动物在遗弃、逃逸期间造成他人损害的，由动物原饲养人或者管理人承担侵权责任。

【要义精解】

本条是关于遗弃、逃逸的动物在遗弃、逃逸期间造成他人损害的责任规定。

本条第一层含义是将使用范围限定在遗弃、逃逸的动物。动物的遗弃是指动物饲养人抛弃了动物。逃逸的动物是指饲养人并不是放弃了自己饲养的权利，而是暂时地丧失了对该动物的占有和控制。例如，饲养人张某的狗跑出去多日，张某明确表示他不再要这条狗了，而后该狗把他人咬伤。又如，李某饲养的牛离开牛群四处游荡，后来在公路上与汽车相撞，由此引发了交通事故。又如，甲饲养的一条狗经常咬人，于是甲将狗捆上石头投入河中后离开，希望狗被溺死，后狗被人救起而成为流浪狗并将乙咬伤。以上几个事件有动物饲养人主动遗弃的，也有动物逃逸的。

本条第二层含义是在遗弃、逃逸期间由动物原饲养人或管理人承担侵权责任。无论动物饲养人或者管理人遗弃动物，还是未尽到管理责任致使动物逃逸，其行为都是加剧了动物对人和社会的危险性，而损害的事实正是由于动物在失去人为的管理和控制下任意流动的危险性所导致。流浪动物无依无靠，只能自食其力。它们多在垃圾桶周围觅食，在城市的大街小巷里到处乱窜；它们的身上携带各种病毒和寄生虫，成了流动的“生物武器”，遇上适当的时机很可能成为威胁市民健康的祸害；它们的排泄物、呕吐物以及尸体可能带有病毒，很容易形成疾病的传染源，还可能污染水源，对公共卫生安全构成威胁。同时，流浪动物比较野性，容易对人产生仇视的情绪，攻击性强，危及人们的安全。因此，为了社会公众利益，为了充分保护被侵权人利益，遗弃、逃逸动物的原饲养人或者管理人应当对自己遗弃动物的行为，以及疏于管理没有尽到管理义务的行为承担责任。

【对照适用】

对动物在失去饲养人或者管理人控制下造成他人损害的，应当如何确定责任主体?

参照国外法律，法国、意大利等国民法典明确规定，动物的所有人或者使用人在使用期间，对走失或者逃脱的动物所造成的损害，应负赔偿责任。《智利民法典》规定，动物即使在逃逸或者迷失后造成损害，其所有权人亦负责任。《阿根廷民法典》规定，造成损害的动物非因看管者的过失而逃逸或迷失的，其所有权人的责任停止。动物的主人不得提出抛弃该动物的所有权而规避其损害的赔偿义务。《埃塞俄比亚民法典》规定，动物的所有人对动物所致的任何损害承担责任，即使动物偶然逃脱其控制，或所致损害时不可预见的，亦得如此。《阿尔及利亚民法典》规定，动物管理人即使并非为动物的所有人，应对动物（包括走失或者逃离的动物）致害的结果承担民事责任。但管理人能证明损害系不可归咎于管理人的意外原因所致者除外。英国判例对于丧失占有的动物造成损害的，如果尚能认为丧失占有的动物为被告之物，虽然该动物已恢复其天然状态，被告仍应负责。

第一千二百五十条　因第三人的过错致使动物造成他人损害的，被侵权人可以向动物饲养人或者管理人请求赔偿，也可以向第三人请求赔偿。动物饲养人或者管理人赔偿后，有权向第三人追偿。

【要义精解】

本条是关于因第三人的过错致使动物造成他人损害，由谁承担责任的规定。

现实中经常发生的动物伤人事件，并非被侵权人自己有过错，也非动物独立行为致人伤害，很多情形是由于第三人的原因致使动物伤及他人。如某甲故意在马身边按车喇叭，致使拴在木桩上的马受惊挣脱绳子，冲出去撞伤了行人。众所周知，很难要求动物具有识别行为后果的能力，像这种在人的强制或者驱使下损害他人权益的行为，表面看似乎是动物致人伤害，其实动物已成为人的工具。本条就是要解决因第三人的原因，造成动物伤害他人的赔偿问题。

本条第一层的含义为第三人需要有过错。第三人的过错是指被侵权人和动物饲养人或者管理人以外的人对动物造成损害有过错。第三人的过错在大多数场合表现为：有意挑逗、投打、投喂、诱使动物，其后果致使他人受到人身或者财产的损害，其实质是实施了诱发动物致害的行为。对此问题日本专家认为，某人唆使动物给他人造成损害只能解释为将动物当作道具使用的人自身的加害行为，应适用《日本民法典》第709条“因故意或者过失侵害他人权利时，负因此而产生的赔偿责任”的规定。鉴于第718条第1款规定：动物占有人负赔偿其动物造成他人损害的责任。但是，按动物种类及性质，以相当注意进行保管者，不在此限。在第三人唆使动物给他人造成损害的情形下，动物原占有人是否承担责任，需要根据其是否尽到了第718条规定的注意义务来判断。

本条的第二层含义被侵权人对救济拥有选择权。因第三人的过错致使动物造成被侵权人损害的，被侵权人既可以请求第三人承担赔偿责任，也可以请求动物饲养人或者管理人承担赔偿责任。这样规定，就可以使被侵权人根据具体情况要求赔偿。例如，甲饲养了一匹马，拴在自家的院内，乙路过此院看马很漂亮，便拿小棍子拍马，马受惊挣脱绳子冲出门，把正在路过的丙撞伤。这时被撞伤的丙既可以要求动物饲养人甲赔偿，也可以要求第三人乙赔偿。如果乙是个流浪汉，那么，作为第三人的乙与动物饲养人甲哪个更有赔偿能力就很明显了，被侵权人当然会选择经济实力强的动物饲养人甲进行赔偿。法律赋予被侵权人的选择权，一方面可使被侵权人获得法律救济、得到实际赔偿的可能性增大；另一方面也会使动物饲养人对动物的管理更加尽到注意义务，从而减少动物伤人的机会。这样的设计可以让被侵权人受到更多的保护。

本条的第三层含义是赋予动物饲养人或者管理人的追偿权。动物饲养人或者管理人对被侵权人赔偿后，有权向第三人追偿。动物饲养人或者管理人之所以享有追偿权，是因为动物饲养人或者管理人实际上是代替第三人履行的赔偿义务，在动物饲养人或者管理人与第三人之间，第三人仍然是责任的最终承担者。法律规定，允许动物饲养人或者管理人在赔偿了被侵权人的损害后对第三人进行追偿，一方面有利于被侵权人及时获得救济；另一方面也是维护动物饲养人或者管理人自身权益的一项重要手段。

根据本条规定，因第三人过错造成他人损害的，可作为动物饲养人或者管理人减轻或者不承担责任的事由，但这种减轻或者免责往往是从最终意义上讲的，而不是绝对的。审判实践中，经常出现损害是由第三人造成的，但第三人是谁一时难以查明，这时，可以先由饲养人或者管理人承担责任，然后饲养人或者管理人再向第三人追偿。如果第三人找到了，动物饲养人或者管理人还可以追偿；如果第三人找不到，那就应由饲养人或者管理人承担全部责任。

第一千二百五十一条　饲养动物应当遵守法律法规，尊重社会公德，不得妨碍他人生活。

【要义精解】

本条是关于动物饲养人应当遵守法律的规定。

本条主要为宣示性条款。本条本身所规定的饲养动物应当遵守法律法规，尊重社会公德等内容是任何法秩序应有的含义，并不为本条重申与此而有所不同。因此，本条的主要意义在于强调在饲养动物时遵从此种社会基本规范的意义。

主要原因在于，现阶段我国，尤其是在都市聚集生活中，饲养动物对于居民正常生活往往构成一种自扰。老百姓养猫、狗等宠物，本无可非议，但饲养的动物伤害别人、滋事扰民，污染环境，那就不是他个人的事了。生活中，在居民小区，饲养的猫、狗很多，猫狗群吠，常常扰民。平日走在路上，居民们更是小心翼翼，居民们经过饲养的动物时都是提心吊胆，放假期间也不敢让孩子们随意出门玩耍，生怕会伤到孩子。对于这种无序饲养动物的情形，需要以宣示性条款进行提示。

【对照适用】

针对目前动物伤人案件日益增多的现状，本条规定，饲养动物应当遵守法律，尊重社会公德，不得妨害他人生活。既然饲养了动物，饲养人就应该意识到自己担负着遵守社会公德和保护公共环境的双重社会责任，不能放任宠物侵扰他人的正常生活。

动物饲养人应当自觉规范自己的行为，应该按照规定饲养动物：（1）动物饲养人或者管理人在携犬出户时，应当对犬束犬链，由成年人牵领，并应当避让老年人、残疾人、孕妇和儿童。（2）动物饲养人或者管理人不得让动物干扰他人正常生活。犬吠影响他人休息时，养犬人应当采取有效措施予以制止。（3）不得携犬进入市场、商店、商业街区、饭店、公园、公共绿地、学校、医院、展览馆、影剧院、体育场馆、社区公共健身场所、游乐场、候车室等公共场所；不得携犬乘坐除小型出租汽车以外的公共交通工具；携犬乘坐小型出租汽车时，应征得驾驶员的同意，并为犬戴嘴套，或者将犬装入犬袋、犬笼或者怀抱。(4) 养犬人要定期为犬注射预防狂犬病疫苗；不得虐待、遗弃所养犬只。(5) 携犬出户时，对犬在户外排泄的粪便，携犬人应当立即清除。

第十章　建筑物和物件损害责任

第一千二百五十二条　建筑物、构筑物或者其他设施倒塌、塌陷造成他人损害的，由建设单位与施工单位承担连带责任，但是建设单位与施工单位能够证明不存在质量缺陷的除外。建设单位、施工单位赔偿后，有其他责任人的，有权向其他责任人追偿。

因所有人、管理人、使用人或者第三人的原因，建筑物、构筑物或者其他设施倒塌、塌陷造成他人损害的，由所有人、管理人、使用人或者第三人承担侵权责任。

【要义精解】

本条是关于建筑物、构筑物或者其他设施造成他人损害责任的规定。

本条有以下几层意思。

其一，本条第一层含义为建筑物、构筑物或者其他设施倒塌、塌陷造成他人损害的，由建设单位与施工单位承担连带责任，但是建设单位与施工单位能够证明不存在质量缺陷的除外。本条第 1 款第 1 句是对建设单位与施工单位责任的规定。

本条所调整的范围限于建筑物、构筑物或者其他设施。建筑物是指人工建造的、固定在土地上，其空间用于居住、生产或者存放物品的设施，如住宅、写字楼、车间、仓库等。构筑物或者其他设施，是指人工建造的、固定在土地上、建筑物以外的某些设施，如道路、桥梁、隧道、墓碑、城墙、堤坝以及在修建建筑时搭建的脚手架等。由建筑物、构筑物或者其他设施倒塌造成他人损害的是对于损害类型的规定，对于建筑物、构筑物或者其他设施造成侵权的方式是其倒塌造成的损害，如果并非是倒塌造成的损害，如屋顶积雪滑落造成损害，则不适用本条规定。所谓倒塌，是指建筑物、构筑物或者其他设施坍塌、倒覆，造成该建筑物、构筑物或者其他设施丧失基本使用功能。例如，楼房倒塌、桥梁的桥墩坍塌、电视塔从中间折断、烟囱倾倒等。

对于建筑物、构筑物或者其他设施致损的责任由建设单位与施工单位承担。所谓建设单位，通常情况下是指依法取得土地使用权，在该土地上建造建筑物、构筑物或者其他设施，是建设工程合同的总发包人。实践中，房地产开发企业、机关和工厂是比较常见的建设单位。建设单位是建设工程合同的发包人，通过选择、确定勘察单位、设计单位、施工单位和监理单位等，参与工程建设的很多环节，对建设工程的质量有很大的影响。因此，很多相关的法律、法规都对建设单位的义务进行了规定。根据本法合同编和建设工程质量管理条例等法律法规的规定，建设单位对建设工程发包的，应当发包给具有相应资质等级的单位，建设单位可以与总承包人订立建设工程合同，也可以分别与勘察人、设计人、施工人订立勘察、设计、施工承包合同。但是，不得将应当由一个承包人完成的建设工程肢解成若干部分发包给几个承包人。建设单位依法对建设工程质量负责。建设单位违反建设工程质量管理条例的规定，对建设工程未组织竣工验收，擅自交付使用，或者验收不合格，擅自交付使用，或者对不合格的建设工程按照合格工程验收，造成损失的，依法承担赔偿责任。所谓施工单位一般是指与建设单位或者其他发包人签订建设工程合同，对建设工程进行施工的主体。实践中，建筑公司是比较常见的施工单位。建设工程施工企业要符合法律、法规规定的条件。根据建筑法的规定，承包建筑工程的单位应当持有依法取得的资质证书，并在其资质等级许可的业务范围内承揽工程。建筑施工企业不能超越本企业资质等级许可的业务范围或者以任何形式用其他建筑施工企业的名义承揽工程，也不能以任何形式允许其他单位或者个人使用本企业的资质证书、营业执照，以本企业的名义承揽工程。施工单位负责建设工程的具体施工工作，对建设工程质量有比较直接的影响，应当对建设工程的质量负责。施工单位既包括总承包施工单位，也包括分包施工单位。我国相关的法律对施工单位的责任作出规定，《建筑法》第55条规定："建筑工程实行总承包的，工程质量由工程总承包单位负责，总承包单位将建筑工程分包给其他单位的，应当对分包工程的质量与分包单位承担连带责任。分包单位应当接受总承包单位的质量管理。"第58条规定："建筑施工企业对工程的施工质量负责。建筑施工企业必须按照工程设计图纸和施工技术标准施工，不得偷工减料。工程设计的修改由原设计单位负责，建筑施工企业不得擅自修改工程设计。"建设单位与施工单位作为建筑物与构筑物的直接支配者，能够通过履行注意义务防止损害的发生，因此将其作为责任承担者最有利于预防损害的发生。

对于建筑物、构筑物或者其他设施倒塌产生致害责任适用过错推定原则，建设单位与施工单位可以通过证明不存在质量缺陷来免责。考虑到建设工程过程中的复杂性，建设单位与施工单位如果按照相应的质量要求进行了施工仍然出现了建筑物、构筑物或者其他设施倒塌的情形，可以通过证明不存在质量缺陷来免责。

其二，本条第二层含义为建设单位与施工单位对其他责任人的追偿权。

建筑物、构筑物或者其他设施倒塌的，除了建设单位、施工单位以外，可能还存在其他责任人。当建设单位、施工单位赔偿后，有权向其他责任人追偿。所谓其他责任人，主要包括以下范围：一是勘察单位、设计单位等。《建筑法》第56条规定："建筑工程的勘察、设计单位必须对其勘察、设计的质量负责。勘察、设计文件应当符合有关法律、行政法规的规定和建筑工程质量、安全标准、建筑工程勘察、设计技术规范以及合同的约定。设计文件选用的建筑材料、建筑构配件和设备，应当注明其规格、型号、性能等技术指标，其质量要求必须符合国家规定的标准。"根据《建筑法》第73条的规定，建筑设计单位不按照建筑工程质量、安全标准进行设计，造成损失的，承担赔偿责任。《建设工程质量管理条例》第19条规定："勘察、设计单位必须按照工程建设强制性标准进行勘察、设计，并对其勘察、设计的质量负责。注册建筑师、注册结构工程师等注册执业人员应当在设计文件上签字，对设计文件负责。"二是监理单位。民法典合同编第796条中规定："发包人与监理人的权利和义务以及法律责任，应当依照本编委托合同以及其他有关法律、行政法规的规定。"《建筑法》第35条规定："工程监理单位不按照委托监理合同的约定履行监理义务，对应当监督检查的项目不检查或者不按照规定检查，给建设单位造成损失的，应当承担相应的赔偿责任。工程监理单位与承包单位串通，为承包单位谋取非法利益，给建设单位造成损失的，应当与承包单位承担连带赔偿责任。"《建设工程质量管理条例》第36条规定，工程监理单位代表建设单位对施工质量实施监理，并对施工质量承担监理责任。三是勘察、设计、监理单位以外的责任人。例如，根据《建筑法》第79条的规定，负责颁发建筑工程施工许可证的部门及其工作人员对不符合施工条件的建筑工程颁发施工许可证，负责工程质量监督检查或者竣工验收的部门及其工作人员对不合格的建筑工程出具质量合格文件或者按合格工程验收，造成损失的，由该部门承担相应的赔偿责任。

其三，本条第三层含义为建筑物、构筑物或者其他设施倒塌、塌陷原因是所有人、管理人、使用人或者第三人原因造成的时候，由所有人、管理人、使用人或者第三人承担侵权责任。建筑物、构筑物或者其他设施倒塌有多种原因，有的是因质量不合格，有的是由于年久失修、管理不善，有的是业主擅自改变承重结构，对于所有人、管理人、使用人或者第三人原因造成坍塌时，再要求建设单位与施工单位承担责任显然不合理。因此，本条第2款规定，因所有人、管理人、使用人或者第三人的原因，建筑物、构筑物或者其他设施倒塌造成他人损害的，由所有人、管理人、使用人或者第三人承担侵权责任。如果建筑物等设施倒塌是因超过合理使用期限、未经合理的修缮、业主擅自改变承重结构等特殊情形造成的，被侵权人可以根据本条第2款的规定，依法直接请求造成建筑物等设施倒塌的其他责任人承担侵权责任。《建设工程质量管理条例》第42条规定，建设工程在超过合理使用年限后需要继续使用的，产权所有人应当委托具有相应资质等级的勘察、设计单位鉴定，并根据鉴定结果采取加固、维修等措施，重新界定使用期。根据民法典物权编第272条的规定，业主对其建筑物专有部分行使权利不得危及建筑物的安全。《建设工程质量管理条例》第69条规定，房屋建筑使用者在装修过程中擅自变动房屋建筑主体和承重结构，造成损失的，依法承担赔偿责任。第三人，是指所有人、管理人或者使用人之外的，对损害的发生负有责任的人。建筑物、构筑物或者其他设施造成损害的发生除了与所有人、管理人或者使用人的过错有关外，还与其他人有关。例如，房屋所有人与承揽人签订承揽合同，由承揽人为房屋进行改造。承揽人擅自改变房屋承重结构导致房屋坍塌产生损害，应当由第三人承担责任。

【对照适用】

建筑物、构筑物或其他设施倒塌、塌陷造成的侵权责任构成我国建筑物与物件损害责任中重要的组成部分。分析本条的结构，其将建设单位与施工单位作为建筑物、构筑物或者其他设施倒塌责任的一般主体，承担过错推定的责任，即使该建筑物、构筑物或者其他设施已经建设完毕，通过验收并交付使用，一旦存在倒塌的情形，原则上仍然由建设单位与施工单位按照过错推定承担相应责任。只有当由于所有人、管理人、使用人或者第三人的原因造成倒塌时，才由所有人、管理人、使用人或者第三人承担责任。从比较法上看，建筑物责任在德国法上由占有人与维护义务人承担。具体而言，主要包括《德国民法典》第 836 条第 3 款的自主占有人，第 837 条的建筑物或构筑物他主占有人以及第 838 条的有维护义务之人。在《日本民法典》中，责任承担的主体也是由占有人承担。《日本民法典》第 717 条第 1 款规定：因土地工作物的设置或保存的瑕疵，对他人造成损害时，该工作物的占有人对受害人负损害赔偿责任。但是，占有人为避免损害的发生已尽到必要注意时，所有权人须赔偿该损害。其责任主体也是设计为占有人，当占有人尽到注意义务时，由所有人承担损害赔偿义务。我国法律上规定由建筑单位与施工单位承担倒塌所造成的侵权责任，当然有助于督促建筑单位与施工单位以更高的建筑质量与工艺水平对待建筑物、构筑物或者其他设施。但有可能出现此等情况，即一旦建筑物、构筑物或者其他设施建设完毕，由建设单位、施工单位转移到使用人手中，在经过一段时间之后由于坍塌而产生损害，坍塌的原因又与所有人、管理人、使用人或者第三人无关。按照本条之规定仍然应当由建设单位与施工单位承担侵权责任，但如果此时由于时过境迁，建设单位与施工单位已经不再存续，受害人的权益会出现无从主张的境地。在此时应当恰当适用法律漏洞填补手段，寻求由建筑物、构筑物或者其他设施的占有人或负管理义务的主体承担侵权责任。

第一千二百五十三条　建筑物、构筑物或者其他设施及其搁置物、悬挂物发生脱落、坠落造成他人损害，所有人、管理人或者使用人不能证明自己没有过错的，应当承担侵权责任。所有人、管理人或者使用人赔偿后，有其他责任人的，有权向其他责任人追偿。

【要义精解】

本条是关于建筑物、构筑物或者其他设施及其搁置物、悬挂物脱落、坠落造成他人损害责任的规定。

本条有两层含义。本条的第一层含义是建筑物、构筑物或者其他设施及其搁置物、悬挂物发生脱落、坠落造成他人损害，所有人、管理人或者使用人不能证明自己没有过错的，应当承担侵权责任的规定。关于建筑物、构筑物或者其他设施及其搁置物、悬挂物的范围包括：建筑物是指人工建造的、固定在土地上，其空间用于居住、生产或者存放物品的设施，例如住宅、写字楼、车间、仓库等。构筑物或者其他设施是指人工建造的、固定在土地上、建筑物以外的某些设施，例如道路、桥梁、隧道、城墙、堤坝等。建筑物、构筑物或者其他设施上的搁置物、悬挂物是指搁置、悬挂在建筑物、构筑物或者其他设施上，非建筑物、构筑物或者其他设施本身组成部分的物品。例如，搁置在阳台上的花盆、悬挂在房屋天花板上的吊扇、脚手架上悬挂的建筑工具等。建筑物、构筑物或者其他设施及其搁置物、悬挂物脱落、坠落，是指建筑物、构筑物或者其他设施的某一个组成部分以及搁置物、悬挂物从建筑物、构筑物或者其他设施上脱落、坠落。例如，房屋墙壁上的瓷砖脱落、房屋天花板坠落、吊灯坠落、屋顶瓦片滑落、房屋窗户玻璃被风刮碎坠落、阳台上放置的花盆坠落等。

建筑物、构筑物或者其他设施的所有人、管理人或者使用人应当对建筑物、构筑物或者其他设施及其搁置物、悬挂物进行合理的管理、维护，避免给他人造成损害。例如，要保证建筑物等设施及其搁置物、悬挂物的稳固；应当进行必要的检查，发现可能造成他人损害的，要及时采取相应的安全措施等。建筑物、构筑物或者其他设施及其搁置物、悬挂物脱落、坠落造成他人损害，本条规定了三个侵权责任主体：一是所有人。所有人是指对建筑物等设施拥有所有权的人。建筑物、构筑物或者其他设施多为不动产。一般来讲，不动产的所有人是指不动产登记机构依法登记确定的人。我国民法典物权编第 209 条第 1 款规定，不动产物权的设立、变更、转让和消灭，经依法登记，发生效力；未经登记，不发生效力，但法律另有规定的除外。第 216 条第 1 款规定，不动产登记簿是物权归属和内容的根据。有时，虽然没有登记，但是也可以依法确定不动产的所有人。例如，我国民法典物权编第 231 条规定："因合法建造、拆除房屋等事实行为设立或者消灭物权的，自事实行为成就时发生效力。"因此，在农村宅基地上自建的房屋和城市中一些依法新建的房屋，虽然没有来得及登记，仍然可以依法确定具体的所有人。建筑物、构筑物等设施的所有人依法享有所有权，同时也承担维护、管理的义务，建筑物、构筑物或者其他设施及其搁置物、悬挂物脱落、坠落造成他人损害的，所有人应当依法承担侵权责任。许多国家和地区的法律都明确规定了建筑物等设施致人损害时所有人的责任。二是管理人。管理人是指对建筑物等设施及其搁置物、悬挂物负有管理、维护义务的人。我国国有资产一般由特定的机关或者单位进行管理。例如，民法典物权编第256条规定："国家举办的事业单位对其直接支配的不动产和动产，享有占有、使用以及依照法律和国务院的有关规定收益、处分的权利。"根据《教育法》第29条的规定，学校及其他教育机构可以管理、使用本单位的设施和经费。因此，一般来讲，公立学校里国家所有的建筑物、构筑物等由学校管理，学校是其管理人。三是使用人。一般来讲，使用人是指因租赁、借用或者其他情形使用建筑物等设施的人。使用人承担责任有两种情形。第一，使用人依法对其使用的建筑物、构筑物或者其他设施负有管理、维护的义务时，因其管理、维护不当造成他人损害。例如，民法典合同编第712条规定："出租人应当履行租赁物的维修义务，但是当事人另有约定的除外。"当根据合同约定，房屋承租人对房屋有管理、维护义务时，房屋及其搁置物、悬挂物脱落、坠落造成他人损害，承租人不能证明自己没有过错的，要承担侵权责任。第二，使用人对建筑物、构筑物或者其他设施的搁置物、悬挂物管理、维护不当，造成他人损害。例如，承租人在阳台上放置的花盆或者晾晒的物品坠落造成他人损害，承租人不能证明自己没有过错的，要承担侵权责任。

所有人、管理人或者使用人的责任采用过错推定原则。损害发生后，被侵权人证明自己的损害是因建筑物等设施或者其搁置物、悬挂物脱落、坠落造成的，所有人、管理人或者使用人对自己没有过错承担举证责任，其不能证明自己没有过错的，应当承担侵权责任。之所以采取过错推定原则在于这些设施或者物体的脱落、坠落与所有人、管理人或者使用人在管理、维护时存在过错有很大关系。另外，被侵权人通常并不了解建筑物等设施及其搁置物、悬挂物的管理、维护情况，很难获得足够的证据。因此，让被侵权人来证明所有人、管理人或者使用人的过错，对被侵权人来说不公平。采用过错推定原则，既符合社会生活的实际情况，也有利于保护被侵权人的合法权益。多年的司法实践也证明，对建筑物等设施及其搁置物、悬挂物脱落、坠落致人损害责任采用过错推定原则，是科学合理的。

本条的第二层含义为所有人、管理人或者使用人赔偿后，有其他责任人的，有权向其他责任人追偿。其他责任人是指所有人、管理人或者使用人之外的，对损害的发生负有责任的人。建筑物、构筑物或者其他设施及其搁置物、悬挂物脱落、坠落造成他人损害，所有人、管理人或者使用人不能证明自己没有过错的，应当对被侵权人承担侵权责任。实践中，有时损害的发生除了与所有人、管理人或者使用人的过错有关外，还与其他人有关，只是该其他人不直接对被侵权人承担侵权责任。但是，所有人、管理人或者使用人向被侵权人赔偿后，有权向该其他责任人追偿。例如，房屋所有人与承揽人签订承揽合同，由承揽人为房屋安装防盗网。由于承揽人的过错，防盗网没有安装牢固，后来坠落将他人砸伤。房屋所有人不能证明自己没有过错的，应当对被侵权人承担侵权责任。另外，由于防盗网的坠落与承揽人的过错有关，根据合同法的规定，承揽人应当向房屋所有人承担责任。因此，房屋所有人对被侵权人赔偿后，有权向承揽人追偿。

【对照适用】

本条源于原《民法通则》第126条之规定："建筑物或者其他设施以及建筑物上的搁置物、悬挂物发生倒塌、脱落、坠落造成他人损害的，它的所有人或者管理人应当承担民事责任，但能够证明自己没有过错的除外。"2003年通过的《最高人民法院关于审理人身损害赔偿案件适用法律若干问题的解释》第16条规定，道路、桥梁、隧道等人工建造的构筑物因维护、管理瑕疵致人损害的，适用民法通则第126条的规定，由所有人或者管理人承担赔偿责任，但能够证明自己没有过错的除外。原《侵权责任法》立法时在对于立法与司法解释有关成果吸纳的基础上形成了本条文，民法典继受了原《侵权责任法》有关条文。

从比较法上看，各国民法典中存在类似规定。《瑞士债权法》第58条规定：（1）房屋或者其他建筑物的所有人对因设计缺陷，或者结构缺陷，或者维修不足造成的损害承担赔偿责任。（2）所有人可以向应当承担责任的人追偿。《日本民法典》第717条规定，因土地的工作物设置或保存有瑕疵，致他人产生损害时，工作物的占有人对受害人负损害赔偿责任。但是，占有人为防止损害发生已尽必要注意时，损害应由所有人赔偿。就损害原因另有责任者时，占有人或所有人可以对其行使求偿权。我国台湾地区"民法"第191条规定，土地上之建筑物或其他工作物所致他人权利之损害，由工作物之所有人负赔偿责任。如别有应负责任之人时，赔偿损害之所有人，对于该应负责者，有求偿权。

第一千二百五十四条　禁止从建筑物中抛掷物品。从建筑物中抛掷物品或者从建筑物上坠落的物品造成他人损害的，由侵权人依法承担侵权责任；经调查难以确定具体侵权人的，除能够证明自己不是侵权人的外，由可能加害的建筑物使用人给予补偿。可能加害的建筑物使用人补偿后，有权向侵权人追偿。

物业服务企业等建筑物管理人应当采取必要的安全保障措施防止前款规定情形的发生；未采取必要的安全保障措施的，应当依法承担未履行安全保障义务的侵权责任。

发生本条第一款规定的情形的，公安等机关应当依法及时调查，查清责任人。

【要义精解】

本条是关于高空坠物的综合规定。

本条共三款，在此进行分别阐释。本条第 1 款是对建筑物抛掷物品或者坠落的物品责任的一般规定。第 1 款的第一层含义是对于建筑物抛掷物品的一般性禁止规定。现代中国都市发展过程中高层建筑得到了蓬勃发展，都市中摩天大楼遍布其中，这些高层建筑在提供了更多的生存空间的同时，也对人们的人身财产安全造成了极大的威胁。由于高空所带来的重力加速度，即使是并不起眼的小物件也可能带来严重的损害，因此本条对于建筑物抛掷物品作出了禁止性规定。第 1 款的第二层含义是对于可以确定具体侵害人的情况下，由侵权人承担无过错责任。建筑物中抛掷物品或者从建筑物上坠落的物品由于其具有的高度危险性，因此应当承担无过错责任，即使具体侵害人对于损害的发生并无故意或者过错，只要能够确定损害是由于其造成的，均应当承当侵权责任。如在阳台上摆放的花盆被强风吹落导致损害的情形，即便侵权人能够证明其对于花盆的坠落并无过错，只要能够确定花盆是由其所占有的，即可认定构成侵权。第 1 款的第三层含义是在无法确定具体侵权人的情况下，除能证明自己不是侵权人的外，由可能加害的使用人予以补偿。难以确定具体侵权人是指无法确定物品具体是从哪一个房间抛掷、坠落的，因此无法确定具体的侵权人。建筑物使用人，是指在侵权行为发生时建筑物的实际使用人。建筑物使用人在建筑物内进行活动，控制、管理着建筑物和建筑物内的物品，建筑物抛掷物、坠落物致人损害，无法确定具体侵权人时，在他们中间确定可能的侵权人，符合社会生活实践经验。使用人包括使用建筑物的所有权人、承租人、借用人以及其他使用建筑物的人。物业服务公司是否属于建筑物使用人，要视具体情况而定，一般情况下，物业服务公司只是与业主签订合同，负责对物业的管理、服务，并不占有、控制建筑物本身，其不属于建筑物使用人。但是，如果物业服务公司实际占有、使用建筑物，则其也属于建筑物使用人。如果按照社会生活实践经验、科学手段以及其他方法，可以推测认为抛掷物、坠落物有可能是从某人使用的建筑物中抛掷或坠落的，则该使用人就是本条所说的“可能加害的建筑物使用人”。当然，这种可能性必须在一定的合理范围内，按照物理学的一般规律予以科学的推理判定。例如，如果被侵权人在街上被建筑物上的抛掷物、坠落物砸伤，难以确定具体侵权人的，并非该条街上所有的建筑物的使用人均要承担责任，而是首先要将范围界定在侵权行为发生地周围合理范围内的建筑物的使用人。再如，如果被侵权人在一座居民楼的北面被从该楼上抛掷或坠落的物品砸伤，一般认为，居住在该楼南面的居民不属于“可能加害的建筑物使用人”。根据本条规定实行举证责任倒置，由建筑物使用人证明自己不是侵权人。建筑物使用人不能证明自己不是侵权人的，要对被侵权人受到的损害进行补偿。比如，提供侵害发生时不在现场的证据，或者是证明致害物与自身无关的证据。由可能加害的建筑物使用人对被侵权人给予补偿。各个可能加害的建筑物使用人之间不承担连带责任，而是按份分别对被侵权人进行补偿。被侵权人不能要求某一个或一部分可能加害的建筑物使用人补偿其全部的损害，可能加害的建筑物使用人按照自己应承担的份额对被侵权人进行补偿后，也不能向其他可能加害的建筑物使用人追偿。只有在发现了真正侵权人的，可以向真正的侵权人进行追偿。

本条第 2 款是对于建筑物管理人的安全保障义务的规定。在当代的高层建筑中，管理人尽到安全保障义务可以有效降低发生建筑物抛掷物品或坠落物品的风险。物业服务企业等管理人作为对于建筑物负有管理义务的主体，可以通过履行其职责来降低甚至消除建筑物抛掷物或者坠落物的风险。某小区原先广泛存在高空抛物的陋习，部分居民不遵守法律规定，为图方便肆意从高空抛掷垃圾袋等抛掷物，造成了极大的安全隐患。物业公司为了制止这种陋习，在小区多处安装了朝向空中的监控摄像头，对于高空抛物行为进行实时监控。事实证明，这种方式有效遏制了高空抛掷物品的行为。如果建筑物管理人未采取必要的安全保障措施的，应当承担未履行安全保障义务的侵权责任。此安全保障义务应当按照本法第1198条之规定予以确定。

本条第3款是对公安等机关调查义务的规定。建筑物抛掷物品或者从建筑物上坠落物品之所以成为《民法典》制定过程中的热点问题，是与我国对于该现象的治理乏力联系在一起的。之所以许多人能够肆无忌惮地随意高空抛物是与调查机关不明确，相应机关相互推诿、推卸调查责任联系在一起的。由于在此之前没有明确规定，现实中存在公安等机关不愿意及时调查，不愿查清责任人的情况，因此许多抛物人抱着就算是抛弃物品也不会被追查到的侥幸心理，高空抛物屡禁不止。在《民法典》中明确了公安等机关为有调查义务的机关，无疑有助于及时调查、及时取证，可以大大遏制这种侥幸心理，进而减少高空抛物行为或者高空坠物的现象出现。

第一千二百五十五条　堆放物倒塌、滚落或者滑落造成他人损害，堆放人不能证明自己没有过错的，应当承担侵权责任。

【要义精解】

本条是关于堆放物倒塌造成他人损害责任的规定。

堆放物是指堆放在土地上或者其他地方的物品。堆放物须是非固定在其他物体上，如建筑工地上堆放的砖块、木料场堆放的圆木等。本条所说的倒塌，包括堆放物整体的倒塌和部分的脱落、坠落，系由于重力作用导致的非控制的向下坠落的过程。本条所说的滚落指堆放物依据本身的球面状按照特定斜坡向下运动的过程。而所谓滑落系指堆放物沿斜坡向下滑动的过程。堆放人是指将物体堆放在某处的人。堆放人可能是所有人，也可能是管理人。凡是对堆放物进行占有，并对于堆放物进行事实上堆砌、码放的主体均为堆放人。堆放人应当合理选择堆放地点、堆放高度，要堆放稳固并看管好堆放的物品，防止被他人随意挪动，防止他人特别是限制行为能力人和无行为能力人攀爬等。本条采用过错推定原则。堆放人不能证明自己没有过错的，承担侵权责任。

【对照适用】

堆放物的倒塌是因不可抗力、第三人的故意造成的，堆放人不承担侵权责任。如《最高人民法院关于处理涉及汶川地震相关案件适用法律问题的意见（二）》第9条规定，因地震灾害致使堆放物品倒塌、滚落、滑落的，所有人或者管理人不承担赔偿责任。需要说明的是，在这些情形下，仍然需要堆放人举证证明自己对堆放物倒塌致人损害没有过错，堆放人不能证明自己没有过错的，仍然要承担侵权责任。

第一千二百五十六条　在公共道路上堆放、倾倒、遗撒妨碍通行的物品造成他人损害的，由行为人承担侵权责任。公共道路管理人不能证明已经尽到清理、防护、警示等义务的，应当承担相应的责任。

【要义精解】

本条是关于在公共道路上堆放、倾倒、遗撒妨碍通行物造成他人损害责任的规定。

本条规定内容限于公共道路。所谓公共道路是指公共通行的道路。根据公路法和公路管理条例的规定，公路是指经公路主管部门验收认定的城间、城乡间、乡间能行驶汽车的公共道路，公路包括公路渡口、公路路基、路面、桥梁、涵洞、隧道。根据道路交通安全法的规定，道路是指公路、城市道路和虽在单位管辖范围但允许社会机动车通行的地方，包括广场、公共停车场等用于公众通行的场所。本条所说的公共道路包括但不局限于公路法、公路管理条例等行政法律法规中的公路与道路。民法中的公共道路既包括通行机动车的道路，也包括人行道路，甚至广场、停车场等可供公共通行的场地、建筑区划内属于业主共有但允许不特定的公众通行的道路都应当纳入民法意义上公共道路的范围。

本条所规范的行为是指在公共道路上堆放、倾倒、遗撒妨碍通行的物品的行为。所谓堆放、倾倒、遗撒妨碍通行物，是指在公共道路上堆放、倾倒、遗撒物品，影响他人对该公共道路正常、合理的使用。公共道路的使用关系到公众的利益，在道路上堆放、倾倒、遗撒妨碍通行物，会对他人的安全造成不合理的危险。在公共道路上堆放、倾倒、遗撒妨碍通行物，既可以是堆放、倾倒、遗撒固体物，例如，在公共道路上非法设置路障、晾晒粮食、倾倒垃圾等；也可以是倾倒液体、排放气体，例如，运油车将石油泄漏到公路上、非法向道路排水、热力井向道路散发出大量蒸汽。被侵权人被堆放、倾倒、遗撒的妨碍通行物损害，有多种情形。例如，行人在公共道路上被妨碍通行物绊倒、滑倒；司机被公共道路上非法堆放的物体遮挡视线，驾驶机动车撞到行人或路旁的建筑物上。

本条规定的行为人，是指堆放、倾倒、遗撒妨碍通行物的单位或者个人。任何人都应当遵守道路管理规则，避免在道路上堆放、倾倒、遗撒妨碍通行物。《公路法》第46条规定，任何单位和个人不得在公路上及公路用地范围内摆摊设点、堆放物品、倾倒垃圾、设置障碍、挖沟引水、利用公路边沟排放污物或者进行其他损坏、污染公路和影响公路畅通的活动。《道路交通安全法》第48条规定，机动车载物的长、宽、高不得违反装载要求，不得遗洒、飘散载运物。具体来说，堆放、倾倒、遗撒妨碍通行物，可能是行为人主动将物品堆放、倾倒、抛撒在公共道路上，例如，故意将垃圾倾倒在路面上；也可能是有关的单位或者个人疏于对物品的管理，导致该物品妨碍公共道路的通行，例如，在运输货物的时候，行为人没有将货物牢固固定，货物在运输途中散落到公路上。

本条对于公共道路管理人规定了补充责任。所谓公共道路管理人是指对于公共道路负有管理职责的主体。《公路法》第8条规定："国务院交通主管部门主管全国公路工作。县级以上地方人民政府交通主管部门主管本行政区域内的公路工作；但是，县级以上地方人民政府交通主管部门对国道、省道的管理、监督职责，由省、自治区、直辖市人民政府确定。乡、民族乡、镇人民政府负责本行政区域内的乡道的建设和养护工作……"管理人应当按照法律要求履行其管理职责，对于其具体职责在法律法规中有比较详细的规定。《公路法》第35条规定："公路管理机构应当按照国务院交通主管部门规定的技术规范和操作规程对公路进行养护，保证公路经常处于良好的技术状态。"第43条规定："各级地方人民政府应当采取措施，加强对公路的保护。县级以上地方人民政府交通主管部门应当认真履行职责，依法做好公路保护工作，并努力采用科学的管理方法和先进的技术手段，提高公路管理水平，逐步完善公路服务设施，保障公路的完好、安全和畅通。"《公路安全保护条例》第47条第1款规定："公路管理机构、公路经营企业应当按照国务院交通运输主管部门的规定对公路进行巡查，并制作巡查记录；发现公路坍塌、坑槽、隆起等损毁的，应当及时设置警示标志，并采取措施修复。"公路管理部门如果不能证明自己已经尽到清理、防护、警示等义务时，应当承担相应责任。

第一千二百五十七条　因林木折断、倾倒或者果实坠落等造成他人损害，林木的所有人或者管理人不能证明自己没有过错的，应当承担侵权责任。

【要义精解】

本条是关于林木折断造成他人损害责任的规定。

本条规定的是林木造成的损害责任。本条所说的林木，包括自然生长和人工种植的林木。本条规定并未限定林木生长的地域范围，林地中的林木、公共道路旁的林木以及院落周围零星生长的树木等折断造成他人损害，林木的所有人或者管理人不能证明自己没有过错的，均要承担侵权责任。林木折断造成他人损害，不仅包括林木枝蔓等的掉落造成他人损害，还包括其他情形，如实践中出现的椰树果实坠落砸伤路人、树木倒伏压坏路旁汽车等。

本条所说的林木所有人或管理人的判定应当依据法律规定判断。根据本法第250条规定，森林、山岭、草原、荒地、滩涂等自然资源，属于国家所有，但是法律规定属于集体所有的除外。根据我国《森林法》第20条规定，国有企业事业单位、机关、团体、部队营造的林木，由营造单位管护并按照国家规定支配林木收益。农村居民在房前屋后、自留地、自留山种植的林木，归个人所有。城镇居民在自有房屋的庭院内种植的林木，归个人所有。集体或者个人承包国家所有和集体所有的宜林荒山荒地荒滩营造的林木，归承包的集体或者个人所有；合同另有规定的从其约定。林木的所有人或者管理人应当对林木进行合理的维护，防止林木出现危害他人安全的情形。例如，所有人或者管理人应当固定好新栽的树木，在林木可能危害他人的安全时，要设置明显标志并采取相应的安全措施，及时消除危险状态，例如，要及时修剪干枯的树枝、采伐干枯的树木，及时清理树上的积雪，及时采摘成熟的果实等。

对于林木所有人或者管理人的责任判定依据过错推定原则。所有人或者管理人要证明自己没有过错，通常要证明其对林木已经尽到了管理、维护的义务。需要说明的是，很多时候，林木的折断表面上是由于自然原因或者第三人等的原因造成的，但实质上与所有人或者管理人的过错有关。例如，大风将因虫害而枯死的大树刮倒，砸伤了过路的行人。大风和虫害是导致树木折断的因素，但由于虫害可能是因所有人或者管理人没有尽到管理、维护的义务造成的，因此，所有人或者管理人不能证明自己没有过错的，仍然要承担侵权责任。再如，他人驾驶机动车撞到树木上，造成树木倾斜，后来树木倾倒或者折断造成他人损害，所有人或者管理人不能证明在该树木被撞倾斜后，自己为了防止该树木倾倒或者折断而及时采取了合理措施的，仍然要承担责任。

【对照适用】

本条最初源于2003年通过的《最高人民法院关于审理人身损害赔偿案件适用法律若干问题的解释》第16条规定，树木倾倒、折断或者果实坠落致人损害的，适用原《民法通则》第126条的规定，由所有人或者管理人承担赔偿责任，但能够证明自己没有过错的除外。对于林木折断造成他人损害，原《侵权责任法》延续了过错推定的归责原则，规定因林木折断造成他人损害，林木的所有人或者管理人不能证明自己没有过错的，应当承担侵权责任。《民法典》继受了原《侵权责任法》的规定。

第一千二百五十八条　在公共场所或者道路上挖掘、修缮安装地下设施等造成他人损害，施工人不能证明已经设置明显标志和采取安全措施的，应当承担侵权责任。

窨井等地下设施造成他人损害，管理人不能证明尽到管理职责的，应当承担侵权责任。

【要义精解】

本条是关于在公共场所或者道路上施工等造成他人损害责任和窨井等地下设施造成他人损害责任的规定。

本条第1款为在公共场所或者道路上挖坑、修缮安装地下设施的侵权责任。在公共场所或者道路上施工，是指在公共场所或者道路上挖坑、修路、修缮安装地下设施等，如架设电线、铺设管道、维修公路、修缮下水道等。

公共场所是不特定人聚集、通行的场所，在这些场所施工，很有可能对他人造成损害，因此，需要更加注意保护他人的安全。在公共场所或者道路上施工，应当取得有关管理部门的许可，必须设置明显的警示标志和采取有效的安全措施：根据《道路交通安全法》第 32 条、第 104 条的规定，因工程建设需要占用、挖掘道路，或者跨越、穿越道路架设、增设管线设施，应当事先征得道路主管部门的同意；影响交通安全的，还应当征得公安机关交通管理部门的同意。施工作业单位应当在经批准的路段和时间内施工作业，并在距离施工作业地点来车方向安全距离处设置明显的安全警示标志，采取防护措施；施工作业完毕，应当迅速清除道路上的障碍物，消除安全隐患，经道路主管部门和公安机关交通管理部门验收合格，符合通行要求后，方可恢复通行。未经批准，擅自挖掘道路、占用道路施工或者从事其他影响道路交通安全活动，致使通行的人员、车辆及其他财产遭受损失的，依法承担赔偿责任。根据《公路法》第 32 条的规定，改建公路时，施工单位应当在施工路段两端设置明显的施工标志、安全标志。需要车辆绕行的，应当在绕行路口设置标志；不能绕行的，必须修建临时通道，保证车辆和行人通行。根据《城市道路管理条例》第 24 条、第 35 条的规定，城市道路的养护、维修工程应当按照规定的期限修复竣工，并在养护、维修工程施工现场设置明显标志和安全防围设施，保障行人和交通车辆安全。经批准挖掘城市道路的，应当在施工现场设置明显标志和安全防围设施；竣工后，应当及时清理现场，通知市政工程行政主管部门检查验收。

公共场所施工致人损害的责任人是施工人。施工人直接控制着施工场地，因此应当承担对施工场地的管理和维护义务，保障他人的安全。施工人是指组织施工的单位或者个人，而非施工单位的工作人员或者个体施工人的雇员。施工人一般是承包或者承揽他人的工程进行施工的单位或者个人，有时也可能是为自己的工程施工。对于施工人的责任为过错推定责任，施工人可以通过证明已经设置明显标志、采取安全措施以免于承担责任。设置明显标志和采取安全措施的具体义务，主要包括以下几个方面的内容：第一，设置的警示标志必须具有明显性。施工人设置的警示标志要足以引起他人对施工现场的注意，从而使他人采取相应的安全应对措施，如减速、绕行等。例如，在高速公路上施工，必须在距离施工现场较远的地方设置警示标志，而不能只在直接施工的地点设置警示标志；阴天或者夜间施工，应当设置必要的照明设备等。第二，施工人要保证警示标志的稳固并负责对其进行维护，使警示标志持续地存在于施工期间。例如，应当保证警示标志牢固，防止被风刮走；在警示标志毁损时，应当及时修复等。第三，仅设置明显的标志不足以保障他人安全的，施工人还应当采取其他有效的安全措施。例如，在道路上挖坑，通常应当将施工现场用保护设施围起来，而不仅仅是提醒行人注意道路上的坑。施工人采取的措施，在没有出现难以预料的意外情况下必须足以保证他人的安全。

本条第 2 款为窨井等地下设施造成损害的侵权责任。窨井是指上下水道或者其他地下管线工程中，为便于检查或疏通而设置的井状构筑物。其他地下设施包括地窖、水井、下水道以及其他地下坑道等。实践中，经常出现地下设施缺乏防护措施而致人损害的情形。《城市道路管理条例》第 23 条规定："设在城市道路上的各类管线的检查井、箱盖或者城市道路附属设施，应当符合城市道路养护规范。因缺损影响交通和安全时，有关产权单位应当及时补缺或者修复。"《治安管理处罚法》第 37 条规定，在车辆、行人通行的地方施工，对沟井坎穴不设覆盖物、防围和警示标志的，或者故意损毁、移动覆盖物、防围和警示标志的，处 5 日以下拘留或者 500 元以下罚款；情节严重的，处 5 日以上 10 日以下拘留，可以并处 500 元以下罚款。通过本条的规定，明确窨井等地下设施致人损害时责任的承担，有利于保护被侵权人的利益，也有利于促使地下设施的管理人认真履行职责，确保窨井等地下设施的安全，保护公众的合法权益。窨井等地下设施的管理人，是指负责对该地下设施进行管理、维护的单位或者个人。城市地下设施复杂，例如有输水、输油、输气、输电设施等，不同的地下设施可能属于不同的单位管理，在损害发生后要明确具体的管理人，由相关的管理人依法承担侵权责任。

【对照适用】

本条源于原《民法通则》第 125 条："在公共场所、道旁或者通道上挖坑、修缮安装地下设施等，没有设置明显标志和采取安全措施造成他人损害的，施工人应当承担民事责任。"原《侵权责任法》借鉴了原《民法通则》的做法，规定在公共场所或者道路上挖坑、修缮安装地下设施等，没有设置明显标志和采取安全措施造成他人损害的，施工人应当承担侵权责任。《民法典》继受了原《侵权责任法》的规定。

附　则

第一千二百五十九条　民法所称的"以上"、"以下"、"以内"、"届满"，包括本数；所称的"不满"、"超过"、"以外"，不包括本数。

【要义精解】

本条是关于民法上表示数字的具体术语如何解释的具体规定。通过具体规定明确了"以上""以下""以内""届满"，包括本数；"不满""超过""以外"，不包括本数。

【对照适用】

本条在原《民法通则》、原《民法总则》中均有类似条款，为我国民事根本立法一贯坚持的立法模式。本条为民法中与数字有关的具体术语提供了明确的解释方法，这一解释方法不仅适用于法律解释，同时适用于对当事人意思表示的解释。

第一千二百六十条　本法自2021年1月1日起施行。《中华人民共和国婚姻法》、《中华人民共和国继承法》、《中华人民共和国民法通则》、《中华人民共和国收养法》、《中华人民共和国担保法》、《中华人民共和国合同法》、《中华人民共和国物权法》、《中华人民共和国侵权责任法》、《中华人民共和国民法总则》同时废止。

【要义精解】

本条是关于民法典施行日期及废止法律的规定。

实施日期的规定是立法法上的要求。《立法法》第57条规定："法律应当明确规定施行日期。"法律的施行时间是法律开始发生效力的时间。一部法律何时开始发生效力，需要具体的规定。我国有不少法律在施行日期中确定法律公布一段时间后的某一日期，作为法律开始生效施行的日期。这样可以为法律的实施留出一定的宣传和准备时间。特别是对于像《民法典》这样一部对于人民生活有着重要影响的法律，一定的准备时间是必不可少的。

《民法典》的正式实施意味着我国在民事领域有了一部根本性大法，是对于整个民事生活领域的整体调整与规范。因此在此之前在民事各领域存在的单行法也就没有继续施行的必要了，《民法典》施行之后，各项民事单行法即告废止。

第二部分

案例评析与指引

第一章　一般规定

案例 1：郑某与迅付信息科技有限公司服务合同纠纷案
[（2019）沪 74 民终 642 号]

【法条指引】

《民法典》第 1164 条、第 1165 条，关于侵权行为的构成要件，侵权行为所保护的权益的范围。

【案例事实与裁判】

2017 年 4 月 15 日，郑某在天河公司网站通过迅付公司“环迅支付”平台支付了 219005 元。该笔款项在郑某银行明细中显示对方户名为“迅付信息科技有限公司客户备付金”，摘要为“转支”。迅付公司具有中国人民银行颁发的“支付业务许可证”，业务类型：互联网支付、移动电话支付、固定电话支付、银行卡收单。发证时间：2016 年 5 月 3 日，有效期至：2021 年 5 月 2 日。迅付公司（甲方）与东标盛公司（乙方）签订《支付服务协议》1 份，主要约定：乙方根据自身业务需要选择甲方提供的第 1 项支付服务方式：人民币卡支付服务。人民币卡支付是指个人消费者使用国内（中国大陆境内）银行发行的银行卡来进行在线支付的支付方式。2016 年 9 月，迅付公司（乙方）与天河公司（甲方）签订《网络支付业务服务协议（特约商户）》。主要约定：乙方为甲方提供的网络支付服务，是指甲方作为收款人或付款人通过计算机、移动终端等电子设备，依托公共网络信息系统远程发起支付指令，且付款人电子设备不与收款人特定专属设备交互，由乙方为收付款提供货币资金转移服务的活动；甲方不得将其他商户的交易伪造成自己的交易与乙方结算；甲方使用乙方的网络支付服务时，应确保自身发出支付指令的合法性、真实性、有效性和完整性。乙方按甲方自身发起的支付指令完成操作后，相关资金风险和责任由甲方承担；乙方自甲方的交易款中直接扣除相关服务费用后，应按本协议约定的结算规则将甲方余下交易款划转到甲方指定的如下银行账户中：开户名称：天河公司，银行账号：×××××××××××××××；甲方充分知悉，网上交易有风险，甲方与他人因网上交易产生的商品或服务质量、数量、交易金额、交货时间等纠纷及损失，应由甲方独立承担责任。

一审法院认为，当事人对自己提出的诉讼请求所依据的事实有责任提供证据加以证明。没有证据或者证据不足以证明当事人的事实主张的，由负有举证责任的当事人承担不利后果。郑某是以侵权作为本次诉讼请求权的基础，故其诉讼请求的成立需以符合侵权构成要件为前提。而侵权构成要件通常包括四个方面，即有加害行为、损害事实、加害行为与损害事实之间具有因果关系以及行为人主观上有过错。迅付公司具有支付业务资质，可实施互联网支付的经营，迅付公司基于与商户签订的相关协议为商户提供网络电子支付服务，有合法依据。根据双方当事人陈述及在案证据表明，郑某系因与天河公司买卖合同纠纷提起本案诉讼，但迅付公司在其中仅提供网络支付服务，既无加害行为也无主观过错，且郑某在未向天河公司及东标盛公司追索的情况下损害事实亦尚未固定，更不论有任何因果关系，故郑某以侵权为由要求迅付公司赔偿损失，缺乏事实和法律依据，遂判决：驳回郑某的全部诉讼请求。一审案件受理费减半收取计2386.81元，由郑某负担。

二审法院经审理查明，原审认定的事实清楚，证据充分，予以确认。就法律适用二审法院认为：迅付公司是否违反央行或其他行政机关对支付业务的行政管理规定，与其行为是否构成民事上的侵权行为，系属两事，违反行政管理规定的行为可能招致行政处罚，但未必同时构成侵权，两者不可混淆。是否构成侵权行为，从而应承担民事上的赔偿责任，应视其是否满足侵权行为的构成要件而定。侵权行为的构成要件包括：一是在客观层面上，存在行为、损害且两者间具有相当因果关系。相当因果关系者，须同时满足条件性和相当性两项要件。所谓条件性，系指若无此行为，则必无此损害。所谓相当性，系指若有此行为，则通常情况下，足以导致此损害。二是在法律价值判断上，存在违法性。三是在主观层面上，存在可归责性，即有故意或过失。上述要件必须同时满足，始能构成侵权行为。以下结合本案进行分析。

第一，关于郑某是否存在损害。郑某称其受侵害的是对资金的所有权即物权，对此本院认为，对货币所有权的侵害，仅限于对货币本身的毁损，至于因交易上或其他原因所受的财产金额的减少，其性质应为纯粹经济损失，而非物权受损，故郑某的相关理由不能成立。本案中，郑某指令付款，原因系向天河公司购买汽车，不论其指令被何人以何种手段变造为向东标盛公司付款，郑某或取得对天河公司交付买卖标的物或解除合同返还货款的债权，或取得对东标盛公司请求返还不当得利的债权，此等债权亦属财产上之利益，若不涉及诈骗等刑事犯罪，单就民事关系而言，在此等债权未经司法否认或强制执行而不能实现之前，即不能谓已经产生“损失”。现双方当事人均表示公安机关未就此事予以刑事立案，且郑某在二审中确认其未曾向天河公司或东标盛公司提起民事诉讼，则其是否受有损失，仍在或然状态，不能认为已经存在损失。

第二，郑某主张迅付公司存在三项侵权行为，对此本院分别分析如下。

其一，郑某称迅付公司未对东标盛公司采取停止提供服务的措施。该行为属于不作为，不作为欲成立侵权，须行为人具有法定的或约定的作为义务。但郑某在二审庭审中明确表示无必须对异常经营名单中的企业停止提供服务的相关法律规定，也未提出有相关的合同约定，因此郑某所谓的该项不作为不能构成侵权。另外，东标盛公司被行政机关列入异常经营名单的原因是无法通过登记的住所或经营场所联系，而非有欺诈交易对手等情形，对此类企业不停止支付服务，按诸常理，并非通常均会引起该企业交易相对方的损失，因此郑某所称的该项不作为，与其所称的损失之间，也不存在相当因果关系。故该行为不成立侵权。

其二，郑某称迅付公司将应由天河公司收取的资金结算至了东标盛公司的账户。本案中，经查明的事实是，郑某在天河公司网站上发出的向天河公司付款的指令，被“通过技术手段变造为通过深圳东标盛与迅付公司签约的交易结算网站发起的支付指令”，究系何人变造，郑某无法说明。郑某亦无证据证明系迅付公司收到原始指令之后，因迅付公司的故意或过失导致该指令被他人变造。则对迅付公司而言，其按照接到的付款指令向东标盛公司进行支付，主观上不存在可归责性。故郑某所称的该项行为不构成侵权。

其三，郑某称迅付公司的网站对网关进行篡改，造成郑某本应支付给天河公司的款项支付给了东标盛公司，但本案中并无证据证明迅付公司存在何种篡改行为，故郑某的该项理由缺乏依据，本院不予采纳。郑某又称迅付公司并未将款项划入东标盛公司的账户，而是转付给了其他自然人账户，迅付公司则称其系按东标盛公司的指令，将款项付给他人。对此本院认为，虽然迅付公司将款项直接划付至其他个人账户，但对此类依债权人要求而为的指示交付，在法律关系上应认为在一个法律上的瞬间时点，同时完成迅付公司向东标盛公司的支付，以及东标盛公司向其他个人的支付，因此迅付公司向东标盛公司指令之人支付款项的行为，即已完成向东标盛公司付款的义务。郑某对东标盛公司可能享有的不当得利请求权，并不因此类指示交付而受影响。再者，假设东标盛公司存在诈骗行为，则即使迅付公司不向其他个人转付款项，而是直接将款项划入东标盛公司的账户，郑某亦遭受损失，简言之，迅付公司的行为与郑某所称的损失之间，不存在因果关系须满足的条件性。因此，郑某所称迅付公司的此项行为，不构成侵权。

综上所述，郑某所称迅付公司的各项行为，均不满足侵权行为的构成要件，郑某据此要求迅付公司承担侵权赔偿责任，依法无据，依照《民事诉讼法》第170条第1款第1项规定，判决驳回上诉，维持原判。

【案例评析】

本案主要涉及的问题是纯粹经济损失是否是侵权行为所保护的对象。本案法院认为，支出金钱不能收回所发生的是纯粹经济损失，不属于侵权行为所保护的权益的范畴，故此并不构成侵权行为。笔者认为这样的判决是非常正确的，虽然该案是在《民法典》生效之前依据原《侵权责任法》之规定所作出的判决，但是对于《民法典》而言亦属于正确的判决。除非加害人违反了专门保护该种纯粹经济损失的法律或者因故意违反善良风俗的方法给受害人造成损害的，否则不应当承担侵权责任。本案另一个重要焦点是，违反行政法规是否属于违反保护他人利益的法律从而构成侵权？法院对此认定要看行政法规的目的究竟何在，不能简单以违反行政法规等即认定属于违反保护他人之法律从而对造成的纯粹经济损失予以赔偿。法院的这一观点也是非常正确的，笔者深表赞同。

案例2：王某礼、杨某琴等诉田某等生命权、健康权、身体权纠纷案 [（2018）黔0403民初951号]

【法条指引】

《民法典》第1165条，关于侵权责任的构成要件的规定。

【案例事实与裁判】

受害人王某于2017年7月26日与被告田某从修文县工地验收工程后，回平坝后受被告田某邀请与其余被告在平坝崇惠餐馆聚餐，聚餐后被告田某又组织去至尊KTV唱歌喝酒。受害人王某应当根据自己的身体状况酌量饮酒，同时酒后王某也未考虑自身状况又驾车前往平坝区白云镇花柱村养马冲组，才导致中途发生交通事故，下车后溺水死亡的事故，受害人王某作为完全民事行为能力人，对于饮酒过量和酒后驾驶车辆可能导致的后果应该是明知的，王某应当预见酒后驾车可能造成的危害，因其过于自信导致发生交通事故，发生事故后未能妥善处理，下车后往三岔河方向行走失足溺水，其对发生溺水死亡有重大过错，其自身因素是导致其死亡的主要原因，其应承担大部分的责任。而且原告王某礼、杨某琴未能提供证据证明在饮酒过程中被告田某等人有故意劝、罚、灌酒等行为，故王某对其自身的死亡结果应当承担主要责任即85%。根据公安机关的询问笔录及庭审查实，被告田某、梅某、潘某、刘某、赵某、余某、杨某、王××为共同聚餐人，共同聚餐人彼此间具有一定的安全注意义务和一定的照顾义务，各饮酒人应在把控自己饮酒行为的同时，做到节制饮酒、善意提醒、进行劝阻，上述被告明知王某饮酒过量的情况下，仍然放任其独自驾车离开，在到达王某发生车祸现场未能寻找到王某的情况下，未采取有效救助措施避免事故发生，对事故发生存在一定的过失，与王某的死亡具有因果关系。被告田某作为本次聚餐的组织者和聚餐所用白酒的提供者，其更应当注意王某的安全，安全注意义务也大于其他被告，作为组织者应当作出合理安排，使王某能够安全到家，但被告田某未能劝阻和制止王某饮酒，并在王某饮酒后未尽到相应的安全照顾义务，对王某的损失应承担相应的赔偿责任；被告潘某、刘某、赵某、余某、杨某、王××是被告田某打电话约来，作为共同饮酒者，相互之间应负一定的照顾义务，到达车祸现场未能寻找到王某避免死亡事故的发生，故对王某的死亡存在一定的过失，作为共同饮酒人相对比组织者被告田某的注意义务较小。被告聚餐期间虽也未饮酒，但作为共同聚餐者未尽到提醒、照顾、劝阻、护送的义务，但相对其他被告对王某饮酒过量作用较小，故相对其他共饮酒者其责任较小。被告梅某未喝酒且因身体原因先行离开，也未参加后面去KTV唱歌喝酒活动，对后面饮酒行为不能做到提醒义务，其对后面唱歌喝酒过程中放任王某独自回家事宜无法预料和履行注意义务，故不存在过错，对王某的死亡结果不承担责任。

据此，法院根据《侵权责任法》第6条第1款、第8条、第16条、第22条、第23条、《最高人民法院关于审理人身损害赔偿案件适用法律若干问题的解释》第27条、第28条、第29条、《最高人民法院关于适用〈中华人民共和国民事诉讼法〉的解释》第90条之规定，判决如下：

1. 被告田某于本判决生效后15日内赔偿原告王某礼、杨某琴死亡赔偿金581600元、丧葬费27931元、抚养费110654元，精神损失费30000元，以上合计750185元的4%，即30007.4元。

2. 被告潘某、刘某、赵某、杨某、余某于本判决生效后15日内各向原告王某礼、杨某琴赔偿死亡赔偿金581600元、丧葬费27931元、抚养费110654元，精神损失费30000元以上合计750185元的2%，即15003.7元（共占10%，共计75018.5元）。

3. 被告王××于本判决生效后15日内赔偿原告王某礼、杨某琴死亡赔偿金581600元、丧葬费27931元、抚养费110654元，精神损失费30000元以上合计750185元的1%，即7501.85元。

4. 被告田某、潘某、刘某、赵某、杨某、余某、王××对上述赔偿金额750185元的15%，即112527.75元，并互负连带赔偿责任。

5. 驳回原告王某礼、杨某琴其他诉讼请求。

【案例评析】

本案系近年来高发的同饮者责任系列案件中较为复杂的案件，非常具有典型性。同饮者是否构成侵权，需要分析侵权行为的构成要件。共同饮酒后，其中一人发生了死亡或者健康严重受损的事实，满足了权利人的生命权、健康权等受损害的事实这一要件应当没有问题。但是对于一般侵权行为的其他三个要件实际上都存在着争议：1. 是否有加害行为？组织饮酒的行为是否是加害行为？同饮者共同参加酒宴饮酒的行为本身是否是加害行为？相互敬酒、劝酒是否是加害行为？饮酒后没有将同饮者安全送到目的地的不作为是否是加害行为？这些都是学说上和判例上争议的问题，近年来司法实践上在同饮者发生死亡或者严重伤害的情形，往往都认定上述行为属于加害行为。本案即属认定组织者、同饮者存在不作为的加害行为。不作为若要构成侵权行为需要行为人有行为的义务，而这类案件中法院认为饮酒活动的组织者、同饮者负有安全保障义务，故其不作为构成了违反安全保障义务的侵权行为。但问题是，这里的安全保障义务的法律依据何在？在既没有法律的直接规定作为依据，也没有当事人的约定作为基础的情形下，法院即确认其具有安全保障义务是否正确尚存争议。2. 前述行为与权利受损害之间是否存在法律上的因果关系？如果受害人死亡或者健康受损的直接原因是饮酒过量，那么饮酒过量是否与组织者有法律上的因果关系（是否具有相当性）？与同饮者的敬酒或者劝酒是否有相当因果关系？笔者认为，首先，在组织者与同饮者没有采取过于激烈的手段劝其饮酒，而是出于通常的礼仪进行敬酒等似乎不应当认定有因果关系。其次，饮酒后在回家途中发生交通事故、其他意外事故等，该事故与饮酒组织者及其他同饮者的组织、劝酒之间是否有因果关系就更加难以判断了。本案即属于这样的情况，法学界与实务界应进行认真的讨论与思考。近年来，我国司法实践中存在一种倾向，即一旦发生了死亡等，基本上就会判决被告承担一定的责任，而不去认真讨论是否符合法律规定的侵权行为的构成要件，这样的做法是很有问题，是与法治的道路相背离的。最后，行为是否存在过错？即便认定组织者与同饮者的行为与受害人的死亡等存在因果关系，还需要进一步考虑组织者、同饮者是否存在故意或者过失。绝对不能倒果为因，即只要有死亡就认为存在因果关系，而必须要按照法律规定的标准加以判断。

案例3：陈某文、梁某2机动车交通事故责任纠纷案
[（2017）粤民再193号]

【法条指引】

《民法典》第1168—1172条，共同侵权行为与分别侵权行为的认定。

【案例事实与裁判】

2014年9月8日8时31分，赖某驾驶的由广州驶往云浮方向的粤W×××××号大型普通客车车头正面部位碰撞前方同向同在主车道由莫某驾驶的桂K×××××号重型仓栅式货车尾部，追尾碰撞后，粤W×××××号大型普通客车失控，碰撞中央分隔带波形梁护栏等设施后驶入对向车道，与行驶在云浮往广州方向超车道由陈某明驾驶的粤W×××××号大

型普通客车发生碰撞，造成其中一辆大型普通客车上7人死亡，5人受伤，另一辆大型普通客车上15人受伤，桂K×××××号重型仓栅式货车驾驶人莫某受伤，三车及道路波形梁护栏等设施损坏的较大道路交通事故。2014年10月25日，肇庆市公安局交通警察支队高速公路第一大队作出肇公交（高一）认字［441291］第2014A0009号《道路交通事故认定书》，认定赖某承担此事故的主要责任，陈某明承担此事故的次要责任，莫某和其他当事人不承担事故责任。陈某明不服，向肇庆市公安局交通警察支队申请复核，该支队责令肇庆市公安局交通警察支队高速公路第一大队重新作出事故认定。2014年11月10日，该大队作出肇公交（高一）重认字［441291］第2014A00001号《道路交通事故认定书》，认定赖某承担此事故的主要责任，陈某明承担此事故的次要责任，莫某和其他当事人不承担事故责任。赖某驾驶的粤W×××××号车属陈某所有，该车在2014年1月9日办理了注销营运资格手续，行驶证的使用性质变更为营转非，赖某是陈某明雇请的司机。陈某明驾驶的粤W×××××号车登记车主为运输公司，实际支配人为陈某文，陈某明是陈某文雇请的司机。2014年1月1日，运输公司与陈某文签订了《承包经营协议书》，约定运输公司将粤W×××××号车提供给陈某文承包经营，期限自2014年1月1日起至2018年12月31日止；承包期内，陈某文按月向运输公司缴交承包管理费，车辆的经营权和管理权属于运输公司，车辆的使用权和收益权属于陈某文，陈某文自负盈亏并承担法律义务，承包车辆的司乘人员由陈某文雇佣，承包期间一切经营费用及发生交通事故引起的一切经济损失和违规处罚由陈某文承担；承包期满后，车辆的残值属陈某文，车辆的客运标志牌、营运证和行驶证期满后必须交回运输公司。

本案一审法院作出判决后，被告不服提起上诉，二审法院维持了一审法院的判决，其说理如下：本案事故中，赖某、陈某明均疏忽大意，均存在过错，两者相互存在因果关系，二人的行为结合造成了同一损害后果，其二人的行为构成共同侵权，本案被侵权人均要求侵权人承担连带赔偿责任，依照《侵权责任法》第8条，即“二人以上共同实施侵权行为，造成他人损害的，应当承担连带责任”的规定，陈某明与赖某之间应按份承担连带赔偿责任。陈某是陈某文雇请的司机，在本次事故中并无故意或重大过失，依照《最高人民法院关于审理人身损害赔偿案件适用法律若干问题的解释》第 9 条规定，陈某明承担的责任应由粤 W×××××号车雇主（车辆实际支配人）陈某文承担，一审依法判决陈某文与赖某相互承担连带责任符合法律规定。至于运输公司的责任问题，运输公司是粤 W×××××号车的登记车主，属于该车的车辆所有人，其与陈某文签订的《承包经营协议书》是其二者之间的约定，对第三人不具有约束力，其将具有营运资格的机动车发包给陈某文经营，对陈某文车辆的部分经营活动进行管理，并从中收取管理费，其实质是挂靠关系而非租赁关系。本案一审原告均请求运输公司对陈某文的赔偿义务承担连带责任，根据最高人民法院《关于审理道路交通事故损害赔偿案件适用法律若干问题的解释》第 3 条，即“以挂靠形式从事道路运输经营活动的机动车发生交通事故造成损害，属于该机动车一方责任，当事人请求由挂靠人和被挂靠人承担连带责任的，人民法院应予支持”的规定，作为被挂靠人的运输公司对挂靠人陈某文承担的赔偿责任应当承担连带责任，因此，一审判决运输公司对陈某文的赔偿义务承担连带赔偿责任是正确的。

被告不服一、二审判决向高级人民法院申请再审，再审法院撤销了一、二审判决，重新判决认为：肇庆市公安局交通警察支队高速公路第一大队于 2014 年 11 月 10 日作出肇公交（高一）重认字［441291］第 2014A00001 号《道路交通事故认定书》，认定赖某承担此事故的主要责任，陈某明承担此事故的次要责任，莫某和其他当事人不承担事故责任，该责任认定正确，本院予以确认。《最高人民法院关于审理道路交通事故损害赔偿案件适用法律若干问题的解释》第 13 条规定：“多辆机动车发生交通事故造成第三人损害，当事人请求多个侵权人承担赔偿责任的，人民法院应当区分不同情况，依照侵权责任法第十条、第十一条或者第十二条的规定，确定侵权人承担连带责任或者按份责任。”本案中赖某、陈某明虽有过错，但他们没有共同故意或者共同过失，其分别实施的行为间接结合发生同一损害后果，应当根据过失大小或者原因力比例各自承担相应的赔偿责任。肇庆市公安局交通警察支队高速公路第一大队已经确定了赖某与陈某明各自的责任，即赖某承担事故的主要责任，陈某明承担事故的次要责任。

【案例评析】

本案再审法院撤销了一、二审的判决，重新作出判决，主要原因是一、二审适用法律不正确。再审法院与一、二审法院判决的关键区别在于认定两车相撞产生同一损害后果时，两车驾驶人均有过失时是否构成共同加害行为，从而应当承担连带责任的问题。一、二审人民法院认为两者都有过失，且产生了同一损害后果，故二驾驶人构成了共同侵权行为，因此应当承担连带责任。再审法院则认为此种情形下并不属于《侵权责任法》第 8 条所规定的共同加害行为，因为二人既没有共同故意，也不构成共同过失。属于二人分别侵权，造成同一后果的情形，即应当适用《侵权责任法》第 12 条的规定。该案再审法院正确地区分了共同加害行为，将共同加害行为确定为共同故意和共同过失两种情形，而对于共同过失的构成亦正确地予以掌握，值得肯定。由于《民法典》在共同侵权的问题上没有进行修改，因此本案件对于《民法典》第 1168—1172 条之适用亦具借鉴意义和价值。

案例 4：路某、吴某生命权、健康权、身体权纠纷案
[（2018）冀 06 民终 5015 号]

【法条指引】

《民法典》第 1173—1177 条，关于免责事由的规定，自甘风险原则的适用。

【案例事实与裁判】

2017 年 6 月 25 日晚 19 时许，原告吴某、被告路某在保定市竞秀区某羽毛球馆内一起打篮球，原告进攻、被告防守，原告进入被告方三分线内后，运球准备投篮时，被告垫步跳起来封住原告投球，在此过程中，造成原告眼睛受伤。原告受伤后，当晚 22 时入住保定市第一中心医院进行治疗，门（急）诊诊断为“右下泪小管断裂、右眼睑皮肤裂伤”，住院 4 天。原告于 2017 年 6 月 29 日出院，原告住院花去医疗费 3279. 74 元。2017 年 9 月 28 日委托保定市法医院鉴定中心对原告的伤残及误工期、护理期、营养期进行了鉴定，该鉴定机构出具保法医鉴定中心〈2017〉临鉴字第 3667 号关于吴某司法鉴定意见书意见：吴某属十级伤残，误工期 30—45 日、护理期为 7—15 日、营养期为 1—7 日。原告以在打篮球运动中，被告犯规造成伤残为由，诉至法院，要求被告赔偿原告经济损失 122579. 74 元。一审法院认为，篮球运动是群众性普及率高的运动，原、被告在参加此项运

动中都有能力预见运动的危险，都应当预见这种剧烈的比赛中存在的受伤的可能。篮球运动对抗性较强，身体接触概率高，常常出现碰撞摔倒，在激烈的运动中，很难要求行为人每次在做出下一个动作之前都要经过大脑的慎重考虑，防守和抢攻都容易造成人员身体受伤，运动中受伤比较常见。本案中，原、被告在派出所的笔录以及证人证言，可以认定在此次篮球运动中，被告造成原告眼睛受伤。原告没有证据证明被告对原告的受伤存在故意，派出所报案记录，亦是意外事件，虽然曾参与打篮球的杜某的笔录中提到被告“犯规”造成原告眼睛受伤，但是同样参加比赛的被告证人证言却是不存在“犯规”，在同一事件中，不同人对同一事实存在不同的认知，原告没有其他证据佐证被告“犯规”造成其眼睛受伤。但是原告眼睛受伤，是否应该由“犯规”或者对伤者造成伤害者承担责任呢？本案原、被告参加篮球比赛，在比赛中，运动员常常会采取技术性犯规来阻止对方的有效进攻。有些手段虽然不为规则所允许，但是为了比赛目的，这种技术犯规具有社会相当性和普遍性，这已经被人们认可。在赛事中，可以用裁判规则和运动员管理体制来约束，如果实践中采用了“凡是违规行为都是侵权”的观点，比赛将无法继续进行，也将给司法带来不必要的负担。由于体育竞技的特殊性，即使有一些犯规性的动作、有一定的伤害事实，也可以认为是该项目的一部分，不构成违法也无须承担责任。

从法理上说，当事人造成损害都没有过错，可以根据实际情况，由行为人分担民事责任。《侵权责任法》规定了侵权责任的构成和赔偿方式。根据我国民法的法律渊源和司法实践，下列行为，不能认定为侵权行为：1. 自助行为。在紧急状态下为了自身利益和国家集体的利益，不得已实施损害其他利益的行为，如法律规定的正当防卫、紧急避险。2. 受害人同意的行为。如医生为患者切除肿瘤。3. 符合法律规定的意外事件。4. 职务行为。如消防队员灭火造成的损失。5. 自甘风险。即明知有风险，而积极参加，应当视为对风险能够预见。本案应属于第五种情形，《民法通则》和《民法总则》虽然没有明文规定自甘风险，《侵权责任法》也没有将其列入条文，但体育竞赛中致害人不承担赔偿责任已是约定俗成。参加竞赛者通常以默示的形式表示，在正常比赛中受伤时不让致害方承担赔偿责任，这已成为一种社会公共习俗、一种社会共同道德。法律应当认可体育竞赛中的这种惯例。在尊重法律的同时也要认可不违背公序良俗的习惯。当然，对于明知会对被侵害者造成所能预见与容忍风险以外的伤害，而故意或者放任这种损害结果的发生，不能免除侵权人的侵权责任。但是原告确实在运动中造成伤残，从公平原则角度，为防止道德风险，避免运动员在运动中故意犯规造成他人伤害，本院酌情支持原告2万元的补偿。综上所述，原告参与篮球运动，应当视为对风险能够预见，是一种自甘风险行为。原告没有证据证明被告对其眼睛伤害故意或者放任这种损害结果的发生，原告请求被告赔偿责任，没有事实和法律依据。根据原告的损失，本院酌情支持补偿原告2万元。判决：1. 被告路某于本判决生效后7日内补偿原告吴某2万元医疗费、伤残赔偿金等损失；2. 驳回原告吴某的其他诉讼请求。案件受理费2852元，减半收取计1426元，由原告吴某负担。

二审认为，篮球作为对抗性体育运动，参与者对可能存在的运动风险确应有足够的预见性，但一般而言，参与业余篮球运动所能够预见、认知和承受的是一般性的轻微性损伤，本案中，吴某所受损伤经鉴定已构成十级伤残，超出了业余篮球运动参与者所能正常预见和承受的风险范围，一审法院适用公平原则对吴某施以救济并无不当。故一审判决认定事实清楚，适用法律正确。判决驳回上诉，维持原判。

【案例评析】

本案主要是关于体育活动中自甘风险原则的应用。该案件各级法院在《民法典》颁布之前没有具体法律规定的情形下，即依据法理与学说适用自甘风险原则裁判案件，属于司法实务续造法律的典型代表之一，其对于自甘风险原则的把握与《民法典》的规定完全一致，在《民法典》生效后，该判例亦可以作为同类案件裁判的参考。

第二章　损害赔偿

案例5：罗某1、李某生命权、健康权、身体权纠纷案
[（2019）鲁民再421号]

【法条指引】

《民法典》第1179条、第1183条，关于侵害生命权、健康权、身体权所产生的物质损失和精神损失的赔偿范围及赔偿事项；《民法典》第1173条，关于受害人与有过失从而减轻侵权人责任的规定。

【案例事实与裁判】

2014年8月1日18时10分，受害人罗某2驾驶二轮摩托车由西向东南行至潮水机场东小雪村出口处不慎摔倒跌伤，当日罗某2被送至蓬莱市人民医院治疗，次日经抢救无效死亡，花费医疗费1832.92元，其中包括救护车费用200元。事发路段为蓬莱潮水机场连接线，南北向，该道路由泰华公司承建，事发时尚未通车，基础工程基本完工。罗某2之父罗某1等四人主张事发时罗某2第一天到飞机场烟建公司十二公司上班，傍晚下班时驾驶摩托车由西向东南旧道驶入南北向的新修道路时，因路况不熟，泰华公司修建的南北向道路西侧与旧道之间落差高达19厘米左右，罗某2与摩托车摔倒在南北向道路中心线附近。罗某2系蓬莱市大辛店镇仙人罗家村村民，农民身份，其父亲罗某1、母亲李某均系1955年出生，现年60周岁，仅罗某2一个子女，无其他生活来源，系农民身份；罗某2与妻子张某育有一女罗某3，2009年出生，现年6周岁，系农民身份。罗某1等四人主张的其他损失还有交通费2830元、尸检费600元、冰尸费6805元、丧葬费23193元、修车费800元、精神抚慰金10万元。经质证，泰华公司认为交通费过高；尸检费、冰尸费应包含在丧葬费内，罗某1等四人不应再主张；因罗某1等四人提交的摩托车修理发票为定额发票，盖的是红星摩托车经销部的章，而不是修理企业的章，且罗某1等四人也无证据证明罗某的摩托车存在损失，即使有损

失，相关的损失必须经法定的鉴定机构鉴定，故对修车费不认可；对精神抚慰金不认可。对丧葬费23193元、交通费800元无异议。

一审法院认为，《道路交通安全法》第119条第1款第1项规定：“（一）‘道路’，是指公路、城市道路和虽在单位管辖范围但允许社会机动车通行的地方，包括广场、公共停车场等用于公众通行的场所。”本案中，事发路段正在修建，尚未交付使用，不符合上述法条中对“道路”的定义，故本案不能认定为道路交通事故。我国法律规定，公民享有生命健康权；被侵权人对损害的发生也有过错的，可以减轻侵权人的责任。因泰华公司承建的路段正在修建、尚未交付使用，泰华公司作为建设者及管理者，应做好隔离措施，如发布公告、在路口设置隔离物等措施，禁止非工作人员、非建设车辆在此道路上通行。虽泰华公司主张其已设置隔离墩、隔离带等措施，但从事发时的照片可以看出，涉案路段未设置隔离物、未标识“禁止通行”等字样，且非建设人员、非建设车辆多次任意通行，泰华公司未及时予以制止，故泰华公司对本次事故的发生应承担主要责任。死者罗某2作为成年人，在通过正在建设的新修路段时，未履行注意义务，存在一定过错，对事故的发生应承担次要责任，结合本案实际，其赔偿责任分成应为4∶6。因罗某为农民身份，死亡赔偿金应按照2014年农村居民人均可支配收入11882元/年，计算20年，为237640元。罗某3、李某、罗某1的生活费为7962元/年×12年+7962元/年×8年，为159240元。丧葬费是指侵害自然人的生命权致使受害人死亡的，受害人的亲属对死亡的受害人进行安葬所产生的费用的支出。冰尸费属于丧葬费的一部分，罗某1等四人单独主张冰尸费，不予支持。依据《最高人民法院关于审理人身损害赔偿案件适用法律若干问题的解释》第17条第3款、第22条之规定，罗某1等四人主张的交通费过高，且泰华公司不认可，不予支持，交通费法院酌定为500元。关于精神抚慰金，因罗某2为家中独子，是整个家庭的顶梁柱，其死亡给其年迈的父母、幼小的孩子、年轻的妻子以沉重的打击，故其近亲属主张精神抚慰金，符合法律规定，予以支持，但根据《最高人民法院关于确定民事侵权精神损害赔偿责任若干问题的解释》第22条、《最高人民法院关于确定民事侵权精神损害赔偿责任若干问题的解释》第10条规定，罗某1等四人主张的精神抚慰金过高，且泰华公司不认可，一审法院认为精神抚慰金酌定为2万元为宜。关于修车800元，因罗某1等四人未提交证据证明其存在车损，且提交的修理发票为红星摩托车代销经销部出具的定额发票，泰华公司不予认可，故对罗某1等四人主张的修车费不予支持。罗某1等四人主张的其他损失符合法律规定，依法予以支持。综上，罗某1等四人的合理损失有：死亡赔偿金237640元、被扶养人生活费159240元、丧葬费23193元、医疗费1862.92元、交通费500元、尸检费600元、精神抚慰金2万元，共计人民币443035.92元，泰华公司应承担六成，即265821.6元。依据《道路交通安全法》第119条第1款第1项，《最高人民法院关于审理人身损害赔偿案件适用法律若干问题的解释》第17条、第18条、第19条、第22条、第27条、第28条、第29条，《最高人民法院关于确定民事侵权精神损害赔偿责任若干问题的解释》第9条、第10条，《侵权责任法》第26条，《最高人民法院关于民事诉讼证据的若干规定》第2条及国家有关民事法律政策之规定，判决泰华公司赔偿罗某1等四人死亡赔偿金、被扶养人生活费、医疗费、丧葬费、尸检费、交通费、精神抚慰金共计人民币265821.6元，限于判决生效后10日内付清。如泰华公司未按判决指定的期间履行给付金钱义务，应当依照《民事诉讼法》第253条之规定，加倍支付迟延履行期间的债务利息。案件受理费10452元，由罗某1等四人负担6275元，泰华公司负担4177元。上述款项泰华公司在履行给付义务时一并给付原告。罗某1等四人不服一审判决提起了上诉。

二审法院认为，泰华公司承建的路段正在修建施工，尚未交付使用，四上诉人的亲属罗某系完全民事行为能力人，驾驶摩托车通过正在修建的路段时，未能履行充分的安全注意义务，未保障自身的安全，存在过错，对本案事故的发生应承担一定的责任。故一审法院根据本案查明的事实而认定的责任比例有事实和法律依据，予以维持。罗某1等四人上诉主张泰华公司应承担全部赔偿责任，于法无据，不予支持。本案事故的发生，对于上诉人的精神损害是严重的，但因罗某2对于事故的发生存在过错，一审法院根据本案的实际情况，酌定2万元的精神损害抚慰金适当，予以维持。罗某等四人上诉主张10万元的精神损害抚慰金，不予支持。关于罗某1等四人主张的交通费800元，一审及二审中泰华公司均无异议，该交通费的数额予以认定，一审酌定500元欠妥，该院予以纠正。综上，罗某1等四人的上诉主张部分成立，予以支持。一审判决对于交通费数额的认定欠妥，予以纠正。依照《民事诉讼法》第169条，第170条第1款第1项、第2项及第175条之规定，判决：变更山东省蓬莱市人民法院（2015）蓬登民初字第287号民事判决“被告泰华公司赔偿原告罗某1等四人死亡赔偿金、被扶养人生活费、医疗费、丧葬费、尸检费、交通费、精神抚慰金共计人民币 265821.6 元，限于本判决生效后 10 日内付清”为“被上诉人泰华公司赔偿上诉人罗某 1 等四人死亡赔偿金、被扶养人生活费、医疗费、丧葬费、尸检费、交通费、精神抚慰金共计人民币 266001.6 元，限于本判决生效后 10 日内付清”。如被上诉人泰华公司未按本判决指定的期间履行给付金钱义务，应当依照《民事诉讼法》第 253 条之规定，加倍支付迟延履行期间的债务利息。一审案件受理费 10452 元，由上诉人负担 6275 元，由被上诉人泰华公司负担 4177 元。二审案件受理费 6275 元，由上诉人负担 6270 元，由被上诉人泰华公司负担 5 元。

罗某 1 等四人均不服二审判决，向烟台市中级人民法院申请再审。再审法院认为原审法院基本事实认定清楚，法律适用正确，罗某 1 等四人申诉主张泰华公司应承担涉案事故全部赔偿责任的理由不能成立，维持了原二审人民法院已经生效的民事判决。

【案例评析】

本案的争议焦点有二：其一是受害人对于损害事实的发生是否具有过失，如果有其过失比例有多大；其二是就受害人所受损害的赔偿范围与数额的认定。对于第一个问题，本案一、二审法院均认为受害人作为完全行为能力人，驾驶摩托车通过正在修建的路段时，未能履行充分的安全注意义务，未保障自身的安全，存在过错，对本案事故的发生应承担一定的责任，但是并非主要责任，人民法院认定受害人的过失占比为 40%，故此应当减轻侵权人 40% 的赔偿责任。对于受害人与有过失的比例很难精准地予以测算，只能由人民法院根据具体案情予以酌定。关于侵害生命、身体、健康等造成的损害，既包括物质损失又包括精神损害在内。本案中同时涉及物质损失赔偿亦涉及精神损害赔偿的计算。此外，本案中还涉及损害赔偿时关于损失的证明责任，也即谁主张谁举证的基本举证责任分配。故本案是一个非常典型的案例，对于《民法典》生效后损害赔偿的计算具有借鉴意义和价值。

第三章　责任主体的特殊规定

案例6：周某诉姜某等身体权纠纷案
[（2012）松民一（民）初字第3295号]

【法条指引】

《民法典》第1188条，监护人侵权责任的承担。

【案例事实与裁判】

2011年8月20日21时20分许，被告姜某在上海某某美容美发有限公司理发时，因琐事和理发师罗某发生争吵，后姜某又无故殴打了店内其他人员周某，并将店内部分物品、店外一车辆砸坏。后原告周某至医院就诊、验伤并完成损伤程度鉴定。经调查，被告姜某现离异，和姜某某系父子关系，自2004年起被查患有精神疾病，经治疗后有所缓解。事发前一年左右，其自行停止服药。事发后，被告姜某经司法鉴定为精神分裂症，案发时及目前处于缓解不全状态。人民法院认为，无民事行为能力人、限制民事行为能力人造成他人损害的，由监护人承担侵权责任。监护人尽到监护责任的，可以减轻其侵权责任。有财产的无民事行为能力人、限制民事行为能力人造成他人损害的，从本人财产中支付赔偿费用。不足部分，由监护人赔偿。从上述法律规定看，首先，本案被告姜某患有精神分裂症，案发时处于缓解不全状态，姜某某应当知道其子姜某的病情并积极履行监护职责，现姜某某未能证明其已经谨慎合理地采取措施，防止损害发生，故姜某某应对被监护人姜某致人损害的后果承担监护人责任。其次，在本案被告姜某有财产的情况下，监护人姜某某可以先以被监护人的财产承担赔偿，对不足部分承担补充责任。

【案例评析】

无民事行为能力人、限制民事行为能力人造成他人损害的，由监护人承担侵权责任。监护人尽到监护责任的，可以减轻其侵权责任。有财产的无民事行为能力人、限制民事行为能力人造成他人损害的，从本人财产中支付赔偿费用。不足部分，由监护人赔偿。从上述法律规定看，监护人责任是无过错责任，除非监护人证明其尽到监护责任，方可减轻也非免除其责任。首先，本案被告姜某患有精神分裂症，案发时处于缓解不全状态，被告姜某某应当知道其子姜某的病情并积极履行监护职责，现姜某某并未能证明其已经谨慎、合理地采取措施，尽可能地防止损害发生，故姜某某应对被监护人姜某致人损害的后果承担监护人责任。其次，在本案被告姜某有财产的情况下，监护人姜某某可以先以被监护人的财产承担赔偿，对不足部分承担补充责任。

案例7：威海嘉易烤生活家电有限公司诉永康市金仕德工贸有限公司、浙江天猫网络有限公司侵害发明专利权纠纷案[1]

【法条指引】

《民法典》第1195条，网络服务提供者侵权补救措施与责任承担。

【案例事实与裁判】

2009年1月16日，嘉易烤公司及其法定代表人李某熙共同向国家知识产权局申请了名称为“红外线加热烹调装置”的发明专利，并于2014年11月5日获得授权，专利号为ZL200980000002.8。该发明专利的权利要求书记载：“1. 一种红外线加热烹调装置，其特征在于，该红外线加热烹调装置包括：托架，在其上部中央设有轴孔，且在其一侧设有控制电源的开关；受红外线照射就会被加热的旋转盘，作为在其上面可以盛食物的圆盘形容器，在其下部中央设有可拆装的插入上述轴孔中的突起；支架，在上述托架的一侧纵向设置；红外线照射部，其设在上述支架的上端，被施加电源就会朝上述旋转盘照射红外线；上述托架上还设有能够从内侧拉出的接油盘；在上述旋转盘的突起上设有轴向的排油孔。”2015年1月26日，涉案发明专利的专利权人变更为嘉易烤公司。涉案专利年费缴纳至2016年1月15日。

---

〔1〕 案例来源：最高人民法院指导案例83号。

2015年1月29日，嘉易烤公司的委托代理机构北京商专律师事务所向北京市海诚公证处申请证据保全公证，其委托代理人王某先、时某在公证处监督下，操作计算机登入天猫网（网址为 http：//www. tmall. com），在一家名为“益心康旗舰店”的网上店铺购买了售价为388元的3D烧烤炉，并拷贝了该网店经营者的营业执照信息。同年2月4日，时某在公证处监督下接收了寄件人名称为“益心康旗舰店”的快递包裹一个，内有韩文包装的3D烧烤炉及赠品、手写收据联和中文使用说明书、保修卡。公证员对整个证据保全过程进行了公证并制作了（2015）京海诚内民证字第01494号公证书。同年2月10日，嘉易烤公司委托案外人张某军向淘宝网知识产权保护平台上传了包含专利侵权分析报告和技术特征比对表在内的投诉材料，但淘宝网最终没有审核通过。同年5月5日，天猫公司向浙江省杭州市钱塘公证处申请证据保全公证，由其代理人刁某丽在公证处的监督下操作电脑，在天猫网益心康旗舰店搜索“益心康3D烧烤炉韩式家用不粘电烤炉无烟烤肉机电烤盘铁板烧烤肉锅”，显示没有搜索到符合条件的商品。公证员对整个证据保全过程进行了公证并制作了（2015）浙杭钱证内字第10879号公证书。

一审庭审中，嘉易烤公司主张将涉案专利权利要求1作为本案要求保护的范围。经比对，嘉易烤公司认为除了开关位置的不同，被控侵权产品的技术特征完全落入了涉案专利权利要求1记载的保护范围，而开关位置的变化是业内普通技术人员不需要创造性劳动就可解决的，属于等同特征。两原审被告对比对结果不持异议。

法院认为：各方当事人对于金仕德公司销售的被诉侵权产品落入嘉易烤公司涉案专利权利要求1的保护范围，均不持异议，原审判决认定金仕德公司涉案行为构成专利侵权正确。关于天猫公司在本案中是否构成共同侵权，《侵权责任法》第36条第2款规定，网络用户利用网络服务实施侵权行为的，被侵权人有权通知网络服务提供者采取删除、屏蔽、断开链接等必要措施。网络服务提供者接到通知后未及时采取必要措施的，对损害的扩大部分与该网络用户承担连带责任。上述规定系针对权利人发现网络用户利用网络服务提供者的服务实施侵权行为后“通知”网络服务提供者采取必要措施，以防止侵权后果不当扩大的情形，同时还明确界定了此种情形下网络服务提供者所应承担的义务范围及责任构成。本案中，天猫公司涉案被诉侵权行为是否构成侵权应结合对天猫公司的主体性质、嘉易烤公司“通知”的有效性，以及天猫公司在接到嘉易烤公司的“通知”后是否应当采取措施及所采取的措施的必要性和及时性等加以综合考量。

【案例评析】

本案争议的焦点之一是在确定嘉易烤公司的投诉行为合法有效之后，天猫公司在接受投诉材料之后的处理是否审慎、合理？天猫公司作为电子商务网络服务平台的提供者，基于其公司对于发明专利侵权判断的主观能力、侵权投诉胜诉概率以及利益平衡等因素的考量，并不必然要求天猫公司在接受投诉后对被投诉商品立即采取删除和屏蔽措施，对被诉商品采取的必要措施应当秉承审慎、合理原则，以免损害被投诉人的合法权益。但是，将有效的投诉通知材料转达被投诉人并通知被投诉人申辩当属天猫公司应当采取的必要措施之一。否则权利人投诉行为将失去任何意义，权利人的维权行为也将难以实现。网络服务平台提供者应该保证有效投诉信息传递的顺畅，而不应成为投诉信息的黑洞。被投诉人对于其或生产、或销售的商品是否侵权，以及是否应主动自行停止被投诉行为，自会作出相应的判断及应对。而天猫公司未履行上述基本义务的结果导致被投诉人未收到任何警示从而造成损害后果的扩大。至于天猫公司在嘉易烤公司起诉后即对被诉商品采取删除和屏蔽措施，当属审慎、合理。

案例8：刘某与北京某餐饮有限公司经营场所、公共场所的经营者、管理者责任纠纷案

[（2020）京0105民初21582号]

【法条指引】

《民法典》第1198条，经营场所、公共场所的经营者、管理者或者群众性活动的组织者责任。

【案例事实与裁判】

2019年9月17日，原告刘某在某饭店春秀路店就餐，其间摔倒，后刘某被送至陆军总医院住院治疗，经诊断为右侧尺桡骨远端骨折、右侧正中神经损伤、重度骨质疏松，住院期间行右侧桡骨远端骨折切开复位内固

定、正中神经探查松解术。刘某于 2019 年 9 月 27 日出院，实际住院 10 天。后刘某多次复查，并于 2019 年 12 月 14 日至 2019 年 12 月 24 日期间再次住院治疗。饭店方对刘某的损失拒绝赔偿，故刘某诉至法院。被告北京某餐饮有限公司认为，刘某摔倒不是饭店的原因，地上并没有油污和水渍，是刘某拿东西太多重心不稳摔倒的。被告认为自己最多为主要责任。经查看事发时监控录像，刘某在餐厅过道正常行走，右脚明显受地面光滑所致摔倒，其以右手支撑地面后受伤，该处过道地面为瓷砖，未在地面上设置移动警示牌等提示和安全保障措施。

法院认为：宾馆、商场、银行、车站、娱乐场所等公共场所的管理人或者群众性活动的组织者，未尽到安全保障义务，造成他人损害的，应当承担侵权责任。本案中，涉案餐厅系经营性公共场所，被告作为管理者应当尽到相应的安全保障义务。通过在案视频录像可以明显看出，原告摔倒受伤系因地面光滑所致，被告未能设置提示和安全保障措施，未能及时消除该场所内存在的安全隐患，其未能尽到安全保障义务，原告所受损伤与被告未尽到安全保障义务存在因果关系，故被告应当对原告的损害承担侵权责任。被告关于其最多承担主要责任的主张，无事实及法律依据，本院不予采信。关于原告主张的各项损失：医疗费，本院对此予以支持；原告主张中医诊所的医疗费，本院对相关款项不予支持。关于原告主张的误工费，本院酌情判处。护理费，结合鉴定结论酌情判处。营养费，本院按照每天 50 元支持 90 天。残疾赔偿金，本院予以支持。残疾辅助器具费，本院对此予以支持。住院伙食补助费，本院予以支持。交通费，本院酌情支持。鉴定费系本院依法处理的范畴，原告主张的检查费本院并入医疗费支持。精神损害抚慰金，原告主张金额过高，本院予以调整。关于原告主张的复印及快递费，没有法律依据，本院不予支持。

【案例评析】

宾馆、商场、银行、车站、机场、体育场馆、娱乐场所等经营场所、公共场所的经营者、管理者或者群众性活动的组织者，未尽到安全保障义务，造成他人损害的，应当承担侵权责任。因第三人的行为造成他人损害的，由第三人承担侵权责任；经营者、管理者或者组织者未尽到安全保障义务的，承担相应的补充责任。经营者、管理者或者组织者承担补充责任后，可以向第三人追偿。从法律规定上看，经营场所、公共场所的经营者、管理者或者群众性活动的组织者承担过错责任，需要原告证明管理者存在过错。本案中，涉案餐厅系经营性公共场所，被告作为管理者没有及时设立警示标志，未能尽到安全保障义务，其行为导致刘某受到损伤，故应当对刘某遭受的损失承担侵权责任。

第四章　产品责任

案例 9：陈某诉盐城市大丰区金丰家居装饰材料经营部产品侵权案［（2021）苏0982民初1297号］

【法条指引】

《民法典》第1203条，产品销售者的产品侵权责任。

【案例事实与裁判】

2016年12月，原告陈某向被告盐城市大丰区金丰家居装饰材料经营部购买了价值3000元的四块钢化玻璃，两两用作两间淋浴房的移门。2020年9月5日，其中一间淋浴房的一块钢化玻璃发生爆炸，未造成人员损伤。嗣后，原、被告就更换钢化玻璃的事宜协商未果。

2020年10月13日晚19时40分许，同一淋浴房的另一块钢化玻璃发生爆炸，陈某的丈夫当即报警称，其妻子洗澡时，浴室的玻璃门突然爆炸，人受伤。当晚，陈某至盐城市大丰中医院进行诊治，诊断右上肢、左足软组织裂伤。2020年10月26日，原告出院，治疗共产生医疗费4732.52元。关于陈某的损失，双方协商未果，陈某以产品侵权为由向法院提起民事诉讼。

法院认为，公民的生命权、健康权、身体权应受法律保护。关于本案伤害发生情况，原告虽未提交直接证据证明其受伤系因玻璃自爆导致，但结合第一块玻璃发生爆炸后，原、被告双方就更换玻璃事宜的协商处理过程、第二块玻璃爆炸后的报警记录、现场照片及原告入院陈述及治疗的情况等，本院认为以上事实及证据能够形成证据链，原告主张系因玻璃爆炸导致身体受伤具有高度可能性，其基于此主张的相关损失，本院予以支持。被告抗辩系人为原因导致的玻璃爆炸，但未提交证据证明，本院不予采信。

关于原告主张的各项损失，法院依法认定如下：1. 医疗费4732.52

元，有相应的医疗费发票为依据，法院予以支持；2. 住院伙食补助费 390 元（13 天×30 元/天）；3. 营养费 450 元（30 天×15 元/天）；4. 护理费 1040 元（13 天×80 元/天）；5. 误工费 3000 元（30 天×100 元/天）。以上原告的合理损失共计 9612.52 元。关于原告主张拆除两块未爆炸的玻璃及由此造成的损失 1500 元，无事实及法律依据，法院不予支持。

【案例评析】

因产品存在缺陷造成他人损害的，被侵权人可以向产品的生产者请求赔偿，也可以向产品的销售者请求赔偿。产品缺陷由生产者造成的，销售者赔偿后，有权向生产者追偿。因销售者的过错使产品存在缺陷的，生产者赔偿后，有权向销售者追偿。根据法律规定，产品侵权适用于过错责任。产品责任纠纷，受害方应证明产品存在缺陷，确有损害事实发生，并且产品缺陷与损害之间存在因果关系。本案中原告提供的各项证据和与被告之前的协商事实，可证明其损害事实与被告销售的产品具有因果关系，被告应当对免责事由承担证明责任，但在本案中，被告方没有提出证据，因此应当承担不利后果，对陈某遭受的损害承担赔偿责任。本案被告作为产品销售者，若证明产品缺陷是因生产者原因造成，在赔偿后，其可以向生产者追偿。

第五章　机动车交通事故责任

案例10：王某与孙某、郑州海硕建筑工程有限公司机动车交通事故责任纠纷案

[（2017）豫0108民初4616号]

【法条指引】

《民法典》第1211条，挂靠机动车交通事故责任。

【案例事实与裁判】

2017年4月23日5时8分许，被告孙某驾驶豫A×××××号华威驰乐牌重型自卸货车沿天河路由南向北行驶至新城路口时，与原告王某驾驶沿天河路由北向南行驶向东左转弯的宏顺牌电动三轮车发生碰撞，碰撞后豫A×××××号车又与路口信号灯及绿化带发生碰撞，致使原告王某受伤，两车、信号灯及绿化带受损，造成交通事故。2017年5月8日，郑州市公安局交通警察支队五大队作出交通事故认定书，认定被告孙某负事故全部责任，原告王某不负事故责任。当天原告被送往郑州大学第一附属医院，初步诊断为：1. 多发伤；2. 脑挫裂伤；3. 双侧肋骨骨折；4. 双侧气胸；5. 皮下气肿；6. 全身多处软组织损伤。原告王某先后两次在医院住院治疗，后就其损失向法院提起侵权之诉。法院在审理过程中查明：豫A×××××号车辆所有人系被告海硕公司，该车实际车主系被告孙某，被告孙某与被告海硕公司系挂靠关系。

法院认为，公民合法的民事权益受法律保护。被告孙某驾驶车辆与原告王某驾驶的机动三轮车相撞造成交通事故，经交警部门认定，被告孙某负事故全部责任，原告王某不负事故责任，对此事实本院予以确认。因事故车辆在被告人保郑州公司投有交强险、第三者责任保险，故原告的损失应由被告人保郑州公司在交强险相应限额内先行赔付，超出交强险相应限额的部分，因涉案车辆存在超载行为，故由被告人保郑州公司在商业第

三者责任保险限额内承担90%的赔偿责任，原告的其余损失由被告孙某承担赔偿责任，因孙某与被告海硕公司系挂靠关系，故被告海硕公司应当对被告孙某的赔偿责任承担连带支付责任。

【案例评析】

本案涉及的是挂靠机动车发生交通事故致人损害的责任主体确定。一般认为，机动车保有人承担侵权责任没有问题。有所争议的是，被挂靠人是否是责任主体。《民法典》第1211条规定："以挂靠形式从事道路运输经营活动的机动车，发生交通事故造成损害，属于该机动车一方责任的，由挂靠人和被挂靠人承担连带责任。"本案中，涉案肇事车辆是孙某挂靠在海硕公司的，发生机动车交通事故时，孙某与海硕公司对损害的发生承担连带责任。采用连带责任的方式，不仅能够保护受害人的合法权益，及时填补受害人的救济损失，还能够以此监督挂靠行为的规范运转。

案例11：胡某、薛某等机动车交通事故责任纠纷案
[（2020）陕0116民初12697号]

【法条指引】

《民法典》第1213条，机动车交通事故责任。

【案例事实与裁判】

2020年1月6日7时10分许，被告薛某、胡某驾驶机动车由北向南行驶至马务村村口南侧时，与原告於某沿王马路由北向南行驶发生碰撞，造成原告受伤，车辆受损的交通事故。经交警部门认定，被告薛某负事故全部责任，於某无责任。当日於某被送往陕西中医药大学第二附属医院住院治疗，共住院38天。其伤情被诊断为：重度闭合性颅脑损伤、弥漫性轴索损伤、脑挫伤、蛛网膜下腔出血等；后於某又于2020年5月11日在该院进行住院治疗，共住院54天，伤情被诊断为：闭合性颅脑损伤、左侧肢体运动功能障碍、社会参与能力缺陷等。於某伤情经陕西司法精神医学鉴定中心鉴定后，出具司法鉴定意见书，意见为：被鉴定人於某2020年1月6日发生交通事故后，患有：颅脑外伤所致精神障碍（轻度智能损害）；2020年1月6日颅脑外伤因素与其目前所患精神障碍系直接关联，参与度

评定为100%；其精神残情符合九级伤残；被告薛某已垫付原告部分医疗费，被告中国平安财产保险股份有限公司陕西分公司陈述已在保险范围内向被告胡某支付被告垫付医疗费用72943元。

法院认为，公民的生命健康权受法律保护。被告薛某驾驶机动车致原告受伤，负事故全部责任，其应对原告损失负赔偿责任。被告胡某无过错，不承担赔偿责任。本案车辆在被告中国平安财产保险股份有限公司陕西分公司投保有交强险和商业第三者责任险，应先在交强险范围内赔偿原告损失，超出部分在商业险限额内赔偿。

【案例评析】

机动车发生交通事故造成损害，属于该机动车一方责任的，先由承保机动车强制保险的保险人在强制保险责任限额范围内予以赔偿；不足部分，由承保机动车商业保险的保险人按照保险合同的约定予以赔偿；仍然不足或者没有投保机动车商业保险的，由侵权人赔偿。机动车致人损害适用于无过错责任原则。由机动车一方证明自己没有过错。本案中，被告薛某负事故主要责任，应当对原告承担损害赔偿责任。事故车辆已经投保了交强险和商业第三者责任险，所以赔偿由保险人在强制保险责任限额范围内予以赔偿，不足的由商业保险予以赔偿，剩下部分，由侵权人薛某承担赔偿责任。

案例12：蔡某英诉华某萍生命权、健康权、身体权侵权纠纷案 [（2020）浙0111民初6794号]

【法条指引】

《民法典》第1217条，非营运机动车发生交通事故造成无偿搭乘人损害的责任承担。

【案例事实与裁判】

2020年8月14日上午，蔡某英无偿搭乘华某萍驾驶的面包车从南山村前往栋山公墓，其间未系安全带，车辆从320国道转入尚未施工完成的杭州第二绕城高速鹿山互通匝道后，因路面存在高低差导致车辆发生颠簸，导致蔡某英腰部疼痛。同日，蔡某英前往杭州市富阳中医骨伤医院治疗，诊断为腰椎骨折、骨折病（气滞血瘀证）并住院治疗，入院时间为

2020年8月14日，入院诊断为中医骨折病（气滞血瘀证）、西医腰椎骨折（L3），于2020年8月21日行“T11、L3椎体压缩性骨折后路切开复位椎弓根螺钉内固定术”，出院时间为2020年9月1日。后蔡某英就起损失向法院提起侵权之诉。2020年11月15日，因蔡某英委托，浙江汉博司法鉴定中心于出具《司法鉴定意见书》，鉴定意见为：（1）被鉴定人蔡某英于2020年8月14日受伤致胸11椎体轻微压缩性骨折，腰3椎体爆裂性骨折伴椎管内骨性占位，鉴定为人体损伤九级伤残。（2）被鉴定人蔡某英损伤后的误工期限建议为90日，护理期限建议为60日，营养期限建议为60日。2021年6月4日，因华某萍申请，经法院委托，浙江千麦司法鉴定中心出具《司法鉴定意见书》一份，鉴定意见为：（1）被鉴定人蔡某英胸11椎体轻微压缩性骨折，腰3椎体压缩性粉碎性骨折伴椎管内骨性占位与2020年8月14日外伤之间存在因果关系，外伤参与度为100%。（2）评定为人体损伤致残程度九级伤残。（3）建议其伤后误工期120日，护理期60日，营养期60日。华某萍为此向浙江千麦司法鉴定中心缴纳3920元鉴定费。华某萍已经支付蔡某英12000元。

法院认为，双方当事人对蔡某英乘坐华某萍驾驶车辆的行为系无偿搭乘均无异议，法院对此予以认定。根据庭审查明的情况，事发当时案涉道路尚未施工完毕，并非正常通行的道路，华某萍在驾驶车辆过程中，未尽到谨慎驾驶的注意义务，存在主要过错，应当承担相应的民事责任。蔡某英在乘坐车辆过程中未系安全带，亦存在一定的过错。综合考虑双方过错的情况下，被告华某萍应承担70%的赔偿责任。此外，鉴于本案系因无偿搭乘过程中导致的损害，根据《民法典》第1217条之规定，非营运机动车发生交通事故造成无偿搭乘人损害，属于该机动车一方责任的，应当减轻其赔偿责任，但是机动车使用人有故意或者重大过失的除外。蔡某英未提供证据证明华某萍在此过程中存在故意或者重大过失的情形，故应当减轻华某萍的赔偿责任。综合考虑双方当事人的过错及无偿搭乘的因素，本院确定华某萍对蔡某英受伤后所产生的各项合理损失承担40%的赔偿责任。

【案例评析】

非营运机动车发生交通事故造成无偿搭乘人损害，属于该机动车一方责任的，应当减轻其赔偿责任，但是机动车使用人有故意或者重大过失的除外。非营运机动车无偿搭车行为是为好意同乘，因机动车一方主观上是善意的，为平衡双方利益，《民法典》规定属于机动车一方责任造成乘车人损害的，应当减轻其责任。本案中，被告华某萍在驾车过程中，未尽到安全注意义务，应当对乘车人蔡某英的损害承担赔偿责任。但因本案因无偿搭乘过程中导致的损害，且无证据证明被告存在故意或者重大过失，因此，法院将被告责任从70%减轻到40%是合理的。

第六章　医疗损害责任

案例13：王某华诉马鞍山十七冶医院医疗损害责任纠纷案

[（2020）皖0503民初4850号]

【法条指引】

《民法典》第1221条，医疗机构过错损害赔偿责任。

【案例事实与裁判】

2017年6月7日，王某华因肩颈部酸胀、头昏不适十多年加重半月至十七冶医院就诊，入院后行头颅CT、磁共振等检查。其中，2017年6月10日MRI检查结果提示“颅脑MR平扫未见明显异常、副鼻窦炎、左侧乳突炎”。住院期间医方予以患者行高血压及颈椎病相关对症治疗，于6月17日出院。出院诊断为神经根型颈椎病、高血压3级、腔隙性脑梗塞。王某华在十七冶医院治疗期间个人支付医疗费1261.50元。王某华自十七冶医院出院后症状未见减轻，又前往江苏省口腔医院、江苏省人民医院、江苏省中医院等其他医院就诊，其间共支付医疗费用4627.46元。2018年1月15日，王某华在马鞍山市中心医院就诊时，被该院诊断为鼻咽部新生物（鼻咽癌）、渗出性中耳、青光眼、原发性高血压，并入院治疗，于2018年1月30日出院。其间，王某华个人支付医疗费用2471.61元。出院后，王某华多次在该院门诊进行复查等治疗，至2018年3月5日，个人支付门诊治疗费用2624.19元。同年2月17日至2月27日、6月20日至6月29日，王某华又两次在马鞍山市中心医院住院治疗，第二次治疗时，其个人支付医疗费1001.99元。2018年3月5日至2018年5月8日，王某华因鼻咽恶性肿瘤在江苏省肿瘤医院住院治疗，个人支付医疗费32833.53元。后王某华以十七冶医院为被告提起诉讼，请求法院认定其存在医疗过错并赔偿自己在后续误诊中的损失。

案件原审期间，法院根据当事人申请，依法委托苏州大学司法鉴定中心就十七冶医院的诊疗行为是否有过错，其过错行为与王某华的损害结果是否具有因果关系及参与度进行司法鉴定。该中心于2019年7月12日向本院出具司法鉴定意见书认为：十七冶医院在对王某华住院期间的诊疗过程中对王某华“鼻咽癌”漏诊、漏治存在过错，其过错行为与王某华损害后果（因左侧面部、眼部、颞部及牙齿反复疼痛等症状，于该院出院后至2018年1月15日期间曾至多家医院就诊治疗）之间存在因果关系，其过错参与度考虑为主要因素。

法院认为，患者在诊疗活动中受到损害，医疗机构及其医务人员有过错的，由医疗机构承担赔偿责任。医务人员在诊疗活动中未尽到与当时的医疗水平相应的诊疗义务，造成患者损害的，医疗机构应当承担赔偿责任。本案中，十七冶医院在王某华就诊时所作MRI检查的片子中存在左侧鼻咽部站位的典型影像学表现情况下，未予诊断鼻咽癌，存在漏诊、漏治行为，具有过错。该过错行为导致王某华在十七冶医院出院后至2018年1月15日期间多次到多家医院就诊治疗，造成了损失，该损失与十七冶医院的上述过错行为之间存在因果关系，且十七冶医院应承担主要责任。

【案例评析】

医务人员在诊疗活动中未尽到与当时的医疗水平相应的诊疗义务，造成患者损害的，医疗机构应当承担赔偿责任。由法律规定可以看出，医疗机构的责任是过错责任。由受损害方证明医院存在过错。本案中，原告王某华通过申请鉴定、自行举证等证明医务人员在诊疗活动中未尽到与当时的医疗水平相应的诊疗义务，存在漏诊、漏治行为，该过错行为导致王某华产生损失，故医疗机构应当对原告承担损害赔偿责任。

案例14：张某与天津晶明新技术开发有限公司等医疗损害责任纠纷案 [（2018）京0108民初49000号]

【法条指引】

《民法典》第1223条，因药品、消毒产品、医疗器械的缺陷，或者输入不合格的血液致害责任的承担。

【案例事实与裁判】

张某因左眼黄斑裂孔等症于 2015 年 6 月 8 日至 12 日到北医三院住院并接受手术治疗，在手术治疗过程中接受了长效气体填充注射。北医三院为张某所注射的眼用气体，为天津晶明公司生产的眼用全氟丙烷 C3F8 气体，生产批号为 15040001。因该批次眼用气体在北医三院、江苏省南通大学附属医院使用后，包括张某在内的多名患者出现眼部受损情况。国家食品药品监督管理总局药品评价中心对此事展开调查，并于 2015 年 7 月 22 日出具《关于眼用全氟丙烷气体可疑群体不良事件情况的调查报告》。在该报告中得出结论："高度怀疑全氟丙烷引起毒性反应。"天津市滨海新区市场和质量监督管理局于 2015 年 10 月 12 日，向天津晶明公司下达行政处罚决定书，处罚理由为该公司 2015 年 4—6 月间生产的批号为 15040001、15040002 号眼用气体，经检验不符合注册产品技术要求。

2016 年 3 月 2 日，张某向法院提起诉讼。诉讼中，法院委托北京中正司法鉴定所（以下简称鉴定所）进行鉴定，司法鉴定意见书的鉴定意见为：1. 北医三院在对被鉴定人张某的医疗过程中存在以下医疗过错：医方在"术中使用气体的记载"方面没有达到"使产品具有可追溯性"的规定，存在医疗过错。2. 医方该过错与患者术后视力及眼球组织结构损害的损害后果之间不存在因果关系；患者损害后果系天津晶明公司生产的眼用全氟丙烷（批号为 15040001）不合格所致，其参与度为直接因果关系。3. 被鉴定人目前的伤残等级为十级。

法院对张某诉北医三院、天津晶明公司医疗损害责任纠纷一案作出（2016）京 0108 民初 6501 号民事判决。判决后，北医三院、天津晶明公司提出上诉。北京市第一中级人民法院作出民事裁定，撤销（2016）京 0108 民初 6501 号民事判决，发回重审。本案审理中，张某提出追加被告申请，要求追加天津长芦华信化工股份有限公司（以下简称天津长芦公司）为本案被告。理由为：天津长芦公司作为涉案气体的原材料供应商，对不良气体的产生致损存在主观过错，依法应承担相应赔偿责任，与本案具有直接的法律上的利害关系。

法院认为，张某因自身眼部疾患到北医三院治疗，因北医三院使用的天津晶明公司生产的全氟丙烷气体存在问题，造成张某术后视力及眼球组织损害的损害后果。根据相关机构的调查结果并结合相关司法鉴定意见书的鉴定意见，张某的上述损害后果系天津晶明公司生产的眼用全氟丙烷气体（批号为15040001）不合格所致，其参与度为直接因果关系。

根据法律规定：因药品、消毒药剂、医疗器械的缺陷，或者输入不合格的血液造成患者损害的，患者可以向生产者或者血液提供机构请求赔偿，也可以向医疗机构请求赔偿。患者向医疗机构请求赔偿的，医疗机构赔偿后，有权向负有责任的生产者或者血液提供机构追偿。根据该条款的规定可知，针对缺陷医疗产品导致的损害，赋予患者选择权，即患者既可以选择向医疗机构请求赔偿，也可以选择向缺陷医疗产品的生产者请求赔偿。如患者选择医疗机构作为赔偿义务的主体，则医疗机构可以在履行赔偿义务后继续向缺陷医疗产品的生产者追偿；如患者选择了向缺陷医疗产品的生产者主张权利，则生产者应直接承担赔偿责任且不得向医疗机构追偿。上述责任承担方式显然有别于法律规定的连带责任，因此，医疗产品责任纠纷案件中，医疗机构与缺陷医疗产品的生产者并非连带责任人。如果患者选择向缺陷医疗产品的生产者主张权利，则医疗机构在未实施其他导致损害结果的侵权行为的情况下，不应就损害结果承担赔偿责任。本案中，根据相关部门的调查结果及本院委托的鉴定机构出具的鉴定意见，可以认定系不合格气体导致张某的眼部受损，北医三院的医疗行为虽存在过错，但与张某的损害结果间并不存在因果关系，在张某明确主张不合格气体生产者天津晶明公司承担赔偿责任的情况下，其同时要求北医三院承担连带赔偿责任缺乏事实和法律依据，本院依法不予支持。

【案例评析】

因药品、消毒产品、医疗器械的缺陷，或者输入不合格的血液造成患者损害的，患者可以向药品上市许可持有人、生产者、血液提供机构请求赔偿，也可以向医疗机构请求赔偿。患者向医疗机构请求赔偿的，医疗机构赔偿后，有权向负有责任的药品上市许可持有人、生产者、血液提供机构追偿。从法律规定可以看出，医疗产品责任纠纷案件中，医疗机构与缺陷医疗产品的生产者并非连带责任人。如果患者选择向缺陷医疗产品的生产者主张权利，则医疗机构在未实施其他导致损害结果的侵权行为的情况下，不应就损害结果承担赔偿责任。本案中，被告北医三院存在一定过错，但该过错并不是导致原告张某损害的直接原因，张某的损害是由缺陷医疗产品导致的，因此应当由医疗产品生产者天津晶明公司承担责任。

第七章　环境污染和生态破坏责任

案例 15：北京市朝阳区自然之友环境研究所、福建省绿家园环境友好中心诉谢某等四人破坏林地民事公益诉讼案
[（2015）闽民终字第 2060 号]

【法条指引】

《民法典》第 1229 条，因环境污染、破坏生态的责任承担。

【案例事实与裁判】

2008 年 7 月 29 日，谢某等四人未经行政主管部门审批，擅自扩大采矿范围，采取从山顶往下剥山皮、将采矿产生的弃石往山下倾倒、在矿山塘口下方兴建工棚的方式，严重毁坏了 28.33 亩林地植被。2014 年 7 月 28 日，谢某等人因犯非法占用农用地罪分别被判处刑罚。2015 年 1 月 1 日，北京市朝阳区自然之友环境研究所（以下简称自然之友）、福建省绿家园环境友好中心（以下简称绿家园）提起诉讼，请求判令四被告承担在一定期限内恢复林地植被的责任，赔偿生态环境服务功能损失 134 万元；如不能在一定期限内恢复林地植被，则应赔偿生态环境修复费用 110 万余元；共同偿付原告为诉讼支出的评估费、律师费及其他合理费用。

福建省南平市中级人民法院一审认为，谢某等四人为采矿占用林地，不仅严重破坏了 28.33 亩林地的原有植被，还造成了林地植被受损至恢复原状期间生态服务功能的损失，依法应共同承担恢复林地植被、赔偿生态功能损失的侵权责任。遂判令谢某等四人在判决生效之日起 5 个月内恢复被破坏的 28.33 亩林地功能，在该林地上补种林木并抚育管护 3 年，如不能在指定期限内恢复林地植被，则共同赔偿生态环境修复费用 110 万余元；共同赔偿生态环境服务功能损失 127 万元，用于原地或异地生态修复；共同支付原告支出的评估费、律师费、为诉讼支出的其他合理费用 16.5 万余元。福建省高级人民法院二审维持了一审判决。

【案例评析】

本案系新《环境保护法》实施后全国首例环境民事公益诉讼，涉及原告主体资格的审查、环境修复责任的承担以及生态环境服务功能损失的赔偿等问题，同时也是生态破坏侵权的典型案例。本案判决依照《环境保护法》第58条和《最高人民法院关于审理环境民事公益诉讼案件适用法律若干问题的解释》的规定，确认了自然之友、绿家园作为公益诉讼原告的主体资格；以生态环境修复为着眼点，判令被告限期恢复被破坏林地功能，在该林地上补种林木并抚育管护3年，进而实现尽快恢复林地植被、修复生态环境的目的；首次通过判决明确支持了生态环境受到损害至恢复原状期间服务功能损失的赔偿请求，提高了破坏生态行为的违法成本，体现了保护生态环境的价值理念，判决具有很好的评价、指引和示范作用。

案例16：曲某诉山东富海实业股份有限公司大气污染责任纠纷案 [（2016）鲁06民终2300号]

【法条指引】

《民法典》第1230条，环境污染、破坏生态侵权纠纷的举证责任分配。

【案例事实与裁判】

1995年，曲某承包一处集体土地种植樱桃。2001年，山东富海实业股份有限公司（以下简称富海公司）迁至曲某樱桃园毗邻处从事铝产品生产加工。2009年4月，曲某提起诉讼，请求富海公司停止排放废气，赔偿其损失501万余元。为证明其主张，曲某提交了烟台市牟平区公证处勘验笔录、烟台市农产品质量检测中心出具的樱桃叶片氟含量检测报告等证据。后经双方共同选定和取样，一审法院委托山东省农业科学院中心实验室对樱桃叶片的氟化物含量予以检测，检测报告表明：距离富海公司厂区越近，樱桃叶片氟化物含量越高。富海公司提供樱桃树叶氟含量检测报告、厂区大气氟化物含量检测报告、烟台市牟平区气象局出具的2008年2月至2009年5月的气候情况等证据，拟证明其不存在排污行为，曲某樱桃园受到损害系气候原因所致。

山东省烟台市中级人民法院一审判令富海公司停止排放氟化物，赔偿曲某损失204万余元。曲某、富海公司均不服并提起上诉。山东省高级人民法院二审判令富海公司赔偿曲某224万余元。富海公司不服，向最高人民法院申请再审。

最高人民法院审查认为，曲某提交的公证勘验笔录和检测报告，与相关科普资料、国家标准以及一审法院委托专业机构出具的检测报告等证据相互印证，足以证明曲某的樱桃园受到损害，富海公司排污，排污和损害之间具有关联性，已完成举证证明责任。富海公司作为侵权人，其提交的樱桃树叶氟化物含量检测报告中距离厂区越近浓度越低的结论有悖常识；厂区大气氟化物含量检测报告系2010年5月7日作出，与本案待证事实不具有关联性；天气原因亦不能否定排污行为和损害之间的因果关系。考虑到确实存在天气恶劣等影响樱桃生产的原因，二审法院酌情判令富海公司对曲某的损失承担70%的赔偿责任，认定事实和适用法律均无不当。

【案例评析】

本判决在适用《民法典》第1230条因果关系举证责任倒置原则的同时，要求被侵权人就污染行为与损害结果之间具有关联性负举证证明责任，对于细化被侵权人和污染者之间的举证责任分配，平衡双方利益具有典型意义，体现了审判实践在推进法律规则形成、探寻符合法律价值解决途径中的努力和贡献。同时，本案判决运用科普资料、国家标准以及专业机构的鉴定报告等作出事实认定，综合过错程度和原因力的大小合理划分责任范围，在事实查明方法和法律适用的逻辑、论证等方面提供了示范。

第八章　高度危险责任

案例17：杨某诉黄某友等高度危险责任纠纷案
[（2016）皖0181民初464号]

【法条指引】

《民法典》第1241条，高度危险物致害责任承担。

【案例事实与裁判】

原告杨某在巢湖市天河街道三合社区经营巢湖市杨某再生资源物资回收站。2014年7月7日，杨某对废铁进行气割切割时，其回收的制作烟花爆竹黑火药的废旧机械部件因其中残留火药发生爆炸，致杨某受伤。2015年8月12日，安徽爱民司法鉴定所对杨某进行鉴定，并作出司法鉴定意见书，鉴定意见为：1. 被鉴定人杨某因意外受伤致全身多处火药爆炸伤，全身多处浅表皮肤损伤、右胫腓骨下段骨折，双眼爆炸伤，球内异物，遗留有面部大量细小瘢痕50%以上，左眼白内障，右下肢丧失功能达10%以上，分别构成相当于交通事故七级、十级、十级伤残；2. 误工期按伤后270日、护理期按伤后120日、营养期按伤后120日；3. 钢板钢针内固定取出术约需人民币8000元。另查明，2009年，被告朱小春等合伙成立巢湖市高林姥山黑火药厂。2012年2月20日，巢湖市高林姥山黑火药厂与被告巢湖市散兵镇人民政府签订了《巢湖市烟花爆竹生产企业有序退出和拆除补助协议书》。2012年5月31日，巢湖市安全生产监督管理局等相关主管部门与巢湖市高林姥山黑火药厂负责人朱某春签订了烟花爆竹有序退出生产企业验收表，显示已拆除、清理。被告叶某东于2014年农历三月开始在原巢湖市高林姥山黑火药厂生活区以上山地搭建羊圈，并于2014年农历五月让收废品的人收购过羊圈建筑废弃边角料。

由于在本案中原告未能就高度危险品与被告之间的联系进行充分举证，因此法院驳回了原告的诉讼请求。法院认为：原告杨某因切割废铁件及废旧机器部件引起爆炸受伤并导致损失的事实，符合客观情况，各方并无异议。本案争议的焦点为：杨某的损害后果与本案被告之间有没有关联；案涉废旧机器部件来自何处，通过什么过程转流到杨某手中。根据本案中现有证据无法证明原告方对此所主张的事实。故其要求本案被告承担赔偿责任缺乏事实根据和法律依据，对原告的诉请，法院依法不予支持。为此，法院判决驳回原告杨某的诉讼请求。

【案例评析】

此案反映出《民法典》第1241条在适用过程中的困难。对于遗失、抛弃的高度危险品由于存在占有与所有相分离的状况，一旦造成损害，如何证明某一主体为所有人就是诉讼中最为核心的问题。在本案中法院坚持了“谁主张、谁举证”这一规则，要求原告对致害爆炸物与被告之间的关联性进行证明，由于原告未能尽到举证责任，所以承担了败诉的后果。本案在司法适用中坚持这一举证规则可以赞同，但是应当考虑到在本条所规定的情形下原告举证的客观困难性，应当在此基础上结合多种证据适当降低原告的举证要求。

案例18：何某仁等与中国民用航空飞行学院民用航空器损害责任纠纷案［(2016)川13民终530号］

【法条指引】

《民法典》第1238条，民用航空器致害责任承担。

【案例事实与裁判】

2013年7月14日下午，民航飞行学院广汉分院飞行学员唐某轩与何某斌驾驶C1××/B-7906飞机计划执行广汉—绵阳（飞越）—南充（落地）—遂宁（飞越）—广汉学生机长转场训练，15：55飞机在南充机场正常落地，16：02唐某轩按照管制指挥将飞机滑行至4号停机位，机头向西停放，设置停留刹车，并将发动机设置到慢车功率，约1000转/分。16：06，何某斌下机后与飞机螺旋桨相撞导致当场死亡。2013年7月29日，何某仁、符某与航空学院达成《关于因何某斌死亡给予其直系亲属精神安抚金等相关事宜的协议书》，协议约定：“甲方（航空学院）一次性给予乙方（何某仁、符某）精神安抚金伍拾万元人民币（小写：50万元人民币）；给予乙方丧葬费贰万叁仟元人民币（小写：2.3 万元人民币）；给予乙方交通费壹万伍仟元人民币（小写：1.5 万元人民币）；免除乙方何某斌已经发生的训练费用贰拾玖万柒仟伍佰叁拾壹元人民币（小写：29.7531 万元人民币），合计捌拾叁万伍仟伍佰叁拾壹元人民币（小写：83.5531 万元人民币）。”同时约定：“在局方调查报告作出之后，若乙方对于涉及与甲方的相关事宜提出异议，可以向甲方所在地或乙方所在地或事故发生地人民法院提起诉讼。”协议签订后，航空学院即按约履行了协议。2013 年 8 月 30 日，民航西南地区管理局“7·14”事故调查组作出《航空器事故/事故征候及其他不安全事件调查报告》，结论为：“经调查，这是一起通航训练中飞行学员在地面被螺旋桨桨叶击中死亡的通用航空一般飞行事故。导致事故发生的最大可能是该飞行学员下机后未按安全路线绕行飞机。”何某仁、符某对该报告不服，遂于 2014 年 6 月 30 日向法院起诉，提出诉讼请求：判决航空学院向何某仁、符某支付何某斌的死亡赔偿金 604534.20 元并支付本案全部诉讼费用。

法院认为：航空是高度危险作业，正基于此，航空教学与其他教学在风险系数、风险控制、风险防范等方面的要求具有本质的区别。因此，对于民用航空教学中学员发生安全事故，不能适用校园损害赔偿中的一般过错责任原则，而应当以《侵权责任法》第九章的高度危险责任的相关规定进行过错认定和责任划分。根据《侵权责任法》第 69 条“从事高度危险作业造成他人损害的，应当承担侵权责任”、第 71 条“民用航空器造成他人损害的，民用航空器的经营者应当承担侵权责任，但能够证明损害是因受害人故意造成的，不承担责任”之规定，在没有证据证明本次事故是何某斌故意为之的情况下，中国民用航空飞行学院仍应承担相应赔偿责任。何某斌系航空学院四川广汉分院的在校学员，事故发生前已经取得私用驾驶员执照，但下飞机时未按安全路线绕行，导致了事故的发生，具有重大过错，应当减轻航空学院的赔偿责任。对此，本院酌定由航空学院承担 20% 的责任。

【案例评析】

本案正确适用了原《侵权责任法》有关规定，对《民法典》的适用具有一定的参照意义。虽然在本案的侵权事实中存在学校与航空器并存的情形，但在这一情况下应当适用民用航空器致人损害的相关规则。

第九章　饲养动物损害责任

案例19：陈某红诉何某珍人身损害赔偿纠纷抗诉案
[（2006）沪二中民二（民）终字第123号]

【法条指引】

《民法典》第1245条，饲养动物致害责任。

【案例事实与裁判】

当饲养人违规将未束犬链的饲养动物带入小区公共场所，动物未直接接触被害人而产生损害时，受害人被突然出现的动物吓倒摔伤，饲养人是否应承担责任？2005年4月13日早晨，陈某红与何某珍等5人一起在居住的宝山区呼玛三村小区内练习木兰拳时，何某珍所饲养的一条身高约70厘米、长约100厘米、未束犬链的松狮犬走近陈某红，陈某红因受惊吓而跌倒致头部受伤。同日，陈某红在宝山区仁和医院急诊并住院，入院诊断为"急性右额颞顶部硬膜下血肿"。同年5月1日因病情加重，行（颅骨）钻孔（颅内血肿）抽吸引流手术，陈某红在仁和医院住院治疗35天，后又数次复诊。同年6月17日，上海市公安局宝山分局出具《行政处罚书》，对何某珍"携犬进入公共场所"的违法行为处以人民币50元的罚款。同年9月30日，司法部司法鉴定中心作出的鉴定书显示："阅读送检的4张CT片，2005年4月13日、18日片示：急性右额颞顶部硬膜下血肿；2005年5月1日片示：右额颞顶部大量硬膜下积液，中线结构明显左移；2005年5月16日片示：开颅手术后改变。检验结论为：陈某红因外伤致右额颞顶部硬膜下血肿"等。陈某红因与何某珍关于损害赔偿费用发生争议，诉至上海市宝山区人民法院，请求判令何某珍赔偿医疗费、交通费等项共计人民币26823.1元，并支付精神抚慰金3000元。

上海市宝山区人民法院（2005）宝民一（民）初字第3725号民事判决认为，该案系饲养动物引起的人身损害赔偿纠纷，依据特殊侵权行为法原理，首先，其归责原则应适用无过错原则，即不以行为人的主观过错为责任要件，而是以损害结果来确定责任，这是一种法定责任。其次，就因果关系而言，实行无过错责任的举证责任在加害人，即何某珍必须证明损害是由陈某红的故意或重大过失造成的。本案中，陈某红所提交的书证能够证明损害的发生和因果关系，何某珍难以证明陈某红存在故意或其他过错以排除陈某红受伤与受狗惊吓之间的因果关系。故何某珍作为狗的饲养人和管理人应对陈某红的人身损害承担赔偿责任。判决：何某珍支付陈某红医疗费21402.11元、交通费96元、住院伙食补助费875元、护理费2250元和营养费1200元，对陈某红的其他诉讼请求不予支持。

何某珍不服，提出上诉。上海市第二中级人民法院作出（2006）沪二中民二（民）终字第123号民事判决认为，双方当事人对于陈某红在何某珍饲养的松狮犬走近后跌倒受伤的事实没有异议。尽管公安机关对何某珍“携犬进入公共场所”的违法行为进行了行政处罚，但陈某红仍应当证明自己的损害是何某珍饲养的动物侵害所致的事实。何某珍饲养的松狮犬并未直接接触陈某红，该松狮犬走近陈某红并不必然导致陈某红跌倒受伤事实的发生。由于陈某红不能证明自己的诉讼主张符合侵权行为的基本的法律要件，不能证明自己的损伤系何某珍饲养的松狮犬所造成，本案的赔偿责任不应由何某珍承担。一审法院对本案的事实认定不清，判决不当，应予纠正，至于何某珍在二审诉讼中同意对陈某红补偿1.2万元，与法不悖，予以准许，判令：撤销一审判决，对陈某红的诉讼请求不予支持；准予何某珍补偿陈某红1.2万元。

【案例评析】

本案一、二审法院得出了完全相反的判决。其核心的差异在于因果关系认定在实践中如何掌握。本案中，陈某红在自家小区的公共场所开展与自身年龄、身体状况相适应的健身操活动，数年来未发生过人身伤害事件，即便在练习木兰拳下蹲动作时亦未出现过跌倒受伤的现象。当陈某红在练习时，何某珍饲养的未束链的大型犬靠近其身边，陈某红在毫无防备的情形下受惊吓导致摔倒受伤，当在情理之中。因此，陈某红举出的证据可以认定案中松狮犬靠近陈某红与陈摔倒致受伤之间存在因果关系，松狮犬饲养、管理人何某珍理应承担由此产生的民事赔偿责任。终审判决以何某珍饲养的松狮犬并未直接接触陈某红，否认两者之间的因果关系，有违民事诉讼的“高度盖然性”证明标准。

本案后来被上海市人民检察院抗诉，上海市高级人民法院受理抗诉后，指令上海市第二中级人民法院对本案进行再审。上海市第二中级人民法院在对本案进行再审过程中，努力做双方当事人的释法、释理工作，促成当事人达成自愿调解协议：何某珍在原二审已支付陈某红1.2万元基础上，再支付其9000元。

案例20：张某文与杨某会饲养动物损害责任纠纷案
[（2017）云01民终3788号]

【法条指引】

《民法典》第1249条，遗弃、逃逸动物致害责任承担。

【案例事实与裁判】

原告杨某会系二级精神残疾人，原、被告系同村村民，双方所在的宇家村有村民数十户。2017年3月2日，原告路过同村村民吴某华家门口时，被狗咬伤，杨某1家以是被告家饲养的狗咬伤为由与被告家协商，被告不认可咬伤原告的狗是自家的，双方协商未果。2017年3月7日，原告在禄劝疾病预防控制中心开支治疗费、疫苗费1381元，2017年3月7日至14日，原告在禄劝忠爱医院住院治疗7天，开支医疗费3613.29元，诊断为：左小腿犬咬伤并感染，高血压1级。原告住院期间由其兄杨某2护理。后经村委会调解，双方未达成协议。

双方争议的焦点是：原告是否是被被告饲养的狗咬伤；被告是否应赔偿原告的经济损失。一审法院认为：《侵权责任法》第16条规定：侵害他人造成人身损害的，应当赔偿医疗费等费用。第26条规定：被侵权人对损害的发生也有过错的，可以减轻侵权人的责任。第78条规定：饲养的动物造成他人损害的，动物饲养人或管理人应承担侵权责任。第82条规定：遗弃、逃逸的动物在遗弃、逃逸期间造成他人损害的，由原动物饲养人或管理人应承担侵权责任。本案中，原告主张是被被告家的狗咬伤，并提供了证人证言作证实。被告否认，并提供证人证言，证明自己两三年未养狗。经一审法院核实，本案在村委会调解时，被告陈述：我家的狗四年左右没有回过家，夜间会有一两个小时在村里，我家养的狗跑出去变成野狗了。

此内容与被告答辩时的内容不吻合。综合本案全部证据来看，双方当事人所在的村落不大，村民之间的情况相互都比较了解，被告在村委会调解时陈述自己养的狗在案发前就已逃逸，但现有证据不能证明咬伤原告的狗不是其原来饲养的，而原告所举证据均证明是被告家的狗咬伤原告。因此，一审法院认为原告是被被告饲养过后又逃逸的狗咬伤的事实成立。作为致伤他人动物的原饲养人，被告应承担赔偿责任。

【案例评析】

本条适用时的一个疑难点在于如何证明被告为原饲养人或管理人，致人损害的动物既然已经逃逸，即已不再为被告所占有，如何认定该致损动物与被告之间存在原饲养人与管理人的关系是本条适用的一个难点。由于本案发生环境为一个较为封闭的村庄，对于逃逸、遗弃的野生动物可以有比较可信的证人证言确定其原先主人。在城市背景下，对于逃逸、遗弃的动物如何确定其原饲养人或管理人无疑给原告提出了比较高的举证要求。

第十章　建筑物和物件损害责任

案例 21：刘某某诉信阳市城市管理综合执法局、信阳市羊山新区开发建设委员会、信阳市浉河区市政管理执法局建筑物塌落损害赔偿纠纷案
[（2012）信中法民终字第 623 号]

【法条指引】

《民法典》第 1252 条，建筑物、构筑物等损害承担责任。

【案例事实与裁判】

2007 年 7 月 1 日，信阳市出现暴雨天气过程，7 月 1 日晚，原告丈夫宋某某外出值班，途径二道牌涵洞，因涵洞内人行道上预制板被水冲开未盖上，宋某某掉进排水沟内。7 月 3 日 15 时，宋某某的尸体被信阳市公安局平桥分局打捞上岸。因各被告相互推诿拒绝赔偿，原告诉于浉河区人民法院请求依法处理。2010 年 1 月 12 日，信阳市城市公用事业管理局、信阳市城市管理行政执法局等单位合并组建为信阳市城市管理综合执法局。

原审法院认为，本案系特殊侵权纠纷，受害人宋某某出事地点在二道牌涵洞内的人行通道，该人行通道的管理者应承担相应的民事责任。根据信政办（2003）号文件、信政（2005）10 号文件、《信阳市 2007 年中心城市防汛工作方案》可以认定原信阳市城市公用事业管理局民事权利义务的承继者既信阳市城市管理综合执法局是二道牌涵洞下人行通道的直接管理者，由于该局疏于管理，未在该桥涵人行道处设警示标识或派专人看护，在桥涵人行道上预制板被水冲开未及时盖上，导致宋某某从该处通行时落入排水沟内溺水身亡，应对此承担主要的民事赔偿责任。信阳市浉河区市政管理执法局应负责本辖区城乡结合部道路等市政基础设施的管理、维护工作。出事地点是桥涵下的人行通道，该局对该路段有一定的管理职责，故应承担一定的民事责任。根据信政（2005）10 号文件的规定和要

求，信阳市羊山新区开发建设委员会为羊山新区城市管理行政机构，负有市政设施建设管理职责，故该委员会对本案亦应承担一定责任。受害人宋某某作为具有完全民事行为能力人，在暴雨天气通过积水较多的人行通道时，未尽自身安全注意义务，导致事故发生，应减轻各被告的民事赔偿责任。原审法院判决：1. 被告信阳市城市管理综合执法局赔偿原告刘某某各项损失共计105904.11元。2. 被告信阳市羊山新区开发建设委员会赔偿原告刘某某各项损失共计35301.37元。3. 被告信阳市浉河区市政管理执法局赔偿原告刘某某各项损失35301.37元。4. 驳回原告刘某某的其他诉讼请求。上述款项，限被告于本判决生效后5日内一次性付清。案件受理费1215元，由原告刘某某负担606元，被告信阳市城市管理综合执法局负担426元，被告信阳市浉河区市政管理执法局负担183元。

二审法院认为：本案是构筑物致人损害的特殊侵权纠纷。受害人宋某某的出事地点在二道牌铁路涵洞下的人行通道上。事故原因系该人行通道上的预制板被水冲开未及时盖上。致受害人通过该地点时落入排水沟内溺水身亡。由于该人行通道属城市公有公共设施，故该人行通道的管理人负有安全保障的义务。从信政办（2003）40号文件及信政（2005）10号文件规定的内容上看，已对城市公共设施维护、管理职责的主体进行了明确的划分和确认。本案的事故地点是二道牌铁路桥涵洞下的人行通道上。该人行通道在性质上属于城市街巷的范围，不属于大型市政基础设施。对该路段的管理、维护职责应属区一级的政府职能部门，不属于市一级的政府职能部门。由于事故地点位于浉河区和羊山新区市政管理区划的结合部。信阳市浉河区市政管理执法局与信阳市羊山新区开发建设委员会作为区一级的政府职能部门对各自辖区结合部的公共市政设施有共同管理、维护职责。本案损害结果的发生是因为人行通道的预制板被水冲开未能及时盖上。信阳市浉河区市政管理执法局与信阳市羊山新区开发建设委员会在对该路段的维护，修缮，巡查方面均存在瑕疵。故对该路段造成的安全事故应承担共同赔偿责任。由于事故路段属于城市街巷范围，同时根据信政办（2003）40号文件及信政（2005）10号文件的相关规定。信阳市城市管理综合执法局作为原信阳市公用事业管理局的承继者，对该路段并没有管理职责、维护职责。故不应承担赔偿责任。受害人宋某某作为完全民事行为能力人。在通过较多积水的道路时，未能注意自身安全，从而导致事故发生。对自身损害后果亦应承担一定责任。综上所述，原审判决认定客观事实清楚，但在赔偿责任主体的认定及责任划分方面处理不当，本院依法予以纠正。根据《民事诉讼法》第153条第1款3项之规定，判决如下：1. 维持信阳市浉河区人民法院（2011）浉民初字第861号民事判决的第4项及诉讼费承担部分。2. 撤销信阳市浉河区人民法院（2011）浉民初字第861号民事判决的第1项。3. 变更信阳市浉河区人民法院（2011）浉民初字第861号民事判决的第2项为：信阳市羊山新区开发建设委员会于本判决生效后10日内赔偿刘某某各项损失共计88621.7元。4. 变更信阳市浉河区人民法院（2011）浉民初字第861号民事判决的第3项为：信阳市浉河区市政管理执法局于本判决生效后10日内赔偿刘某某各项损失共计88621.7元。二审案件受理费4039元，由信阳市羊山新区开发建设委员、信阳市浉河区市政管理执法局各承担2019.5元。

【案例评析】

本案为有关建筑物、构筑物致人损害的具有典型性的案例。在现代社会中因为建筑物、构筑物出现的风险日益增多，如何正确认定责任承担者成为这类案件在裁判过程中需要解决的问题。在本案中，一审法院认定信阳市城市管理综合执法局是二道牌涵洞下人行通道的直接管理者。信阳市浉河区市政管理执法局应负责本辖区城乡结合部道路等市政基础设施的管理、维护工作。信阳市羊山新区开发建设委员会为羊山新区城市管理行政机构，负有市政设施建设管理职责，故该委员会对本案亦应承担一定责任。一审法院确认了三方主体作为责任承担者，但在二审过程中，法院认定了市一级城市管理综合执法局作为原信阳市公用事业管理局的承继者，对该路段并没有管理职责、维护职责。故不应承担赔偿责任。本案判决的意义在于判定责任主体是应根据是否对于相应路段有管理、维护职责来判定是否应当承担责任。

案例22：上海松江礼品城有限公司等诉林某召等物件脱落、坠落损害责任纠纷案

［（2017）沪01民终6653号］

【法条指引】

《民法典》第1253条，建筑物、构筑物等损害责任追偿。

【案例事实与裁判】

2016年6月19日下午，林某召将其名下号牌号码为苏H×××××的荣威牌小型轿车停放于洞泾镇××路××弄××号楼道门口对面的通道上，次日早晨8时左右，林某召被告知车辆被大楼脱落的外墙体砸坏，遂打电话报警。2016年6月20日，林某召委托上海A有限公司将车辆拖至车辆维修店进行维修，林某召为此支付牵引费250元。2016年6月27日，经上海道路交通事故物损评估中心鉴定，事故车辆的直接损失为41260元，林某召为此支付鉴定费1310元。林某召将系争的事故车辆送至昆山B有限公司修理，于2017年2月26日发生车辆维修费41500元，并提供了维修费发票及维修清单。

本案中，系争大楼外墙脱落造成的损害赔偿应当适用过错推定责任原则。礼品城公司作为上海市松江区××镇××路××弄的所有人，九洲世贸公司作为上海市松江区××镇××路××弄的管理人，理应对系争大楼的维护和管理等承担相应责任，现礼品城公司、九洲世贸公司均不能证明自己对系争大楼外墙脱落没有过错，一审法院认定礼品城公司、九洲世贸公司存在维护和管理瑕疵，应当承担相应的赔偿责任；但林某召在停放车辆的过程中，未将车辆停放于固定的停车位，而是将车辆停放于距离消防栓30米以内的通道上，属于违章停车行为，林某召对于损害的发生也存在一定的过错。综上，一审法院酌情确定礼品城公司、九洲世贸公司分别对林某召的损害后果承担30%的赔偿责任，林某召自负40%的责任。一审法院推定礼品城公司、九洲世贸公司共同存在过错，造成林某召损害，故礼品城公司、九洲世贸公司相互之间应当承担连带赔偿责任。

【案例评析】

本案诉讼焦点问题有两点：1. 关于赔偿责任主体的问题。礼品城公司作为上海市松江区××镇××路××弄房屋的建设方，应当对建筑物承担妥善维护、管理的责任。原告的汽车因建筑物外墙脱落造成损害，建设方应该根据其过错承担相应的赔偿责任。2. 关于赔偿金额的问题。原告在事故发生后进行了报警处理，并委托有资质的物损评估中心进行了鉴定，符合正常流程，应当依据相应的维修结算清单和发票认定原告的实际维修费用基数，并无不当。本案判决正确，可以赞同。